中国“辽宁”号航空母舰

中国094级战略核潜艇

中国DF-5B洲际战略导弹

中国DF-26弹道导弹

中国歼-10B战斗机

中国歼-11B战斗机

中国歼-20隐形战斗机

中国空警-2000预警机

俄罗斯T–50隐形战斗机

俄罗斯苏–35B战斗机

俄罗斯图–160远程战略轰炸机

俄罗斯“北风之神”战略核潜艇

美国X-47B无人机

美国F-22隐形战斗机

美国F-117A隐形战斗轰炸机

美国P-8反潜机

大学军事学教程

◎ 总主编　黄祖海

人民出版社

责任编辑 陈鹏鸣 白 珺
封面设计 金 鑫

图书在版编目(CIP)数据

大学军事学教程/黄祖海总主编. —北京：人民出版社，2009
ISBN 978-7-01-008218-9

Ⅰ. 大… Ⅱ. 黄… Ⅲ. 军事理论—高等学校—教材 Ⅳ. E0

中国版本图书馆 CIP 数据核字（2009）第 162215 号

大学军事学教程
DAXUE JUNSHIXUE JIAOCHENG

人民出版社 出版发行
（100706 北京市东城区隆福寺街 99 号）

艺堂印刷（天津）有限公司印制 新华书店经销
2018 年 8 月第 1 版第 9 次印刷
开本：787×960 毫米 1/16 印张：19.25 彩插：0.25 字数：320 千字
ISBN 978-7-01-008218-9 定价：38.00 元
购书电话：010-62988474

总主编简介

总主编　黄祖海（黄祖海教授是国防大学战役教研部教授，博士生导师，长期从事战役作战和国家安全等问题的教学与研究工作。担任北京大学、清华大学等高等院校和多所机关党委及省市党校的特聘教授和客座教授，是全军“三海问题”、朝鲜半岛问题和信息化作战等重大课题攻关组成员。）

编写委员会

再版前言

学校国防教育是全民国防教育的基础，加强对大学生的国防教育是落实国防法和国防教育法的重要举措，也是落实党中央、国务院有关规定，加强和改进大学生思想政治教育的重要内容。通过军事课教学和军事训练，使大学生掌握基本的军事理论知识和军事技能，增强国防观念和国家安全意识，强化爱国主义、集体主义观念和组织纪律性，为军队训练后备兵员和预备役军官的培养打下坚实的基础。同时，本书在内容和体例设计上，遵循深入浅出、通俗易懂，接近大学生的特点而编写。为此，我们聘请国防教育专家、教授、机关部门领导、陆军集团军、武警部队的指挥员和高校军事理论教研室的一线教师组成教材编审委员会，发挥集体智慧和联合攻关优势，编写修订了这本《大学军事学教程》。该教程主要有以下几个特点：

一是规范性。该教程以 2007 年教育部、总参谋部、总政治部重新修订和颁发的《普通高等学校军事课教学大纲》（以下简称《大纲》）为依据，严格把握课程教学目标和课程体系，框架结构和内容设置都具有较强的规范性。

二是时代性。世界范围内兴起的新军事变革发展迅速，军事思想、武器装备、作战方式和指挥手段等都在不断创新。大学生渴望了解这些变化，能学到较新的国防和军事理论知识。该教程比较充分地反映了当前国际国内形势和军事发展的最新动态以及信息时代的特征。为了满足大学生的需求，我们依据《大纲》把这些发展变化充分地吸收到本教程中。

三是权威性。该教程的总主编由国防大学黄祖海教授担任。黄祖海大校先后担任过国防大学教研室副主任、主任。社会荣誉有：国家外派军事专家；北京等多省市国防教育讲师团成员；北京大学、清华大学、北京师范大学、北京理工大学等多所高校和省市党校的特聘教授；北京市教委表彰的优秀军事教师和国防教育先进个人；多次担任中央电视台的访谈嘉宾。黄祖海大校有很强的宏观指导和谋划能力，对军事理论学术前沿和大学生的国防教育需求把握得比较准确。

四是代表性。该教程的编审委员会成员主要由国防大学的专家担任，他们都是陆军、空军、海军和第二炮兵等各个军兵种不同领域的资深教授，长期从事军事理论和国防教育的教学和研究工作，教学经验丰富，教学科研成果突出。他们有的是教研室主任，有的是博士、硕士生导师，有的在国外留学进修，有的是访问学者，有的是教育部和解放军总部表彰的全国国防教育先进个人，有的担任全国、全军和北京市国防知识竞赛和大学生国防演讲比赛等各类大赛的评委，都多次负责国家和军队重大科研项目的攻关工作，在军内外享有很高的知名度。此外，还有院校机关部门领导、陆军集团军和武警部队的指挥员。本教程内容全面、系统地反映了有关军事理论和军事知识，符合大中专院校开展国防教育的要求，适合当代大学生学习。

由于编写时间仓促，本书难免存在疏漏错误之处，敬请广大读者批评指正，以便今后修订时不断加以完善。

目录

第一章　中国国防 …… 1
　第一节　国防概述 …… 1
　第二节　中国国防建设 …… 12
　第三节　中国国防法规 …… 29
　第四节　国防动员 …… 38
　第五节　国防教育 …… 45
第二章　战略环境 …… 52
　第一节　战略环境概述 …… 52
　第二节　国际战略格局 …… 53
　第三节　世界主要国家和政治集团的军事基本情况及军事战略 … 56
　第四节　中国周边安全环境与安全政策 …… 74
　第五节　台湾问题与祖国统一 …… 87
第三章　军事思想 …… 92
　第一节　军事思想概述 …… 92
　第二节　中国古代军事思想 …… 98
　第三节　毛泽东军事思想 …… 109
　第四节　邓小平军队建设思想 …… 122
　第五节　江泽民国防和军队建设思想 …… 129
　第六节　胡锦涛国防和军队建设思想 …… 138
　第七节　深入学习习近平主席关于国防和军队建设的重要论述 … 161
第四章　军事高技术 …… 168
　第一节　军事高技术概述 …… 168
　第二节　军事高技术与新军事变革 …… 176
　第三节　高技术在军事上的应用 …… 186
　第四节　新概念武器 …… 205

第五章　信息化战争 …… 217

第一节　信息化战争概述 …… 217

第二节　信息化战争的基本特征 …… 222

第三节　信息化战争的发展趋势 …… 226

第四节　信息化战争与国防建设 …… 231

第六章　共同条令与队列训练 …… 235

第一节　共同条令简介 …… 235

第二节　队列动作训练 …… 240

第三节　阅　兵 …… 259

第七章　轻武器射击 …… 263

第一节　轻武器常识 …… 263

第二节　武器操作与实弹射击 …… 268

第八章　综合训练 …… 276

第一节　行　军 …… 276

第二节　宿　营 …… 282

第三节　野外生存 …… 285

附录一　普通高等学校军事课教学大纲 …… 293

附录二　军训掠影（留住军训幸福时光） …… 298

附录三　留言板（官兵志） …… 299

第一章 中国国防

网站链接

◎中华人民共和国国防部网
◎中国军网
◎中国国防生网

教学目标

理解国防的基本含义，了解我国国防建设的历史和现状，明确我国武装力量的构成及其使命，熟悉我国国防法规、国防政策和国防动员的主要内容，明确国防教育的意义，增强依法建设国防的观念。

第一节 国防概述

“民无兵不安，国无防不立。”国防形成于国家之后，是国家生存和发展需要的产物，是人类社会发展与安全的保障，它直接关系到国家和民族的生死存亡和兴衰荣辱。建立巩固的国防是我国现代化建设的战略任务，是维护国家安全统一和全面构建社会主义和谐社会的重要保障。作为我国公民的一员，关注国防、了解国防、建设国防，是我们义不容辞的责任。

国防教育警句

公民当思天下事，国防强弱系安危。

一、国防的含义和基本类型

（一）国防的含义和要素

国防，就是国家为防备和抵抗侵略，制止武装颠覆，保卫国家的主权、统一、领土完整和安全所进行的军事及与军事有关的政治、经济、外交、科技、教育等方面的活动。

"国"字的演变

从上述定义中可以看出，国防包括以下要素。

1. 国防主体

国防的主体，是国防活动的实行者，通常为国家。国防是国家的事业，是国家的固有职能。国防随着国家的产生而产生，随着国家的发展而发展，最终也必将随着国家的消亡而消亡。

2. 国防对象

国防的对象是指国防所要防备、抵御和制止的行为。根据《中华人民共和国国防法》的界定，国防的对象：一是外敌侵略，二是敌对势力武装颠覆。

3. 国防职能

国防的基本职能，是维护国家的生存与发展，具体表现为：

(1) 捍卫国家的主权。国家和主权不可分割，主权是一个国家独立处理自己的内外事务、管理自己国家的最高权力，是国家存在的根本标志。如果一个国家的主权被剥夺，其他的一切，包括国家的独立、领土完整、传统的生活方式、基本政治制度、社会准则和国家荣誉、尊严等，都无从谈起。捍卫国家主权，始终是国防职能中第一位的、根本的职能。

(2) 保卫国家的统一。国家的统一是指国家由一个中央政府对领

军事百科

中国人民解放军三军军旗

军旗为红色，宽高比5∶4，上缀金黄色的五角星及"八一"两字。中国人民解放军军旗的规格（按照总参1951年1月颁布的条令执行）：军旗可以授予团级以上部队和院校，授旗时可以举行仪式。军旗主要用于参加典礼、检阅、隆重集会、游行等场合，由掌旗员掌握军旗，左右各有一名护旗兵，位于部队的前列。中国人民解放军军旗是武装力量的标志，是人民解放军荣誉、勇敢和光荣的象征。它激励全体指战员牢记自己的神圣职责，忠于祖国，忠于人民，忠于党，不惜牺牲自己的生命来捍卫祖国的神圣领土和尊严。

土内一切居民和事务行使完整的管辖权，不允许另立政府或分割国家的管辖权。从国际法的角度来说，保卫国家统一、反对分裂，历来是一个国家的内部事务，绝不允许外国干涉。

(3) 保卫国家的领土完整。领土是指位于国家主权支配下的地球表面的特定部分以及其底土和上空，包括领陆、领水和领空。领土是国家存在和发展的自然物质前提，是构成国家的基本要素之一。领土完整的含义是：凡属本国的领土，决不能丢失，决不允许被分裂、肢解和侵占。

(4) 维护国家的安全。国家要正常地生存和发展必须有一个安全的内外环境。一旦国家遭到外来侵略和颠覆，安全受到威胁，国防就要发挥自己的职能，抵御和挫败外来的侵略和颠覆，确保国家的和平与稳定。当国内敌对分子勾结外国敌对势力进行武装暴乱，危及国家安全时，国防力量就要采取措施，防止和平息这种内外勾结的暴乱，保卫国家安全。

4. 国防手段

国防的手段是指为达到国防目的而采取的方法和措施。根据《中华人民共和国国防法》的规定，我国国防的手段包括军事以及与军事有关的政治、经济、外交、科技、教育等方面的活动。

(1) 军事手段。军事手段是国防的主要手段。与其他国防手段相比，军事手段的特点是：第一，军事手段是最具有威慑作用的手段，它可以对各种形式的外来侵犯进行有效阻止或遏制；第二，军事手段是唯一能够有效对付武装侵略的手段，它可以用军事力量特有的打击能力给侵略者造成物质和精神的严重损害，迫使其中止侵略行动，放弃侵略企图；第三，军事手段是解决国家之间矛盾冲突的最后手段，当国家之间主权、利益的矛盾积累达到极限时，就只有通过最高的斗争形式 -- 武装冲突或战争去进行彻底解决。同时，军事手段还能够成为各种非军事手段的有力后盾，可以强化各种

军事百科

世界性军歌

《三大纪律八项注意》不仅是大家耳熟能详的中国人民解放军军歌之一，其旋律还是一首很古老的世界性军歌。此曲原名《德皇威廉练兵曲》，是一首普鲁士军歌。早在19世纪清政府训练新军时，湖广总督张之洞就用此曲填词作为队列歌曲；民国后，北洋军阀各派系军队、国民革命军、新军阀军队，都用此曲填入新词成为军歌；一直到后来被根据地填词改编成《土地革命完成了》。这个曲子被中国军队广泛使用。

非军事手段的国防功能。

(2) 政治手段。作为国防手段之一的政治手段，指的是“与军事有关的”政治活动，而不是政治本身的全部含义。政治与国防关系密切。一方面，国防直接保卫的国家主权，是政治的第一需要；国防直接保卫的国家领土，是政治的物质前提；国防直接保卫的国家安全利益与发展利益，是政治的根本追求。国家政权、政治制度也要靠国防力量来捍卫。另一方面，政治对国防起着决定性的支配作用。国家的政治需要，决定国防的根本性质和基本类型；国家的政治指导思想和路线，决定国防的方向、方针和原则；国家的政治制度，决定国防的根本体制；国家的政治素质，制约国防的客观效应。

(3) 经济手段。经济是国防的基础，社会经济制度决定国防活动的性质，社会经济状况决定国防建设的水平。现代条件下，无论是国防建设还是国防斗争，都要广泛采用经济手段。这些手段主要有国防经济活动、经济动员、经济战、经济制裁等。

(4) 外交手段。国防外交活动主要是指国家与国家之间为了国防目的而开展的外交活动。由于这种外交主要涉及军事领域，所以又称军事外交。它既有一般外交的特征，又具有区别于其他外交工作的特殊规律，是集外交与军事于一体的活动。军事外交具体可划分为：军事双边往来、多边军事交往、非官方军事交往、军事科技交流和军工合作、军事结盟、军事援助、军事经济合作、边防管理等。

除上述因素外，与军事有关的科技、教育等，也是国防的重要手段。

图 1–1　国之军威

(二) 国防的基本类型

按社会形态，国防可分为奴隶制国防、封建制国防、资本主义国防和社会主义国防。当代国家从各自不同的利益和需要出发，其国防政策及国防目标不同，国防也有着不同的内涵。目前世界各国的国防类型主要有以下四种：

1. 扩张型

该类国家奉行霸权主义政策，它们以国家安全和防务需要为幌子，将其疆域以外的国家和地区纳入本国的势力范围，对别国进行侵略、颠覆和渗透。

2. 自卫型

该类国家以防止外敌侵略为目的，在国防建设上主要依靠本国力量，广泛争取国际上的同情和支持，以达到维护本国的安全、周边地区和世界的和平与稳定。中国的社会制度、国家利益决定了我国是自卫型的国家。

3. 联盟型

该类国家为弥补自身力量的不足，以结盟的形式借助他国的力量进行防卫。这种类型的国防也有扩张型和自卫型两种。有的联盟形式是以一个大国为主导地位，其余国家为从属地位；有的联盟形式是各国处于平等地位的伙伴关系，共同协商国家防卫大计。

4. 中立型

该类国家为保障本国的安全、发展和繁荣，实行和平、中立和自主的国防政策。其中有的实施总体防御战略和寓兵于民的防御体系，有的则采取完全不设防的方式，在世界事务中实行中立态度。

二、现代国防的基本特征

现代国防是对传统国防的继承和发展，又叫社会国防、大国防、全民国防，包括武装力量建设、国防体制、军事科技和工业、国防工程、军事交通通信、人力动员、国防教育、国防法规诸多方面，是一个庞大而复杂的系统。从国家最高元首到每个公民，从军事到政治、经济、文化、教育、科技和意识形态都与之密切相关。它是一种全新的国防理念和实践活动，其基本特征主要表现在以下几个方面。

(一) 国防目标的整体性

伴随着经济的发展，特别科技的进步，国家安全利益的内涵不断扩展。现代国防的职能和目标正在由维护地缘明确的“硬疆界”扩展到争取有利于己的“软环境”；由保卫本土不受侵犯扩展为在全球或地区范围争取政治、经济和安全秩序的影响力与主导权；由打赢战争扩展到在战争和非战争状态下都能保证国家利益的实现。现代国防强调，国家安全必须依靠整体性防务。一个国家只有经济不断强大，科技不断发展，国防实力不断增强，精神防线不断巩固，才能真正实现长治久安。

(二) 国防力量的综合性

现代国防力量的构成不单指军事力量，它还包括非军事力量，虽以军事力量为主，但不只靠国家的军事实力，还靠包括国土面积、地理位置、自然资源、生产能力、人口数量和质量、科技和文化水平、交通运输、通信状况、国家政策、管理能力、国际关系和国际地位等多种力量在内的国家综合实力。现代国防的核心问题是如何在现有客观基础上，尽快增强综合国力，并有效地运用综合国力，以实现国防目标。

(三) 国防手段的多元性

当今世界，除了传统的军事安全威胁外，恐怖主义、信息攻击、意识形态斗争等非传统安全威胁已上升为危害国家安全的重要因素。为了应对多元化安全威胁挑战，国防手段已不能囿于单纯的军事行为，而应注重多种手段、多种斗争形式相互配合。不仅可以使用军事手段在战场上进行武力的较量，而且也通过政治对话、外交谈判、经济封锁、心理施压、军备控制等非战争手段在更广阔的空间进行激烈的较量。在某一时期、某一方面，可以根据情况的不同突出选择使用某一种手段，以其他手段相配合。

(四) 国防建设的系统性

现代国防建设是一个以科技为龙头，以经济为骨干，通过总体性的战略运筹，谋求综合国防效益的有机系统。现代国防斗争更重视质量优势而不是数量优势，更重视整个系统的威力而不只是某些单元的作用。因此，世界各国普遍着眼于从宏观规划上合理调整军队、准军事组织和后备役部队的比重，军队内部各军种、兵种的比重，发挥系统的整体效能。

(五) 国防事业的社会性

随着国防内涵的扩展，整体性的国防能力必然涉及各个领域和各条战线，因而与整个社会构成了密不可分的联系。国防不只是“军防”，而是各个领域、各条战线和每个国人的“联防”，与整个社会密不可分。依靠国家和社会的综合力量来建设国防，越来越受到各国重视。中国有句古训：“天下兴亡，匹夫有责”，“保卫祖国、抵抗侵略是每个公民的神圣职责”，为国家的兴盛和国防的强大尽一己之力，是每个公民的责任和义务。

三、中国的国防历史

我国的国防具有非常悠久的历史，早在公元前21世纪，伴随着国家的建立，国防历史也先后经历了奴隶社会、封建社会、半封建社会和社会主义社会。中华民族五千年的荣辱兴衰告诉我们：兵者，国之大事，虽可百年不用，但不可一日无备。这些经验和教训充满着中华民族的勇敢和智慧，不但是中国人民的精神财富，也是我们进行国防教育的生动教材。

（一）中国古代国防

中国古代的国防，随着阶级的产生、国家的形成而出现，是以矛和盾为代表的冷兵器时代的国防。自夏、商、周起直到1840年鸦片战争爆发的近五千年的国防历史表明，凡施行富国强兵政策的朝代，无不国力强盛；凡实行“防内虚外”、重文轻武的朝代，无不国力衰败、饱受欺凌。

军事百科

明朝在军事上的四项世界第一

作为中国古代科技领先的朝代，明朝对中国乃至世界文明做出了很多伟大贡献。但它在军事技术方面取得的四个世界第一，却鲜为人知。

1.首创“水雷战”击沉日本战舰。

2.“火龙出水”是反舰导弹“鼻祖”。

3.最早使用触发式地雷。

4.创建了第一支骑炮兵。

1.中国古代的兵制建设

中国古代的兵制建设主要包括军事领导体制、武装力量体制和兵役制度等方面的内容。

在军事领导体制上，充分体现皇权。夏、商、西周时期还没有专门的军事领导机构，一般是国王亲自主持军政，领兵作战。秦统一后，设立了专门管理军事的机构。最高的军事官员称太尉。隋朝对国家机构进行了改革，设立了三省六部制，专门设立了主管军事的部门——兵部。宋朝为了防止“权将”拥兵自重，在中央设立了枢密院作为军事领导的最高机构，主官由文官担任。各朝代在军事领导体制方面的做法虽然不尽一致，但皇权至上，军队的调拨使用大权始终掌握在皇帝手中。

在武装力量体制上，秦朝以前的武装力量结构比较单一。从秦朝开始，国家的政治制度逐渐完善，生产力不断发展，各个朝代根据国家的状况和国防的需要，以及驻防地区和担负任务的具体情况，将军队区分为中央军、地方军、边防军和私人武装四种，并对军队的编制体制、屯田戍边、兵役军赋、军队调动、军需补给、驿站通道、军械制造和配发等都做了具体的规定，并以法律的形式颁布执行，如唐代的《卫禁律》《军防令》等。

在兵役制度上，随着各个历史时期的政治、经济、人口状况和军事需要，兵役制度不断变化。先秦时期，生产力低下，人口稀少，战争规模小，主要实行兵民合一的民军制度。封建社会时期，民军制度逐渐演变为与当时历史条件相适应的兵役制度，如秦汉时期的征兵制、三国两晋南北朝时期的世兵制、隋唐时期的府兵制、宋朝的募兵制、明朝的卫所兵役制等。

2. 中国古代的国防建设

中国古代的国防建设主要特点是以“防”为主。一是修筑坚固的防御工程体系，御敌于国门之外。边防建设以坚固的防御工程为主，著名的万里长城就是在漫长的岁月中修建起来的巨大的国防工程。海防建设主要从明代开始，为防倭寇袭扰，在沿海重要地段陆续修建了以卫城、所城为骨干，堡、寨、墩、烽堠和障碍物相结合的防御工程体系，有效地防止了倭寇的侵扰。二是实行戍边固边政策。主要方式有：在边关要地配置边防军，包括边境上的郡国兵和屯田兵；在边境大量增设新郡；进行大规模屯田，数十万边兵有警则战，无事则耕，戍卒无饥饿之忧，国家无转运之累。

图1–2 长 城

3. 中国古代的国防政策

中国古代国防政策十分丰富，总体上呈现以下三个特点。一是爱和平。自古以来，我国处在半封闭性的大陆环境，优越的地缘环境以及儒家文化的影响，中国古代国防实践表现出很强的“爱和平、求和平”的特点。二是重防御。整个古代国防史，除积贫积弱的宋朝外，几个比较大的朝代奉行的大都是积极防御战略，即在相对和平时期，励志奋发图强，整军备战，注重训练军队，改善装备，进行战场建设，并广泛开展国民尚武教育，奠定强盛国防的物质和精神基础。在条件具备与形势需要之际，敢于战略反攻，远程奔袭。三是求统一。数千年的中华文明史，是在统一观念主导下实现和维护中华民族大融合、大一统的历史。以国家统一为乐，以江山分裂为忧，已成为中华民族天经地义的政治价值取向。

（二）中国近代国防

我国近代的国防是孱弱、衰败和屈辱的。1840 年西方殖民主义者凭借船坚炮利的优势，攻破了清王朝紧锁的国门，对中华民族实行残酷的殖民统治。在西方殖民主义者的侵略面前，腐朽的统治者奉行的国防指导思想却是“居安思奢”“卖国求荣”；执行的国防建设思想是“以军压民”“贫国臃兵”；倡导的国防教育思想却是“愚兵牧民”“莫谈国事”，制定的国防斗争策略甚至是“攘外必先安内”。其结果是有国无防，人民惨遭蹂躏和杀戮。

近代国耻

1. 清朝后期的国防

清朝自顺治开始，经康熙、雍正、乾隆和嘉庆五代，经历了 177 年，是清朝的兴盛时期。但是经过“康乾盛世”之后，政治日趋腐败，国防日益虚弱。1840 年鸦片战争爆发，西方殖民势力大举入侵，从此清王朝一蹶不振，每况愈下，有国无防，内乱外患不息，逐步沦为半殖民地半封建社会。19 世纪中叶以后，中国的领土香港、澳门、台湾和澎湖岛为英、葡、日侵占；东北乌苏里江以东、黑龙江以北及西北今国界以外为沙俄所占；帕米尔地区为俄、英瓜分。从 1840 年鸦片战争到 1911 年辛亥革命的这 70 多年间，清政府与外国列强签订了上百个不平等条约，割让领土近 160 万平方千米。国家有海无防，有边不固，绝大部分中国领土成了帝国主义的势力范围。俄国在长城以北；英国在长江流域；日本在台湾、福建；德国在山东；法国在云南。中华民族美丽富饶的国土被帝国主义列强撕得支离破碎。

2. 民国时期的国防

1911 年爆发的辛亥革命虽然推翻了清朝的统治，彻底废除了封建专制制度，建立了“中华民国”。但由于革命的不彻底，仍没有改变中国半殖民地半封建、任人宰割的状况。帝国主义扶植各派军阀为自己的代理人，加紧对中国的控制掠夺。各派军阀争权夺利，混战不已，中国依然是有边不固，有海无防，人民有家难安。

3. 日本的入侵及中国人民的抗战

1931年9月18日，日本军国主义者发动了“九一八”事变。面对日本的野蛮侵略，蒋介石却奉行“攘外必先安内”的方针，一味妥协退让，出卖民族利益，使东北大片国土迅速沦陷。1937年7月7日，日本发动卢沟桥事变（图1-3），进一步扩大了对中国的侵略，中华民族到了生死存亡的紧要关头。中国共产党高举团结抗日的旗帜，肩负起救民族于危难的神圣使命，领导全国人民进行了八年艰苦卓绝的抗战，终于取得了我国近代历史上第一次抗击外敌侵略的完全胜利。

图1-3　卢沟桥事变

4. 解放战争及新中国的成立

抗日战争胜利后，全国人民迫切需要一个和平安全的建设环境。中国共产党顺民心，从民愿，不计前嫌，准备与国民党第三次携手，合作建国。但蒋介石背信弃义，妄图消灭中国共产党及其所领导的军队。在中国共产党的领导下，经过三年解放战争，中国人民终于推翻了蒋家王朝，建立了新中国，结束了自鸦片战争以来中华民族一百多年有国无防的屈辱历史。

新中国成立

（三）中国国防历史的启示

有过声威远播、天下归附的武功；有过引而不发、强虏驻足的宁静；有过遍体创伤、不堪回首的屈辱；也有过抗敌卫国的胜利。在建设有中国特色的社会主义征途中，重温这一段漫长的国防史，我们可以从中得到许多有益的启示。

1. 经济发展是国防强大的基础

经济是国防的物质基础，国防的强大有赖于经济的发展。早在春秋时期齐国的政治家管仲就提出“富国强兵”的思想，孙子则更直接地指出：“兵不强则不可以摧敌，国不富不可以养兵。”富国是强兵之本，强兵之急。我国古代凡是有所作为的政治家、军事家和王朝，无不强调富国强兵。秦以后的汉、唐、明、清各代前期国防的强盛，都是民族休养生息、发展经济的结果；与此相反，以上各朝代的衰败，也都是由于经济的衰败导致国防的孱弱所至。无数历史史实证明经济发展是国防强大的基础。

2. 政治开明是国防巩固的根本

政治与国防紧密相关，国家的政治是否开明，制度是否进步，直接关系到国防能否巩固。只有良好的政治才是固国强兵的根本。我国古代历代王朝，凡是兴盛时期，都十分注意修明政治，实行比较开明的治国之策。秦原为西部小国，自商鞅变法以后，修政治、明法度、发展生产，国力日渐强大，为并吞六国奠定了基础。唐代之初，百废待兴，正是由于制定并实施了一系列行之有效的政治制度，使国家很快从隋末的战争废墟中恢复过来，形成了国力昌盛、空前统一的大唐帝国。与此相反，凡是衰落的朝代或时期，都是政治腐败，国防虚弱。唐朝中期以后，两宋以至于晚清都是如此。

3. 国家的统一和民族的团结是国防强大的关键

纵观我国几千年的国防史，凡是国家统一、民族团结的时期，国防就强大；凡是国家分裂、民族矛盾尖锐的时期，国防就虚弱。清王朝晚期，在西方列强的进攻面前，不仅不敢发动反侵略战争，不依靠、不支持人民群众进行战争，反而认为“患不在外而在内”，对人民群众自发组织的反侵略斗争实行镇压的方针，最终造成屡战屡败，割地赔款，逐步沦为半殖民地半封建社会。抗日战争时期，在中国共产党的倡导和组织下，建立了抗日民族统一战线。在敌强我弱的条件下，中国共产党坚持人民战争的战略战术，充分动员和组织人民，团结一切抗日力量，共同抗击侵略，最终取得了抗日战争的全面胜利。历史的教训最为深刻，经验弥足珍贵，值得我们永远记取。

军事百科

林则徐妙退英军

1839年一个阴云密布的早晨，英国军舰偷袭广州。当军舰驶近虎门时，突然发现满海都是清军的红缨笠在游动。原来，这是林则徐布下的“尿壶阵”。尿壶里装满黄蜂，封住壶口后罩上红缨笠，等退潮时放出海面。英军误以为是水勇，开枪击破尿壶，黄蜂便飞了出来，成为攻击敌人的“生物兵团”，英军只好“望蜂”而逃。

英军恼羞成怒，第二天，他们都穿上皮衣，戴上手套，罩上面具，直至驶近虎门，他们又发现无数“尿壶”水勇。英军指挥官不禁哈哈大笑，下令捞起尿壶，摆在船上用火烧了起来。只听到“轰，轰，轰……”一阵阵的巨响，尿壶接连爆炸起来。只见英舰士兵死的死、伤的伤，哭爹喊娘，乱成一团。残余英军驾着火船，仓皇逃窜，一连数日，不敢出战。原来，这一次“尿壶”变成了“水雷”。

第二节　中国国防建设

国防教育警句

家不可一日无粮，国不可一日无防。

1949年10月1日，中华人民共和国成立，从此结束了近代中国有国无防的历史。在中国共产党的领导下，经过几十年的不懈努力，中国国防不断得到巩固和加强。作为国家现代化建设的重要部分，当今的国防建设从我国的国情出发，正在向建设有中国特色的现代化国防的目标迈进。

一、国防领导体制

国防领导体制是指国防领导的组织体系及相应制度，它包括国防领导机构的设置、职权划分和相互关系等。它是国家政权的组织形式和机构的重要组成部分。

中国根据宪法、国防法及其他有关法律，建立和完善国防领导管理体制。国家对国防活动实行统一的领导，中国的武装力量受中国共产党领导。党的中央军事委员会和国家的中央军事委员会，其组成人员和对军队的领导职能完全一致。中央军委实行主席负责制。

全国人民代表大会选举国家中央军委主席，根据中央军委主席的提名，决定中央军委其他组成人员的人选，决定战争与和平的问题，并行使宪法规定的国防方面的其他职权。全国人大常委会在全国人民代表大会闭会期间决定战争状态的宣布，决定全国总动员或者局部动员，并行使宪法规定的国防方面的其他职权。国家主席根据全国人大及其常委会的决定，宣布战争状态，发布动员令，并行使宪法规定的国防方面的其他职权。

国务院领导和管理国防建设事业，编制国防建设发展规划和计划，制定国防建设方面的方针、政策和行政法规，管理国防经费和国防资产，领导和管理国防科研生产，领导和管理国民经济动员工作和人民武装动员、人民防空、国防交通等方面的有关工作，领导和管理拥军优属和退役军人安置工作，领导国防教育工作，与中央军委共同领导人民武装警察部队、民兵的建设和征兵、预备役工作以及边防、海防、空防的管理工作，并行使法律规定的与国防建设事业有关的其他职权。国务院设有国防部以及其他与国防建设事业有关的部门。

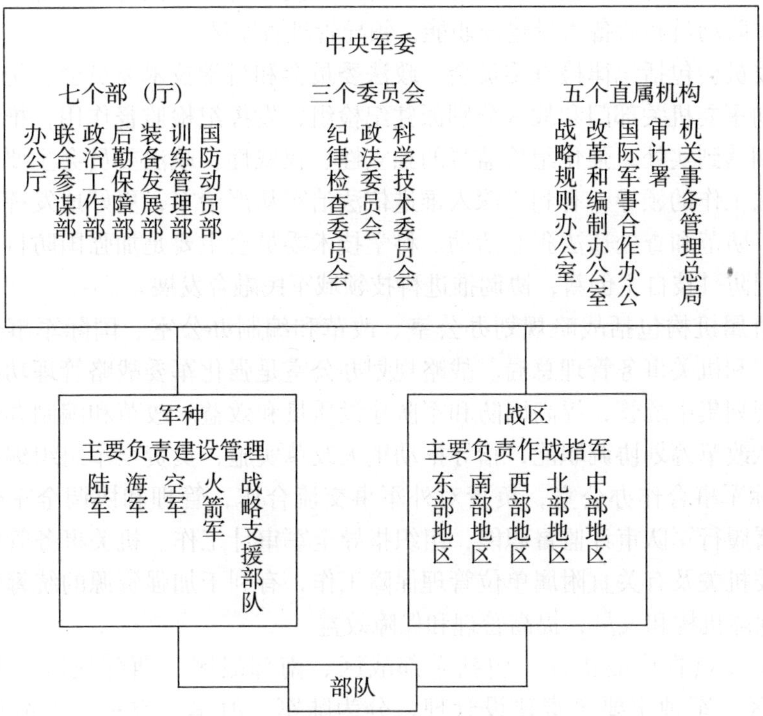

图 1-4　中国人民解放军领导体制

2015年11月，中央军委召开改革工作会议，对深化国防和军队改革做出全面部署，对领导管理体制和联合作战指挥体制进行了一体设计。通过调整军委总部体制、实行军委多部门制，组建陆军领导机构、健全军兵种领导管理体制，重新调整划设战区、组建战区联合作战指挥机构，健全军委联合作战指挥机构等重大举措，着力构建军委-战区-部队的作战指挥体系和军委-军种-部队的领导管理体系。分为七个部（厅）、三个委员会、五个直属机构和五个战区。

七个部委包括办公厅、联合参谋部、政治工作部、后勤保障部、装备发展部、训练管理部和国防动员部。其中，联合参谋部履行作战筹划、指挥控制和作战指挥保障，研究拟制军事战略和军事需求等职能。政治部工作履行全军党的建设、组织工作、政治教育和军事人力资源管理等职能。后勤保障部履行全军后勤保障规划计划、政策研究、标准制定和检查监督等职能。装备发展部履行全军装备发展规划计划、研发试验鉴定、采购管理和信息系统建设等职能。训练管理部主要是加强对全军军事训练的统一筹划和组织领导，加强部队和院校管理。国防动员部主要是履行组织指导国防动员和后备力量建设职能，领导管理省军区。

三个委员会包括纪律检查委员会、政法委员会和科学技术委员会。纪律检查委员会同时向军委机关部门和战区分别派驻纪检组，发挥纪检监督作用，推动纪委双重领导体制落到实处，强化纪检监督的独立性、权威性。政法委员会主要加强军委对军队政法工作的领导，有利于深入推进依法治军从严治军，更好地发挥政法部门职能作用，防范和查处违法犯罪活动。科学技术委员会主要是加强国防科技战略管理，推动国防科技自主创新，协调推进科技领域军民融合发展。

五个直属机构包括战略规划办公室、改革和编制办公室、国际军事合作办公室、审计署和机关事务管理总局。战略规划办公室是强化军委战略管理功能，加强军队战略规划集中统管，提高国防和军队建设质量和效益。改革和编制办公室履行国防和军队改革筹划协调职能，指导推动重大改革实施，负责全军组织编制管理等工作。国际军事合作办公室，负责对外军事交流合作，管理和协调全军外事工作等。审计署履行军队审计监督职能，组织指导全军审计工作。机关事务管理总局统一负责军委机关及有关直附属单位管理保障工作，有利于加强资源的统筹管理和使用，减少保障机构和人员，提高管理和保障效益。

战区主要负责作战指挥，包括东部战区、南部战区、西部战区、北部战区和中部战区。军种主要负责建设管理，分为陆军、海军、空军、火箭军和战略支援部队。

此外，地方各级人大和县级以上地方各级人大常委会在本行政区域内，保证有关国防方面的法律法规的遵守和执行。地方各级人民政府依照法律规定的权限，管理本行政区域内的征兵、民兵、预备役、国防教育、国民经济动员、人民防空、国防交通、国防设施保护、退出现役的军人的安置和拥军优属等工作。地方各级人民政府和驻地军事机关根据需要召开军地联席会议，协调解决本行政区域内有关国防事务的问题。

二、国防建设成就

国防建设是国家为提高国防能力而进行的各方面的建设。主要包括：武装力量建设，边防、海防、空防、人防及战场建设，国防科技与国防工业建设，国防法规与动员体制建设，国防教育，以及与国防相关的交通运输、邮电、能源、水利、气象、航天等方面的建设。从新中国成立以来，在党中央、中央军委的领导下，国防和军队建设取得了举世瞩目的成就。

（一）建立和完善了有中国特色的武装力量领导体制

我国的武装力量领导体制，是在长期的革命战争中形成和发展起来的。新中国成立后，根据中央人民政府1949年10月19日的命令，成立了中央人民政府人民革命军事委员会，作为全国武装力量的最高统帅机关。1954年9月，第一届全国人民代表大会第一次会议通过的宪法规定，中华人民共和国主席统帅全国武装力量，并决定设立国防委员会和国防部，由国家主席担任国防委员会主席。与此同时，取消了中央人民政府人民革命军事委员会。在同月召开的中央政治局会议上，决定在中央政治局和书记处之下成立中共中央军事委员会，领导中国人民解放军和其他武装力量。

1982年起，党和国家共同设立中央军事委员会。同年12月召开的全国人大五届五次会议通过的《中华人民共和国宪法》规定，中华人民共和国中央军事委员会统一领导全国的武装力量。国家的中央军委设立后，中共中央军委同时存在，为避免机构重叠，中共中央决定，国家军委与党的军委是"一个机构，两个牌子"，其组成人员完全相同，而且全体军委委员都由共产党员担任。党的中央军委与国家中央军委并存，同时向中央和全国人大及人大常委会负责。这种体制，既贯彻了党对军队绝对领导的根本原则，又适应我军已成为国家主要成分的实际，进一步完善了国家武装力量的领导体制，体现了党领导军队与国家领导军队的一致性。

（二）中国人民解放军的现代化、正规化和革命化建设有了突破性的进展

新中国成立后，人民解放军在毛泽东关于建设现代化革命武装力量的战略思想和邓小平军队建设思想的指引下，不断向现代化、正规化和革命化迈进。特别是改革开放以来，我国国防实力得到进一步加强，国防现代化建设，尤其是军队的建设，有了突破性的进展，取得了一系列重大成就。

1949年10月1日，当毛泽东主席在天安门向全世界庄严宣告中华人民共和国成立时，经过长期考验的中国人民解放军，也迈开了建设诸军兵种构成的合成军队的坚实步伐。当时的人民解放军基本是一支单一的以普通步兵为主的陆军，海军、空军仅仅刚具雏形，而陆军中的炮兵、装甲兵等技术兵种所占比例非常小。经过几十年的艰苦努力，人民解放军实现了由单一陆军向诸军兵种合成军队的发展。不仅掌握着种类比较齐全的常规武器装备，而且拥有了具有一定威慑力的原子弹、氢弹等

尖端武器装备。

进入20世纪90年代以来，人民解放军继续向着更高级的阶段迈进。根据高技术战争的特点和影响，人民解放军开始把军事斗争准备的立足点放在打赢现代技术特别是高技术条件下的局部战争上，军队建设逐步实现由数量规模型向质量效能型，由人力密集型向科技密集型的转变；在发展武器装备方面，人民解放军根据现代技术特别是高技术条件下局部战争的需要，努力发展高技术"撒手锏"；在改革调整体制编制方面，人民解放军进一步压缩了军队规模，优化诸军兵种比例结构，完善合成体制，使军队体制编制更加适应现代合同作战和联合作战的需要；在改革教育训练方面，为培养掌握现代科技知识和战争知识，精通现代军事科学理论的高层次指挥人才，指挥院校增设了硕士、博士生教育，部队训练加大了实战力度。2009年10月1日，在国庆60周年阅兵大典上，中国人民解放军受阅部队浩浩荡荡通过天安门广场，接受祖国和人民的检阅。装备着新式武器的受阅部队，以空前的阵容和世界一流的训练水平，向世界展示了中国军队革命化、现代化、正规化建设的巨大成就，展示了人民军队威武之师、文明之师、胜利之师的崭新风貌，展示了共和国钢铁长城维护祖国安全与统一、促进世界和平与发展的坚强决心和强大力量。

图1–5　庆祝中华人民共和国成立60周年盛大阅兵式

（三）国防科技工业形成了门类齐全、综合配套的体系

国防科技是衡量一个国家综合国力的重要标志之一，也是国防现代化建设的一个重要方面。新中国成立以来，在党中央、国务院、中央军委的领导下，经过几十年的建设和发展，我国的国防科技工业从

中国首次载人航天飞行

无到有，从小到大，从落后到先进，建立起了包括电子、船舶、兵器、航空、航天和核能等门类齐全、综合配套的科研实验生产体系，取得了一大批具有国内或国际先进水平的科研成果，为我军现代化建设和切实增强我国的综合国力做出了重要贡献。

新中国成立后的第一个五年计划期间，我国的国防科技工业经过几年的努力，先后建立了飞机、舰艇、火炮、坦克、弹药、雷达、指挥仪、通信设备等工厂，为我国独立自主地研制和生产武器装备奠定了初步基础。1964年第一颗原子弹试验成功，1966年导弹核武器实验成功，1967年第一颗氢弹试验成功，1970年第一颗人造卫星上天，1975年人造卫星按预先计划准确返回地面，1980年向南太平洋发射运载火箭成功，1982年潜艇发射运载火箭成功，1984年发射地球同步卫星成功，2000年10月第一颗导航定位卫星“北斗”发射成功，1999年至2013年共发射10艘“神舟”号飞船，2004年歼10战机正式装备部队，歼20战机于2010年11月进行首次滑跑试验，2011年1月实现首飞，4月歼20战机完成第2次试飞，时间持续90分钟。

图1–6 歼10战机

图1–7 歼20战机

中国国防科技工业在为部队提供性能先进、质量可靠、配套完善的武器装备的同时，大力发展军民两用技术，和平利用军工技术，促进国民经济建设。现在，民用核电技术已向产业化发展，民用航天技术在应用卫星、运载火箭、载人航天等方面也都取得了丰硕成果。中国长征系列运载火箭成功发射了27颗国外制造的卫星，在国际商业卫星发射服务市场占有一席之地。民用飞机在通用飞机、“新舟600”飞机生产上取得重要进展。民用船舶工业已成为全国机电行业中具有国际竞争力的出口型支柱产业，造船产量持续增长，已跃居世界第一位。国防科技工业充分发挥了军工行业的优势，在民用核电、航天、航空、船舶和电子等产业，实现军民相互促进的良性循环。目前国防科技工业已成为国民经济建设的重要力量。

（四）边海防建设和人民防空建设进步明显

我国奉行睦邻友好政策，严格按照与相邻国家签订的条约、协定和联合国海洋法公约，对陆地边界和管辖海域实施防卫、管辖，维护国家领土主权和海洋权益，保卫边防、海防安全。

我国主张通过谈判解决边界和海域划界问题，重视在边境地区建立互信机制，反对使用武力或采取激化事态的行动，按照公平原则划定海域界限。目前，我国先后与大部分邻国解决或基本解决了历史遗留的边界问题。

我国重视发展与相邻国家的边防交往与合作，共同维护边界秩序。2002年4月，上海合作组织成员国在阿拉木图会晤。中国、俄罗斯、哈萨克斯坦、吉尔吉斯斯坦、塔吉克斯坦五国边防部门领导商定：五国边防部门在上海合作组织有关文件规定的框架内，根据成员国共同国界地区的形势，加强边防信息交流，深化双边和多边合作，采取有效措施共同打击恐怖主义、分裂主义、极端主义和预防各种形式的跨界犯罪活动，维护成员国共同边界地区的安全，为发展成员国之间的睦邻友好、经济贸易和文化交流提供安全保障。中国边防部门和边防部队忠实履行有关条约、协定和协议，在双边或多边的法律框架内共同维护边界秩序，保障了边境地区的和平和稳定。

在现代战争中，实施大规模的空袭已成为作战首选手段，空袭与反空袭已成为主要的作战样式之一。在空袭的隐蔽突然、精确打击和破坏效能空前强大的情况下，人民防空的作用愈来愈显得突出和重要。我国人民防空建设贯彻人民战争思想，从战时需要出发，把城市人民防空作为建设重点，在适应国家市场经济的推进和军事斗争准备的需求中改革发展。

（五）国防后备力量建设取得长足的发展

我国历来十分重视国防后备力量建设。1985年，党中央、国务院、中央军委提出了“精干的常备军和强大的后备力量相结合，是建设现代化国防的必由之路”的基本指导方针，国防后备力量建设呈现出了良好的局面。一是国防后备力量建设实现了指导思想的战略性转变，走上和平时期稳步发展的轨道，明确提出民兵工作要以更好地适应新时期军事战略方针和适应发展社会主义市场经济的新形势为指针。二是确立并实行了民兵与预备役相结合的制度，重点抓基干民兵队伍建设和预备役部队建设，加强训练，更新武器装备，使得后备兵员的整体素质明显提高，初步形成具有中国特色的国防后备力量体系。三是注重宏观指导，合理布局，边海防、大中城市和重点地区的民兵工作得到加强。四是民兵、预备役部队在参战支前、保卫边疆、发展生产、扶贫帮困、抢险救灾、维护社会治安等方面发挥了重要作用，为国家的改革、

百万大裁军

发展和稳定做出了巨大贡献。五是加强了国防教育，有效地增强了全民的国防观念，普及了国防知识，推动了国防建设。中国的国防，是全民的国防。从1985年开始，我国有组织有计划地在部分高等院校和高级中学开展学生军训工作试点。2001年4月28日，《中华人民共和国国防教育法》正式颁布实施，使国防教育逐步走上经常化、多样化、规范化的轨道。国防教育法颁布实施后，从2001年开始，学生军训工作有计划有步骤地在全国普通高等学校和高级中学全面铺开，每年参加军训的学生将逐步达到1 000余万人。六是完善了国防动员体制，国家组建了国防动员委员会，在国务院和中央军委领导下，主管全国的国防动员工作，按照“平战结合、军民结合，寓兵于民”的方针，协调国防动员工作中经济与军事、军队与政府、人力与物力之间的关系，从而将人民武装、国民经济、人民防空、国防交通等方面的动员准备纳入国家总体发展规划和计划，通过优化动员机制，提高后备力量的快速动员能力，提高平战转换能力，极大地增强了国防实力。

（六）国防法制建设向规范化、制度化迈进

中华人民共和国成立以来，国防法制建设逐步发展，在立法、执法、司法及法律监督等方面都取得了很大的成绩。党的十一届三中全会以后，国防和军事法制建设进入了一个新的发展时期。1982年，新修改的宪法在总结新中国成立以来历史经验的基础上，确立了国防和武装力量建设的基本原则，为国防和军事法制建设的全面发展提供了新的宪法依据。此后，在国家立法体制中进一步健全了国防和军事立法体制。中央军委发布了《中国人民解放军立法暂行条例》，从立法规划、计划，到法规起草、审议及发布实施都做了明确规定，实现了国防和军事立法的规范化、制度化。

中国的国防和军事立法取得了显著成绩。全国人民代表大会及其常务委员会制定了《中华人民共和国国防法》《中华人民共和国兵役法》等12件国防和军队建设的法律和有关法律问题的决定。国务院、中央军委制定了《国防交通条例》《征兵工作条例》《民兵工作条例》等40多件军事行政法规。中央军委制定或修改了《中国人民解放军司令部工作条例》《中国人民解放军政治工作条例》《中国人民解放军后勤条例》等70多件军事法规；各总部、各军兵种、各军区制定了1 000多件军事规章。我国在国防和军队建设的主要方面基本实现了有法可依，初步建立了具有中国特色的国防和军事法规体系。国家在国防建设领域，依法确立和健全了从中央到地方的国防领导体制和运行机制，建立了兵役制度、国防动员制度、国防科研生产制度、国防资产管理制度、军事设施保护制度以及军人抚恤优待制度；在军队建设

领域，依法确立了军队的性质、任务和建设方针，实行了军人衔级制度、军事训练制度、司令部工作制度、政治工作制度、后勤保障制度、内务制度、警备勤务制度、军纪奖惩制度等一系列重要制度，保障了国防活动和军队建设在法律规范和调控下有序地进行。

为了保障国防和军事法规在军队的统一实施，国家在军队中建立了军事执法体制、军事司法体制和军事法制机构、法律服务组织，构成了完整的国防和军事法制组织体制。军事执法体制，主要由负责军事法实施的军队各级领导机关和职能部门构成，并在军级以上单位设立了专门履行监督检查职能的纪律检查机构和财务审计机构，全国大、中城市驻军建立了维护军容风纪、纠察处理违纪军人和违章军车的警备勤务机构。军事司法体制，由国家设在中国人民解放军总部、军区级单位、军级单位的三级军事法院和军事检察院构成，它们与军队各级保卫部门分别行使法律规定的职权，依法办理军队内部发生的刑事案件。军事法制机构，由中央军委法制局和各总部、军区级单位编设的法制机构或人员组成，负责管理全军和军队各单位的法制工作。法律服务部门，由军队各级设立的法律顾问处和法律咨询站组成，专门为军队各级领导机关决策和部队官兵的涉法问题提供法律咨询和服务。

此外，我国十分重视对全国人民，特别是在军队中开展国防和军事法制的宣传教育，把法制宣传教育纳入部队教育训练的轨道。

三、国防政策和国防目标

（一）国防政策

我国奉行独立自主的和平外交政策和防御性的国防政策，致力于与各国一道推动建设持久和平、共同繁荣的和谐世界，决定了我国国防是自卫型国防，与奉行霸权主义、强权政治国家的国防有本质的区别。

依照宪法和法律，中国武装力量肩负对外抵抗侵略、保卫祖国，对内维护社会大局稳定、保卫人民和平劳动的神圣职责。建设与国家安全和发展利益相适应的巩固国防和强大军队，是中国现代化建设的战略任务，是中国各族人民的共同事业。

（二）国防目标和任务

2015中国国防白皮书《中国的军事战略》提出新时期中国国防使命和战略任务。

1. 战略目标

中国的国家战略目标，就是实现在中国共产党成立一百年时全面建成小康社会，在新中国成立一百年时建成富强、民主、文明、和谐的社会主义现代化国家的奋斗目标，就是实现中华民族伟大复兴的中国梦。中国梦是强国梦，对军队来说就是强军梦。强军才能卫国，强国必须强军。在新的历史时期，中国军队以中国共产党在新形势下的强军目标为总纲，毫不动摇地坚持党对军队绝对领导，始终把战斗力作为唯一的根本的标准，大力弘扬光荣传统和优良作风，建设一支听党指挥、能打胜仗、作风优良的人民军队。

在新的时代条件下，中国国家安全内涵和外延比历史上任何时候都要丰富，时空领域比历史上任何时候都要宽广，内外因素比历史上任何时候都要复杂，我们必须坚持总体国家安全观，统筹内部安全和外部安全、国土安全和国民安全、传统安全和非传统安全、生存安全和发展安全、自身安全和共同安全。

2. 战略任务

实现国家战略目标，贯彻总体国家安全观，对创新发展军事战略、有效履行军队使命任务提出了新的需求。要适应维护国家安全和发展利益的新要求，更加注重运用军事力量和手段营造有利战略态势，为实现和平发展提供坚强有力的安全保障；适应国家安全形势发展的新要求，不断创新战略指导和作战思想，确保能打仗、打胜仗；适应世界新军事革命的新要求，高度关注应对新型安全领域挑战，努力掌握军事竞争战略主动权；适应国家战略利益发展的新要求，积极参与地区和国际安全合作，有效维护海外利益安全；适应国家全面深化改革的新要求，坚持走军民融合式发展道路，积极支援国家经济社会建设，坚决维护社会大局稳定，使军队始终成为党巩固执政地位的中坚力量和建设中国特色社会主义的可靠力量。

中国军队有效履行新的历史时期军队使命，坚决维护中国共产党的领导和中国特色社会主义制度，坚决维护国家主权、安全、发展利益，坚决维护国家发展的重要战略机遇期，坚决维护地区与世界和平，为全面建成小康社会、实现中华民族伟大复兴提供坚强保障。

中国军队主要担负以下战略任务：应对各种突发事件和军事威胁，有效维护国家领土、领空、领海主权和安全；坚决捍卫祖国统一；维护新型领域安全和利益；维护海外利益安全；保持战略威慑，组织核反击行动；参加地区和国际安全合作，维护地区和世界和平；加强反渗透、反分裂、反恐怖斗争，维护国家政治安全和社会稳定；担负抢险救灾、维护权益、安保警戒和支援国家经济社会建设等任务。

四、中国武装力量建设

中国武装力量是以全国人民为基础，在中国共产党领导下，经过长期的战争和社会建设实践，逐步形成并发展起来的。为了适应新的时代环境，根据国际国内形势的发展变化，经过60多年的实践和探索，逐步形成具有中国特色的武装力量体制。

（一）中国武装力量的构成

在革命战争年代，中国武装力量实行野战军、地方军和民兵“三结合”的体制。新中国成立后，随着不同时期形势的发展和变化，这种“三结合”的武装力量体制也经历了不同的具体组织形式。在新的历史时期，中华人民共和国的武装力量由中国人民解放军、中国人民武装警察部队和中国民兵组成。

1. 中国人民解放军

中国人民解放军诞生于1927年8月1日。土地革命时期称中国工农红军，抗日战争时期称八路军和新四军，从解放战争时期改称中国人民解放军。新中国成立以来，人民解放军由单一的陆军发展成为陆、海、空三军和战略导弹部队以及其他兵种在内的合成军队，建成了一支拥有现代化武器装备的人民军队。中国武装力量的主体是中国人民解放军，由现役部队和预备役部队组成。

(1) 现役部队

现役部队是国家的常备军，包括陆军、海军、空军和第二炮兵。他们主要担负防卫作战任务，必要时可以依照法律规定协助维护社会秩序。

(2) 预备役部队

预备役部队是以现役军人为骨干、预备役人员为基础，按规定体制编制组成的部队。从1983年开始组建，现在全国相关地区均先后组建了预备役部队。预备役部队实行统一编制，授予番号、军旗，列入中国人民解放军编制序列。根据《中华人民共和国国防法》第22条规定：“预备役部队平时按照规定进行训练，必要时可以依照法律规定协助维护社会秩序，战时根据国家发布的动员令转为现役部队。”

2. 中国人民武装警察部队

中国人民武装警察部队组建于1982年6月19日，是国家武装力量的组成部分。《中国人民武装警察法》规定：“人民武装警察部队属于国务院编制序列，由国务院、中央军委领导，实行统一领导与分级指挥相结合的体制。”国务院主要负责人民武装警察部队日常任务赋予、规模和编制定额、指挥业务建设、经费物资保障，主要通过国务院有关职能部门组织实施。中央军事委员会主要负责人民武装警察部队的组织编制、干部管理、指挥、训练、政治工作，主要通过四总部组织实施。分级指挥是指人民武装警察部队执行安全保卫、抢险救灾任务时接受地方县级以上人民政府和上级人民武装警察部队的指挥。

中国人民武装警察部队由内卫总队、机动总队、海警总队、院校和科研机构等组成，主要担负执勤、处突、反恐怖、海上维权执法、抢险救援以及防卫作战等任务。内卫部队主要受武警总部的直接领导管理。其主要任务：一是承担固定目标执勤和城市武装巡逻任务，保障国家重要目标的安全；二是处置各种突发事件，打击恐怖主义，维护国家安全与社会稳定；三是支援国家经济建设和执行抢险救灾任务；四是战时参与后方防卫作战。机动总队主要负责处置大规模突发事件，如暴乱骚乱武装暴动大规模械斗事件等，战时协助解放军进行防卫作战。海警总队主要负责近海安全，处理近海治安、刑事等案件的调查处理，打击走私、偷渡、贩毒等海上违法犯罪活动，是公安机关部署在海上的唯一执法力量。武警部队还有一小部分特殊队伍，如国宾护卫队、仪仗队、礼炮队、警乐团、文工团、歌舞团等（图1–8）。

图 1–8　中国武警与俄内卫部队“合作–2013”联合训练演习

2018年3月，根据中共中央印发的《深化党和国家机构改革方案》，着眼全面落实党对人民解放军和其他武装力量的绝对领导，贯彻落实党中央关于调整武警部队领导指挥体制的决定，按照军是军、警是警、民是民原则，将列武警部队序列、国务院部门领导管理的现役力量全部退出武警，将国家海洋局领导管理的海警队伍转隶武警部队，将武警部队担负民事属性任务的黄金、森林、水电部队整体移交国家相关职能部门并改编为非现役专业队伍，同时撤收武警部队海关执勤兵力，彻底理顺武警部队领导管理和指挥使用关系。

1. 公安边防部队改制。公安边防部队不再列武警部队序列，全部退出现役。公安边防部队转到地方后，成建制划归公安机关，并结合新组建国家移民管理局进行适当调整整合。现役编制全部转为人民警察编制。

2. 公安消防部队改制。公安消防部队不再列武警部队序列，全部退出现役。公安消防部队转到地方后，现役编制全部转为行政编制，成建制划归应急管理部，承担灭火救援和其他应急救援工作，充分发挥应急救援主力军和国家队的作用。

3. 公安警卫部队改制。公安警卫部队不再列武警部队序列，全部退出现役。公安警卫部队转到地方后，警卫局（处）由同级公安机关管理的体制不变，承担规定的警卫任务，现役编制全部转为人民警察编制。

4. 海警队伍转隶武警部队。按照先移交、后整编的方式，将国家海洋局（中国海警局）领导管理的海警队伍及相关职能全部划归武警部队。

5. 武警部队不再领导管理武警黄金、森林、水电部队。按照先移交、后整编的方式，将武警黄金、森林、水电部队整体移交国家有关职能部门，官兵集体转业改编为非现役专业队伍。

武警黄金部队转为非现役专业队伍后，并入自然资源部，承担国家基础性公益性地质工作任务和多金属矿产资源勘查任务，现役编制转为财政补助事业编制。原有的部分企业职能划转中国黄金总公司。

武警森林部队转为非现役专业队伍后，现役编制转为行政编制，并入应急管理部，承担森林灭火等应急救援任务，发挥国家应急救援专业队作用。

武警水电部队转为非现役专业队伍后，充分利用原有的专业技术力量，承担水利水电工程建设任务，组建为国有企业，可继续使用中国安能建设总公司名称，由国务院国有资产监督管理委员会管理。

6. 武警部队不再承担海关执勤任务。参与海关执勤的兵力一次性整体撤收，归建武警部队。

为补充武警部队撤勤后海关一线监管力量缺口，海关系统要结合检验检疫系统整合，加大内部挖潜力度，同时通过核定军转编制接收一部分转业官兵，并通过实行购买服务、聘用安保人员等方式加以解决。

3. 中国民兵

中国民兵是中华人民共和国武装力量的组成部分，是在党的领导下不脱离生产的群众武装组织，是中国人民解放军的助手和后备力量，是维护国家安全与稳定的一支战略力量，是进行信息化条件下人民战争的基础。民兵在各级党委、政府、人武部门的领导下开展工作。

我国民兵的主要任务是：积极参加社会主义现代化建设，带头完成生产任务；担负战备勤务、保卫边疆、维护社会治安的任务；随时准备参战，抵抗侵略，保卫祖国。

（二）中国人民解放军各军兵种

中国人民解放军诞生于 1927 年 8 月 1 日，是中国共产党缔造和领导的军队，是中国武装力量的主体，由现役部队和预备役部队组成，总额约 200 万人。现役部队由陆军、海军、空军、火箭军、战略支援部队组织而成，主要是担负防卫作战任务，必要时可以依照法律规定协助维护社会秩序。

军队建设

1. 陆　军

陆军是主要在陆地上作战的军种。它担负在陆地歼灭敌人的任务，既能独立作战，又能与海军、空军联合作战。陆军是中国人民解放军各军兵种中历史最久的，是新中国建立前后的历次作战中发挥最出色的，也是社会主义现代化建设和各种抢险救灾中的中坚力量（图 1–9）。

图 1–9　中国人民解放军陆军

2015 年 12 月 31 日，中国人民解放军陆军领导机构成立。这是深化国防和军队改革的一个重大举措，将有利于建设一支强大的现代化新型陆军。2016 年 2 月 1 日，解放军战区成立大会在京召开，解放军调整划设了东部战区、南部战区、西部战区、北部战区、中部战区，原七大军区番号撤销。陆军由步兵、装甲兵、炮兵、防空兵、陆军航空兵、工程兵、防化兵、通信兵、电子对抗兵、侦察兵、测绘兵、气象兵等专业兵种组成。陆军按其担负的任务还划分为野战部队、海防部队、边防部队、警卫警备部队等。野战部队的编制序列一般是：集团军、师（旅）、团、营、连、排、班。海防部队、边防部队和警卫警备部队，根据担负的作战任务和地理条件确定编成方式。

2. 海　军

海军是以舰艇部队为主体，在海洋上作战的军种，具有在水面、水下和空中作战的能力。中国人民解放军海军于 1949 年 4 月 23 日成立，其主要任务是独立或协同陆军、空军防御敌人从海上的入侵，保卫领海主权，维护海洋权益。经过多年的发展，我国海军不断壮大，已发展成为一支多兵种合成、具有核常双重作战手段的近海防御力量（图 1–10）。

图 1-10　中国人民解放军海军

军事百科

国际航海通用计量单位

国际航海通用计量距离的长度单位为海里，1 海里为 1852 米；计量短距离的单位用链表示，1 链 =1/10 海里；航海速度以节（海里 / 小时）为计量单位，舰船每小时航行 1 海里为 1 节。

中国人民解放军海军为一个独立军种，级别为大区级，其指挥机构为海军司令部、政治部、后勤部、装备部。海军下辖北海、东海、南海三个舰队和海军航空兵。舰队下辖基地、水警区、舰艇支队、舰艇大队等。其兵种编成由水面舰艇部队、潜艇部队、海军航空兵、海军岸防兵、海军陆战队等兵种及专业部（分）队组成。海军还组建了各种专业勤务部队，包括观察、工程、航海保障、水文气象、防险救生、后勤供应和装备修理等部队，其任务是保障海军各兵种顺利进行战斗活动。

3. 空　军

空军是主要进行空中作战的军种。空军具有快速反应、高速机动、远程作战和猛烈突击的能力，既能协同其他军种作战，又能独立执行战役、战略任务，是信息化条件下立体作战的重要力量，能对战争的进程和结局产生重大影响，在现代国防和现代化战争中具有重要的地位和作用。中国人民解放军空军成立于 1949 年 11 月 11 日，主要任务是担负国土防空，支援陆军、海军、火箭军作战，对敌方实施空袭，进行空运和航空侦察。经过 60 多年的建设，空军已初步发展成为一支多兵种组成的战略军种，具备了较强的防空和空中进攻作战能力，一定的远程精确打击和战略投送能力（图 1-11）。此外，空军还执行了科研试验、航空探测、空运空投、抢险救灾、飞播造林等任务，为国防现代化和社会主义建设做出

航天飞机发射

图 1-11　中国人民解放军空军

了重要贡献。

中国人民解放军空军领导机构设有司令部、政治部、后勤部、装备部，其下的基本组织层次为：军区空军、空军基地、师（旅）、团（站）、大队（营）、中队（连）。空军是由航空兵、地空导弹兵、高射炮兵、雷达兵、空降兵、电子对抗兵、气象兵等多兵种合成，由歼击机、强击机、轰炸机、运输机、预警机等多机种组成的现代化高技术军种。航空兵是空军的主要组成部分和作战力量，包括歼击航空兵、强击航空兵、轰炸航空兵、侦察航空兵、运输航空兵等。

4. 火箭军

中国人民解放军火箭军是中国人民解放军新的军种，由第二炮兵更名而来，于2015年12月31日正式成立，是中国大国地位的战略支撑，是维护国家安全的重要基石。火箭军是中国实施战略威慑的核心力量，主要担负遏制他国对中国使用核武器、执行核反击和常规导弹精确打击的任务。火箭军遵守国家不首先使用核武器政策，严格执行中央军委命令，以保证国家免受外来核攻击为基本使命。经过40多年的发展，火箭军已建设成为一支精干有效、核常兼备的战略力量，具备陆基战略核反击能力和常规导弹精确打击能力，在保卫国家安全和履行军队新世纪新阶段历史使命中有着特别重要的地位和作用。

图 1–12 中国人民解放军火箭军

火箭军是中央军委直接掌握使用的战略部队，领导机构设有司令部、政治部、后勤部、装备部。其下的基本组织层次为基地、旅、营。经过几十年的建设，火箭军已形成核常兼备、固液并存、战斗部种类配套的武器装备体系，装备各种型号的核导弹和常规导弹（图 1–12）。编成上是由地地战略导弹部队和常规战役战术导弹部队组成。地地战略导弹部队由近程（射程为1000千米以内）、中程（射程为1000～3000千米）、远程（射程为3000～8000千米）和洲际导弹（射程为8000千米以上）部队、工程部队、作战保障、装备技术保障和后勤保障部队组成，主要担负遏制敌人对中国使用核武器，在敌人对中国发动核袭击时，遵照统帅部的命令，独立地或联合其他军种的战略核部队对敌人实施有效反击的任务，是一支具有一定规模和实战能力的主要核威慑和战略核反击力量。常规战役战术导弹部队由近程、中近程常规导弹部队、工程部队、作战保障、装备技术保障和后勤保障部队组成，装备常规战役战术导弹武器系统，执行常规导弹突击任务。

5. 中国人民解放军战略支援部队

2015年12月31日，中国人民解放军陆军领导机构、中国人民解放军火箭军、中国人民解放军战略支援部队成立大会在北京举行。

中国人民解放军战略支援部队是中国陆、海、空、火箭之后的第五大军种。

中国人民解放军战略支援部队是维护国家安全的新型作战力量，是我军新质作战能力的重要增长点，是将战略性、基础性、支撑性都很强的各类保障力量进行功能整合后组建而成的。成立战略支援部队，有利于优化军事力量结构、提高综合保障能力。

战略支援部队属于独立军种部队，按照军种主建的原则，仅负责相关部队的军政管理工作，不具备作战指挥功能。

6. 预备役部队

预备役部队是指国家平时以退役军人、民兵为基础、现役军人为骨干组建起来的战时能够迅速转为现役部队的武装力量，是战时首批动员的后备力量，在现代化国防和战争中占有重要的地位。我国的预备役部队组建于1983年3月，分军种和兵种预备役师、团，列入中国人民解放军建制序列，授予军旗和番号，执行中国人民解放军条令条例。其基本任务是：不断增强现代化条件下快速动员和作战能力，做好战时动员的各项准备工作，随时准备转为现役部队，执行作战任务。

预备役师、团实行统一编制，按地区编组，由预备役军官和士兵组成，配备一定数量的现役军人做骨干，建有精干的师、团机关，负责组织计划、训练和武器装备管理工作。军事训练由军区、省军区、军种、兵种按照总参谋部制定的训练大纲组织实施。预备役军官包括退出现役转入预备役的军官、授予预备役军官军衔的退伍士兵、专职人民武装干部、民兵干部和经过军事训练考试合格的高等院校毕业生，以及确定服军官预备役的非军事部门的干部和专业技术人员。

第三节　中国国防法规

国防法规是调整国防和武装力量建设领域各种社会关系的法律规范的总和，是国家法律体系的重要组成部分，是加强国防和武装力量建设的基本法律依据。其主要作用是用法律的形式确定并以国家强制手段为加强国防建设和国防斗争提供基本的法律保障。随着社会主义市场经济体制的不断完善，国家依法治国、政府依法行政的不断加强，国防法规对于加强国防和军队建设，做好新世纪新阶段的军事斗争准备，发挥着越来越重要的作用。

国防教育警句

宁可百年无战事，不可一日无国防。

一、国防法规的特征

国防法规是国家法律的组成部分，是由国家制定和认可，由国家强制力保证其实施的行为规范。因此，它具有法律的一般特征。但国防法规还有着区别于其他法律法规的特征，具体有以下几点：

（一）调整对象的军事性

国防法规所调整的是国防和武装力量建设领域的各种社会关系。这些带有军事性的社会关系是国防法规特有的调整对象，是其他任何法律规范所不能代替的。但调整对象的军事性并不意味着国防法规只适应军队，不适应地方。国防是国家行为。国防和武装力量建设领域的社会关系是军事性的，但这些社会关系所涉及的行为主体并不都是军队和军人，政治、经济、外交、科技、教育等各个部门和社会各阶层人士都与国防有关。因此，一切社会团体和个人都必须按照国防法规的要求，履行自己的国防义务。

（二）司法适用的优先性

国防法规优先适用，是指在解决与国防利益、军事利益有关的法律问题时，如果国防法规和普通法都有相关的规定，要以国防法规的规定作为评判的标准和采取行动的准则。优先适用不是指的先后顺序，而是一种排他性的单项选择。在涉及国防利益、军事利益的案件中，只适用国防法规，不适用普通法。“特别法优先于普通法”是国际公认的法律适用原则。特别法是对特定的人、特定的领域、特定的事项或在特定的时间内有效的法律。国防法规属于特别法。

（三）内容公开的相对性

一般来说，法律作为规范人们行为的准则，只有予以公开，才能够得到人们的了解、遵守和执行。大部分国防法规是公开的，但是具体到某些领域的国防法规，它的公开程度相对较低，特别是关于军队的作战，训练、编制、装备和战备工作等方面的法规，在不同程度上具有一定的保密性，它的内容只要求一定范围内有限的相关人员了解。一方面，为了加强法制，对能公开的国防法规，一般是尽量公开，以使大家了解和遵守；另一方面，为了国家安全，该保密的国防法规也是严格保密的，以免国家利益受到损害。

（四）处罚措施的严厉性

国防法规所保护的国防利益，是关系国家兴衰存亡的最根本的国家利益，因而对危害国防利益的犯罪实行比较严厉的处罚。如同一类型的犯罪，危害国防利益的从重处罚。《刑法》规定，抢劫罪通常处三年以上十年以下有期徒刑；而冒充军警人员抢劫的，抢劫军用物资的，处十年以上有期徒刑、无期徒刑或者死刑。再如，战争时期从重处罚。《兵役法》规定，平时应征公民拒绝、逃避征集拒不改正的，在两年内不得被录取为国家公务员、国有企业职工，不得出国或者升学，还可同时处以罚款；而战时要依法追究刑事责任。

二、国防法规的体系

国防法规体系，指的是由各个层次和各个方面内容的国防法规组成的有机整体。

（一）国防法规体系的层次

国防法规体系的层次，是对国防法规体系的纵向划分。在国防法规体系的纵向关系上，依据我国国防立法的权限通常将国防法规体系划分为五个层次：

1. 宪法中的国防条款

《中华人民共和国宪法》作为我国的根本大法，具有最高的法律效力和最大的权威。因此，宪法中的国防条款在国防法规体系中居于最高地位。

2. 基本国防法律

基本国防法律由全国人民代表大会制定，它是制定其他国防法规的基本依据。它不但包括以《国防法》《兵役法》为代表的专门基本法律及其法律解释，而且还包含其他基本法律中的国防条款。

军事百科

世界上第一部国防教育法

公元前8世纪左右，斯巴达城邦国家的第一个立法者来库古，在把习惯法编纂为成文法时，制定了世界上第一部国防教育法——《国民军事教育法》，由此揭开了古希腊文明与强盛的一页。

3. 国防法律

国防法律由全国人民代表大会常务委员会制定和颁布的，它是制定下级国防法规的主要依据。同时，国防法律还包括全国人大常委会制定的其他法律中的国防条款。

4. 国防法规

国防法规，指的是狭义的国防法律规范，是由国务院、中央军委单独或者联合制定和颁布的法律法规，它主要是就执行国防法律的某些原则做出具体规定。除此之外，还包括相关国防法规解释及国防法规性文件。

5. 国防规章

国防规章主要是由国务院各部委、中央军委各总部单独或联合制定的国防行政规章和军事规章，或者是由各军兵种、各军区制定和颁布的军事规章。

（二）国防法规体系的内容

在横向关系上，依据国防活动的领域，可以将国防法规划分为若干个方面的内容，也就是若干方面的国防法律制度。主要包括国防领导、武装力量建设、国防建设事业、军事刑事四个方面的法律制度。

1. 国防领导方面的法律制度

国防领导方面的法律制度，主要指的是《宪法》和《国防法》中规定的关于我国国防和武装力量领导体制、国家机构在国防活动中的领导职权等方面法律规范的总和。

2. 武装力量建设方面的法律制度

武装力量的法律制度，指的是关于我国武装力量性质、建设目标、建设原则、体制规模以及兵役制度等方面的法律规范。这方面的法律制度主要集中于我国的《国防法》和《兵役法》及其相关的法律法规当中。除此之外，武装力量方面的法制还包括军事组织、军事训练、军事政治工作、军事后勤以及军事装备等多方面的法律制度。

3. 国防建设事业方面的法律制度

国防建设事业方面的法律制度通常是指关于国家在国防科研生产、国防动员、国防教育、军事设施保护、安全防卫以及对外军事关系等活动中的法律规范。

4. 军事刑事方面的法律制度

这方面的法律制度是规定军职人员违反职责犯罪和其他公民危害国防利益犯罪及其刑罚处罚的法律规范。

三、公民的国防义务和权利

权利和义务是法的核心。在社会生活中，法正是通过规定行为主体的权利和义务来调整他们之间的各种关系的。在国防法规中，权利和义务也是一对最基本的范畴。《国防法》中多处涉及国防义务和权利，而且设专章——第9章，专门规定了公民、组织的国防义务和权利。

（一）公民的国防义务

国防义务，是指由宪法和法律规定的公民、组织在国防方面应当履行的责任。这种必须履行的责任，既可表现为按照法律要求做出一定的行为，也可以表现为按法律要求不做出一定的行为。中国的国防法律、法规赋予公民的义务主要有：

图1-13 解放战争中人民踊跃支前

1. 兵役义务

兵役义务是公民在参加国家武装力量和以其他形式接受军事训练方面应当履行的责任。《国防法》规定："依照法律服兵役和参加民兵组织是中华人民共和国公民的光荣义务。”《兵役法》规定：“中华人民共和国公民，不分民族、种族、职业、家庭出身、宗教信仰和教育程度，都有义务依照本法的规定服兵役。”公民履行兵役义务的主要形式有三种：服现役、服预备役和参加学生军事训练。

2. 支前参战的义务

根据《宪法》和《兵役法》的规定，在战争发生时，为了对付敌人突然袭击，抵抗侵略，适龄公民应当积极响应祖国的战时征召，一部分服现役参加战斗，其余的除了随时准备应召服现役外，要在政府的领导下，由当地军事指挥机关组织，积极担负战备勤务，支援前线作战。

军事百科

全民国防教育日

2001 年 4 月 28 日，九届全国人大常委会第二十三次会议通过《全国人民代表大会常务委员会关于设立全民国防教育日的决定》，规定每年的九月第三个星期六为全民国防教育日。

3. 接受国防教育的义务

《国防法》第 52 条规定：“公民应当接受国防教育。”国防教育法还专门对国防教育做出了规定。高等院校和高级中学、相当于高级中学的学生的国防教育是以军事训练和军事理论教育为主来进行的。

4. 保护军事设施的义务

《军事设施保护法》明确规定：“中华人民共和国的所有组织和公民都有保护军事设施的义务。禁止任何组织或者个人破坏、危害军事设施。任何组织或者个人对破坏、危害军事设施的行为，有权检举、控告。”

5. 保守国家军事机密的义务

《宪法》规定，保守国家机密（包括军事机密）是每个公民应尽的义务。国防法第 52 条规定：“公民和组织应当遵守保密规定，不得泄露国防方面的国家秘密，不得非法持有国防方面的秘密文件、资料和其他秘密物品。”

6. 协助国防建设的义务

《国防法》规定，公民在协助国防活动方面的义务主要有：一是支持国防建设，包括参与国防宣传、履行兵役义务、协助做好军人及其家属的优抚工作、促进军民团结等。二是为武装力量的军事训练、战备勤务、防卫作战等活动提供便利条件或者其他协助。三是支前参战的义务，主要包括：战时踊跃参军、配合部队作战、担负战时勤务、保卫重要目标等。

（二）公民的国防权利

国防权利是指宪法、法律赋予公民、组织在国防方面享有的权利和利益。可以表现为权利享有者有权自己做出一定的行为，也可以表现为有权要求他人做出或不做出一定的行为。国家从法律和物质上保障公民和组织享有这种权利的可能性。中国的国防法律、法规赋予公民的权利主要有：

1. 对国防建设提出建议的权利

《国防法》第54条规定："公民和组织有对国防建设提出建议的权利。"这一规定，是公民依宪法享有对国家事务的建议权在国防建设方面的体现。我国现行宪法规定："中华人民共和国公民对于任何国家机关和国家工作人员，有提出批评和建议的权利"，为公民的批评建议权，是国家和社会监督权的形式之一，充分体现了我国人民当家做主的社会主义性质。

2. 制止、检举危害国防行为的权利

《国防法》第54条规定："公民和组织有对危害国防的行为进行制止或者检举的权利。"这一规定，是宪法关于公民有维护国家安全、荣誉和利益的义务以及关于公民检举权规定在国防方面的体现。这一权利表现为两个方面：一方面，公民为维护国防利益，有权依法对危害国防的行为（即行为人违反国家的有关法律，不履行国防义务，超越国防权利的界限，对国防利益造成破坏或侵害的行为），予以制止、检举；另一方面，要求国家对公民为维护国防利益而行使的制止、检举权予以支持和保护，并对检举的危害国防利益的违法犯罪行为，必须查清事实，负责处理，绝不允许对检举人压制和打击报复。否则，将承担法律责任。

3. 在国防活动中因经济损失得到补偿的权利

《国防法》第55条规定："公民和组织因国防建设和军事活动在经济上受到直接损失的，可以依照国家有关规定取得补偿。"这一规定，体现了我国一切为了人民利益的社会主义的本质，既保护了公民的经济权利，又有利于调动公民依法参加国防建设和军事活动的积极性。但是，这种补偿与公民在民事活动中享有的损害赔偿是不同的。它仅限于公民在国防活动中直接的经济损失，而不包括间接的经济损失和非经济损失。同时，对直接经济损失的偿付，可以是全部的，也可以是部分的。

四、主要国防法规介绍

新中国成立后，特别是在改革开放新时期，我国依据宪法规定，制定了一系列的国防法规，这些国防法规的颁布和实施，标志着中国国防建设走向制度化、法律化、规范化的正确轨道，也标志着中国国防法制体系的逐步建成和健全。

（一）《中华人民共和国国防法》

《中华人民共和国国防法》是全国人大根据《宪法》制定的一部综合性的调整和规范国防与武装力量建设的基本法律，于 1997 年 3 月 14 日由中华人民共和国第八届全国人民代表大会第五次会议通过，并予以发布实施的。《国防法》在我国的国防法规体系中处于统帅地位，并起着核心作用，是其他军事立法的基本法律依据。其内容主要有以下几点：

1. 我国国防活动的基本原则

基本原则包括国防建设的基本原则、国防战略和国防活动的基本原则、国防活动的领导原则、对外军事关系的基本原则等。

2. 国家机构的国防职权

《国防法》规定了包括全国人大、全国人大常委会、国家主席、国务院、中央军委以及地方各级人大和县以上地方人大常委会、地方各级人民政府等在内所有的国家机构的国防职权。

3. 武装力量

《国防法》规定了武装力量的性质和任务、武装力量的组成、武装力量建设的总目标和基本要求、依法治军的原则、坚持党对武装力量领导等方面的内容。

4. 边防、海防和空防

《国防法》就边防、海防和空防的地位和范围、防卫和管理体制、设施的建设和保护等方面作了规定。

此外，《国防法》还就国防科技生产、国防经费和国防资产、国防教育、国防动员和战争状态、公民组织的国防义务和权利、军人的义务和权益以及对外军事关系等方面作了明确的规定。

（二）《中华人民共和国兵役法》

兵役法是指调整国家兵役活动中所产生的各种社会关系的法律规范总称。兵役法依据宪法制定，由国家最高权力机关或国家元首颁布实施，其目的在于保障军队的兵员补充，加强国家的武装力量建设。现行的《中华人民共和国兵役法》根据 2011 年 10 月 29 日第十一届全国人大常委会第 23 次会议《关于修改〈中华人民共和国兵役法〉的决定》第 3 次修正。《兵役法》分总则、平时征集、士兵的现役和预备役、军官的现役和预备役、军队院校从青年学生中招收的学员、民兵、预备役人员的军事训练、普通高等学校和普通高中学生的军事训练、战时兵员动员、现役军人的待遇和退出现役的安置、法律责任、附则 12 章 74 条。

(三) 《中华人民共和国国防教育法》

国防教育法是在实现普及和加强国防教育，发扬爱国主义精神，促进国防建设和社会主义精神文明建设目的的基础上，根据国防法和教育法制定的。现行的《中华人民共和国国防教育法》是于 2001 年 4 月 28 日由第九届全国人大常委会第二十一次会议审议通过并予以发布实施的。国防教育法主要规定了国防教育的目的、方针和原则，国防教育的领导和组织，学校国防教育、社会国防教育、国防教育的保障以及相应的法律责任等六项内容。

(四) 《中华人民共和国国防动员法》

国防动员法是国家在和平时期进行战争动员和战争期间实施人力、物力、财力动员的法律规范，也称战争动员法，通常由国家最高权力机关颁布实施。《中华人民共和国国防动员法》于 2010 年 2 月 26 日由第十一届全国人大常委会第十三次会议通过并发布，于 2010 年 7 月 1 日起实施。这部法规的出台，对于依法加强中国国防动员建设，增强国防潜力，进而维护国家安全和发展具有重大意义。《国防动员法》主要内容包括国防动员的建设目标和原则，组织领导机构及其职权，国防动员计划、实施预案与潜力统计调查，与国防密切相关的建设项目和重要产品，预备役人员的储备与征召，战略物资储备与调用，军品科研、生产与维修保障，战争灾害的预防与救助，国防勤务，民用资源征用与补偿，宣传教育，特别措施，法律责任等。

军事百科

在校大学生征兵工作有关规定问答

1. 有关从全日制高等学校在校学生中征集新兵工作，由哪个部门什么时间规定的？

答：2001 年 9 月 5 日国务院、中央军事委员会第 316 号令公布了修改后的《征兵工作条例》。该条例拓宽了征兵范围，明确规定可以从全日制高等学校在校学生中征集新兵。2015年《中华人民共和国兵役法》规定普通高等学校毕业生的征集年龄可以放宽至二十四周岁。

2. 修改后的《征兵工作条例》，是如何就有关从全日制高等学校在校学生中征集新兵进行规定的？

答：修改后的《征兵工作条例》规定："依法可以缓征的正在高等学校就学的学生，本人自愿应征并且符合条件的，可以批准服现役，原就读学校应当按照有关规定保留其学籍，退伍后准其复学。"这是适应新的形势、提高兵员素质、加强国防和军队现代化建设的重要举措。这既满足了在校大学生投笔从戎、报效祖国的夙愿，又照顾到了他们的切身利益，保证其退伍后能继续在校学习，对优化兵员结构，加强军队质量建设，实现我军现代化建设跨越式发展，有着重要意义。

3. 国家从全日制高等学校在校学生中，征集新兵是从什么时候开始的？

答：根据国务院、中央军委决定，2015年首次将冬季征兵调整为夏秋季征兵，即从每年8月1日开始，9月1日批准新兵入伍，9月5日起运新兵，9月30日征兵结束。

4. 从全日制高等学校在校学生中，征集新兵的范围和对象是如何规定的？

答：教育部、总参谋部、总政治部〔2001〕参联字4号文件明确，由各省（自治区、直辖市）根据实际情况，研究确定在条件具备的部分高等学校中进行试点，征集的对象为男性学生。为便于征兵政治审查，以征集入学前户口所在地与就读学校同在一个省（自治区、直辖市）的学生为宜。教育部、公安部、民政部、总参谋部、总政治部〔2002〕参联字1号文件明确，各省（自治区、直辖市）要在2001年试点的基础上，扩大范围，适当增加试点全日制高等学校的数量。征集的对象为本人自愿入伍的男性学生，并可征集部分女性学生。

5. 从全日制高等学校在校学生中，征集新兵的标准和条件是如何规定的？

答：文件规定，征集在校学生的年龄为年满18至22岁；征集的政治条件，按《关于征集公民服现役政治条件的规定》和有关规定执行；体格条件，按国防部颁发的《应征公民体格检查标准》和有关规定执行，其视力标准按国防部征兵办公室2000年8月下发的《关于调整征兵体检视力检查标准的通知》执行（与普通公民应征入伍标准相同）。

6．是不是所有在校大学生随时都可以申请参军？

答：不对。一般情况下，征集全日制高等学校在校学生，与征集普通公民入伍一样，须按照国务院、中央军委征兵命令执行。

7．从全日制高等学校在校学生中，征集新兵有哪些基本程序？

答：征集在校学生的工作，按照本人报名、学校推荐、体检政审、批准入伍的程序进行。高等学校与所在地的县（市、区）人武部门负责组织在校学生入伍的动员、报名和目测摸底工作，研究提出参加征兵体检人员的名单。高等学校所在地的县（市、区）征兵办公室，负责组织应征学生的体格检验工作。对体检合格的在校学生，由省级征兵办公室组织协调有关地区和部门，按规定进行政治审查。对体检政审合格者，由其就读学校所在地的县（市、区）征兵办公室批准入伍。

8．国家对全日制高等学校在校学生，参军后保留学籍和复原是如何规定的？

答：2015年《中华人民共和国兵役法》规定："现役军人入伍前已被普通高等学校录取或者是正在普通高等学校就学的学生，服役期间保留入学资格或者学籍，退出现役后两年内允许入学或者复学，并按照国家有关规定享受奖学金、助学金和减免学费等优待;入学或者复学后参加国防生选拔、参加国家组织的农村基层服务项目人选选拔，以及毕业后参加军官人选选拔的，优先录取。"

第四节　国防动员

国防教育警句

开放不忘固国防，
发展不忘兴武装。

国防动员亦称战争动员，是指国家为准备战争和实施战争而在相应的范围内由平时状态转入战时状态所采取的统一调动人力、物力和财力的紧急措施。国防动员是直接影响到战争的进程和结局，关系到国家安危的战略问题。

一、国防动员概述

（一）国防动员的产生与发展

国防动员与战争紧密相连，是战争活动的重要组成部分和前提条件，因此最早被称作战争动员。

战争动员产生于奴隶制社会时期，发展于封建社会和资本主义社会时期。自工业革命后，战争动员进入全面发展时期。尤其是规模空前的两次世界大战的发生，为战争动员进入成熟阶段提供了客观条件。一是战争动员的规模空前扩大，如第二次世界大战中，参战各国动员的总兵力达到1.1亿余人。其中，德国为1700万人，日本近1000万人，苏联1136万人，美国1212.3万人。苏联和德国从1941年到1944年的4年中，年均生产飞机约5.0309万架，坦克3.9174万辆，火炮72.66万门。人力、物力、财力的动员量高于以往任何战争。二是战争动员的范围进一步扩展。两次世界大战期间，真正将经济、政治、外交等领域全部纳入了战争动员范围，将工业、农业、商业、财政金融、交通运输和邮电通信等经济部门进一步纳入了战时轨道，使得整个战争动员体系日趋完备，“综合动员”的性质日益明显。三是战争动员呈现出持续性的特征。在整个战争期间连续多批次地实施人力、物力和财力的动员，已成为参战各国的普遍做法。四是战争动员体制和制度不断完善。到第二次世界大战前夕，各参战国纷纷建立或改组了战争动员领导机构，对战争动员实施统一的领导，如美国设立了战时资源委员会，法、德等国也分别设立了类似的专门机构。与此同时，战争动员法规日臻完善。比如，到第二次世界大战前夕及期间，各主要参战国已形成由动员基本法和专项动员法构成的战争动员法规体系。其中，动员基本法如德国的《战时授权法案》、日本的《国家总动员法》、英国的《紧急全权国防法案》、法国《总动员法》和苏联的《关于战时状态法令》等，对动员的基本和重大事项都作出了规定。专项动员法有经济动员法、人力动员法、兵役法、国防生产法、征用法等。

在中国现代革命史上，中国共产党人成功地领导了多次战争动员活动。历次革命战争中，在毛泽东关于动员和武装群众、进行人民战争的战略思想指导下，中国共产党实行全党动员、全民动员的方针，成功地实施了军事、政治、经济、文化等动员，为壮大人民军队、夺取革命战争的胜利发挥了巨大作用。如抗日战争时期，为了夺取抗日战争的胜利，中国共产党进行了广泛深入的政治、军事、经济等方面的动员。1937 年 8 月，中国共产党发表了《抗日救国十大纲领》，号召全国各族人民和社会各阶层、各民主党派团结起来，积极参加抗日战争，形成了全国的抗日民族统一战线，出现了全面抗战的总动员局面。各抗日根据地广泛动员人民群众参军参战，开展游击战争，在敌后战场给日寇以沉重打击。中华人民共和国成立后，在历次局部战争的作战中，都进行了不同规模的战争动员。如在抗美援朝战争中，在全国深入进行了抗美援朝、保家卫国的宣传教育，激发了广大军民的爱国热情，在全国迅速动员了 200 多万民兵、青年参加中国人民志愿军，还动员了大批汽车司机、铁路员工和医务、通信人员担负战争勤务。与此同时，在全国开展的捐献运动，共捐献人民币 5.56 亿元，可购买 3710 架战斗机。这些动员活动，为保障战争的胜利做出了重要贡献。

（二）国防动员的意义

国防动员是国防活动的重要内容之一，是准备和实施战争的重要措施。无论是古代战争、还是现代战争，全面战争、还是局部战争，常规战争、还是非常规战争，都离不开动员。因此，国防动员在保障赢得战争胜利等诸多方面，都具有十分重要的地位与作用。

1. 国防动员是打赢战争的基础环节

为遏制战争爆发并夺取战争的胜利积聚强大的战争力量，是国防动员的基本功能与任务。这是因为，战争是实力的较量，任何不具备强大实力的国家，要赢得战争的胜利是不可想象的。战争动员不仅能够通过平时的准备，为战争实施积聚强大的战争潜力，而且可以通过建立一套平战转换机制，使这种潜力在战争爆发后迅速转化为实力，从而为保障战争的胜利奠定必要而坚实的物质基础。同时，战争动员是遏制危机的有效手段。实践中，有许多国家通过积聚力量和显示使用力量的决心，有效地制止了战争的爆发。

2. 国防动员是应对紧急突发事件的有效措施

国防动员的最初功能是应对战争的需要，但现代条件下，随着各种灾难事故和突发事件的频繁发生，人们已把国防动员的功能予以拓展，让它同样可以在应对和处置各类突发事件中发挥其应有作用。因此，当国家遇到此类突发事件时，国防动员活动可以凭借其自身的准备和特有的机制，使国家或地区在需要时进入一定的应急状态，动员国家、军队和社会的一定力量，抗御自然灾害、处置各种自然和人为的事故与灾难，使国家和社会处于正常运转状态，维护人民群众的生命财产安全。

3. 国防动员是支援经济和社会发展的重要力量

动员可以用于支援国家经济建设。动员建设实行"平战结合、军民结合、寓军于民"的原则，在和平时期动员建设的成果可以直接为经济建设服务。加强动员建设还可以节约国防开支，有利于国家集中力量发展经济。和平时期，国家的中心任务是提高社会生产力，改善人民生活，对国防建设不可能有很多的投入，必须提高国防建设的效益。要用有限的国防经费，获得尽可能强的国防力量，一个有效的办法就是建设精干的常备军，大力加强后备力量建设，健全完善动员体制机制，做到"平时少养兵，战时多出兵"。这样，不仅可以经常保持较强的国防整体威力，为国家提供可靠的安全保障，而且可以减轻国家负担，促进经济和社会发展。

军事百科

《国防动员法》关于预备役人员储备与征召的有关规定

一是规定国家根据国防动员的需要，按照规模适度、结构科学、布局合理的原则，储备预备役人员；储备的规模、种类和方式由国务院、中央军事委员会决定。

二是规定国家决定实施国防动员后，县级以上人民政府的兵役机关、被征召的预备役人员所在单位以及被征召的预备役人员的责任和义务。

三是规定预编到现役部队和编入预备役部队的预备役人员、预定征召的其他预备役人员，离开预备役登记地 1 个月以上的，应当向其预备役登记的兵役机关报告。

光荣的象征。它激励全体指战员牢记自己的神圣职责，忠于祖国，忠于人民，忠于党，不惜牺牲自己的生命来捍卫祖国的神圣领土和尊严。

二、国防动员的内容

国防动员的内容主要包括：武装力量动员、国民经济动员、人民防空动员、科学技术动员和政治动员。

(一) 武装力量动员

武装力量动员，是国家将军队和其他武装组织由平时状态转入战时状态所采取的措施。武装力量动员是国防动员的核心，通常包括现役部队、武装警察部队、预备役部队、民兵和预备役人员，以及相应的武器装备和物资等动员。根据国家发布的动员令，按照动员计划组织实施，主要措施有：一是扩编现役部队。临战前使军队迅速转入战时状态，现役军人一律停止转业和退伍，外出人员立即归队；迅速组建扩建新的作战部队和保障部队，实施战略展开。二是征召预备役人员。重点是征召预备役军官和专业技术兵，按战时编制补充现役部队。三是预备役部队调服现役。四是改编和扩充其他武装组织。五是动员和组织民兵参军参战。六是征用急需物资。主要是运输工具和工程器械、医疗器械、修理设备等，以满足部队扩编的需要。七是健全动员机构，加强组织领导。随着战争的发展，进行持续动员，以保证军队不断补充和扩大，直至战争结束。

（二）国民经济动员

国民经济动员，是国家将经济部门、经济活动和相应的体制从平时状态转入战时状态所进行的活动。国民经济动员是战争动员的基础，对于充分发挥国家的经济潜力，提高生产水平，扩大军品生产能力，及时满足战争对各种物资和勤务保障的需求，具有重要的作用。国民经济动员通常包括工业、农业、交通运输、邮电通信、财政金融、卫生力量等方面的动员。

（三）人民防空动员

人民防空动员，是国家战时发动和组织人民群众防备敌人空袭、消除空袭后果所进行的活动。人民防空动员的主要任务是依据国家有关法律法令，动员社会力量，进行防空设施建设，组建防空专业队伍，普及防空知识教育，组织隐蔽疏散，配合防空作战，消除突袭后果。目的是保护居民、经济设施及其他重要目标安全，减少国家及人民群众生命财产的损失，保存战争潜力。战时人民防空动员根据国家发布的动员令，在统一部署、统一指挥下组织实施，主要做法有：一是制定和完善人民防空动员法规，建立和健全各级领导机构。二是拟制各项防空动员计划，如人口和物资疏散、工业搬迁计划，重要经济目标防护措施和抢修预案，以及各种保障工程。三是组织实施人民防空工程、通信警报等设施的建设与管理。四是按照专业对口、平战结合的原则，组织训练抢险抢修、医疗救护、消防、防化、通信、运输等防空专业队伍，提高专业技能。五是对人民群众进行防空知识教育和训练，提高自救互救能力。六是人民防空重点城市要根据战时需要，结合平战周转供应，做好粮食、医药、油料等必要物资的储备。

(四) 科学技术动员

科学技术动员，是指国家战时统一组织调整科学研究部门和专家、工程技术人员、从事战争所需的科学技术的开发研究所采取的措施。科学技术动员是国防动员的重要组成部分。其任务主要是开发应用新兴科学技术，利用科研设施和成果，研制先进的武器装备，为军队培养、输送专业技术人才，使军队在战争中保持科学技术和武器装备方面的优势。

(五) 政治动员

政治动员，是国家为进行战争而开展的宣传、教育、组织工作和外交活动。政治动员是战争动员的一项重要内容，并为其他领域的动员活动提供思想保障。政治动员对于充分调动本国军民的精神潜力，最大限度地争取国际社会的同情和支持，瓦解敌方的战斗意志，具有重要作用。政治动员主要包括国内政治动员和国际政治动员。国内政治动员，是政府、军队和社会团体等，运用各种宣传舆论工具，对全国军民进行以爱国主义和革命英雄主义为核心的国防教育，使之增强国防观念，坚定打败敌人、夺取胜利的信心。国际政治动员，是国家通过各种外交活动和对外宣传，揭露敌人的战争阴谋，控诉敌人的战争暴行，瓦解敌方的战斗意志，争取各国的声援和支持，建立国际统一战线，或者结成国际联盟。

三、国防动员的组织实施

国防动员的组织实施，通常按照进行动员决策、发布动员令、充实动员机构、落实动员计划等步骤进行。

(一) 进行动员决策

进行动员决策，是战争动员实施过程中首先需要解决的问题。只有实施了动员决策，整个国家的政治、军事、经济、文化和外交等部门和领域才能相应地转入战时体制，进行动员的各项活动。进行战争动员决策的关键，是正确分析判断敌情。必须充分利用各种手段，广泛收集各国尤其是敌性国家的政治、经济、军事等各方面的情况，并对这些情况进行综合分析，尽早洞察敌性国家的战争企图，从而视情确定动员实施的时机、规模和方式等。

(二) 发布动员令

动员令是宣布全国或部分地区、某些部门转入战时状态的命令。动员令由最高权力机关或国家元首、政府首脑发布。《中华人民共和国国防法》第十条规定：全国人民代表大会依照宪法规定，决定战争和和平的问题。全国人民代表大会常务委员会依照宪法规定，决定战争状态的宣布，决定全国总动员或者局部动员。第十一条规定：中华人民共和国主席根据全国人民代表大会的决定和全国人民代表大会常务委员会的决定，宣布战争状态，发布动员令。发布动员令的方式，分为公开发布和秘密发布两种。公开发布动员令，一般是在战争即将或已经爆发的情况下，运用一切宣传工具和通信手段，把爆发战争的真实情况和战略态势告诉全体军民。秘密发布动员令，一般是在战争已不可避免、但尚未爆发的情况下施行，通常执行严格的保密限制，只秘密通知政府有关部门和军事机构等。

(三) 充实动员机构

动员机构是指平时负责动员准备、战时负责动员实施的组织领导机构。一旦实施战争动员，和平时期的动员机构，无论在人力上还是物力上，都难以适应需要，必须及时调整和加强。一是要扩大组织，增加人员。二是要增加支出，保障需要。与此同时，还要赋予其应有的职权，使其具有较高的权威性。战争动员事关国家安危，责任重大，如果权力有限，指挥无力，处处受制，就难以完成繁重的动员任务，影响战争的顺利进行。

(四) 落实动员计划

战争动员计划，是实施战争动员的依据。落实动员计划，是实施战争动员的关键环节。动员令发布之后，负有动员任务的地区和部门，应根据制订和修订的动员计划，迅速转入战时体制。各行业以及社会生活的各个方面，都应以保障战争胜利为中心迅速进行调整。其中，武装力量要迅速转入战时状态。现役军人一律停止转业和退伍，停止探亲和休假，外出人员立即归队。预备役部队应迅速集结、发放武器装备，并抓紧时间进行训练，准备承担作战任务。民兵应做好应征准备，同时启封武器装备，成建制进行训练，并准备承担各项任务。地方政府要根据上级下达的动员任务，积极实施动员行动。各行业、各阶层都要积极动员起来，落实动员计划，为赢得战争胜利贡献力量。

第五节 国防教育

> **国防教育警句**
>
> 宁可备而不战，不可战而不备。

国防教育，是国家为巩固和加强国防而对公民进行的普及性教育。就其本质来说，它是一个国家为了捍卫主权、领土完整和安全、抵御外来侵略，对全体公民进行教育的活动。2001 年 4 月 28 日全国人大审议通过的《中华人民共和国国防教育法》，2006 年 12 月 7 日国家国防动员委员会批准实施的《全民国防教育大纲》，共同构成了国防教育工作完整的法规体系。这两个法规文件的实施，为认真贯彻党和国家在国防教育方面的方针政策，推动全民国防教育深入持久地开展提供了更加具体可靠的法律保障。

一、国防教育的意义

加强国防教育是国家生存发展的客观需要，是国防建设的一个重要组成部分，是激发公民爱国热情、依靠全国人民建设和巩固国防的一项基础工程。

（一）加强国防教育，是提高党的执政能力、巩固党的执政地位的需要

维护国家的根本利益，维护国家的主权和领土完整，是执政的中国共产党的重要职能。广泛、深入地开展国防教育，增强全民的国防意识，大力培育和弘扬民族精神，充分激发广大人民群众热爱祖国、建设祖国、保卫祖国的热情，才能更加有效地维护国家的安全统一，从而为推动中国特色社会主义事业的发展争取更好的环境。因此，加强全民国防教育，既是国家生存发展的客观需要，也是提高党的执政能力、巩固党的执政地位的需要。

（二）加强国防教育，有助于强化忧患意识，做到居安思危、警钟长鸣

一个民族要生存发展，除了充分发挥自己的优势，抓住一切可以抓住的发展机遇，努力促进经济、政治、社会、文化的发展之外，必须随时认清国家安全利益所面临的危机和存在的隐患，居安思危，自觉地在思想上、行动上做好应对危机、克服隐患的充分准备。否则，这个民族就是一个缺乏远见的不成熟的民族。随着相对

和平环境时间的延长和社会主义市场经济的发展，许多人滋生了严重的和平麻痹思想，丧失了忧患意识和危机意识。面对复杂的国内国际形势，只有广泛开展国防教育，教育全体公民清楚地认识我国所面临的安全形势，正确认识战争与和平的辩证关系，树立科学的战争观、国家安全观，唤起人民忧患意识和民族危机感，才能应付各种可能出现的战争风浪的冲击。

图 1–14　在校学生参观国防教育展览

（三）加强国防教育，有助于强化国防意识，增强民族向心力和凝聚力

国防教育的核心内容是爱国主义教育，是民族精神和民族气节的教育，因而能够激发全民的爱国之情、忧国之心和报国之志，使全体公民热爱祖国的大好河山、悠久历史和优秀传统思想文化，激发公民的民族自尊心和自豪感，发扬中华民族反抗侵略的优良传统，强化保卫祖国主权与领土完整的责任感，始终关注国家的主权和安全，时刻把国家利益放在至高无上的地位，自觉地为维护国家利益而无私奉献，自觉地同一切出卖国家利益、损害祖国尊严、危害国家安全、分裂祖国的言行进行坚决的斗争。

（四）加强国防教育，有助于培养国防建设人才，提高国民的综合素质

加强国防教育，不仅能增强受教育者的国防观念，而且可以使他们学习和掌握必要的现代军事理论、军事知识，锻炼强健体魄，成为德、智、体全面发展的国防人才，从而促进国防现代化乃至整个国家的现代化建设。国民的国防素质是国民综合素质的重要组成部分，特别是现代军事高科技在军事领域中的广泛应用，高技术战争呈现出一系列新的特点，对国民的素质和军事人才的素质提出了更高的要求。只有通过国防教育，学习现代军事理论和军兵种知识，学习研究军事高科技和高技术武器装备，了解世界发达国家军事理论和军事科技，才能培养适应现代战争要求、具有高素质的大批国防现代化建设人才。

军事百科

美国的青少年国防教育

美国在重点办好西点陆军军官学校、安纳波利斯海军军官学校、斯普林斯空军军官学校和海岸警卫队军官学校等四所招收地方应届高中毕业生、培养本科学历军官的骨干学校之外，还高度重视依托国民教育体系培养军官，并注重增强公民特别是青少年的国防安全观念。美国国会于1958年8月23日制定颁布了《国防教育法》。这是美国教育史上第一部对全民进行国防教育，提高全民族国防素质和国防观念的基本军事法规，专门用于培养美国青少年的爱国主义精神，使他们掌握必备的军事技术，以加强国防意识，培养更多人才，保证国家安全。

二、国防教育的内容

国防教育的内容主要包括：国防理论教育、国防精神教育、国防知识教育、国防技能教育及其他相关教育。

（一）国防理论教育

理论是行动的先导，只有从理论上搞清国防建设的必要性和国防斗争的规律性，才能引导公民树立牢固的国防意识，自觉地为国防事业献身。在国防理论教育中，要以马列主义军事理论、毛泽东军事思想、邓小平军队建设思想、江泽民国防和军队建设思想、胡锦涛国防和军队建设思想为重点。此外，还包括战争的理论，国防的防卫方针、政策及其理论原则，国际形势与国际关系理论等。

（二）国防精神教育

国防教育的主要目的是要增强全体公民的国防意识，而国防意识中最基本的是国防建设和国防斗争所必需的各种精神。中华民族有着光荣的历史传统，在中国共产党领导的革命斗争和社会主义现代化建设中又创造了宝贵的精神财富，概括起来有：爱国主义精神、革命英雄主义精神、自我牺牲精神、无私奉献精神、艰苦奋斗精神、爱军习武精神、民族团结和自强精神等。用这些传统和精神对全体公民尤其是对大学生进行教育，是国防教育的基本任务。

（三）国防知识教育

国防意识和国防精神是学习和掌握国防知识的动力，进行国防知识教育反过来又可以促进国防意识和国防精神的强化。国防知识的内容很多，大学生应主要了解以下知识：国家领土和海洋权益知识；国防历史知识；现代战争及现代军事知识；国防科学技术普及知识；国防法律知识，等等。

长征

军事百科

俄罗斯多彩的国防教育

1. 阅兵式最多的国家。在俄罗斯，每逢胜利日、军队节日都要举行盛大的阅兵式。

2. 英雄纪念碑、塑像以及战争纪念馆多。

3. 纪念碑前举办婚礼。新婚夫妇向纪念碑敬献花、摄影留念。

4. 长明火与第一哨小哨兵。在克里姆林宫红墙下的无名士兵墓上燃烧着长明火，长明火旁站岗的就是俄罗斯的第一哨，哨兵是莫斯科卫戍区的士兵。在其他城市，第一哨哨兵则大多是中学生志愿者。

5. 娃娃兵遍布城市街头。

6. 公共场所军人爱着军装。

7. 军校毕业典礼十分隆重。

8. 油画上的著名将领。在俄罗斯许多博物馆的画廊，军人画像之多，给人留下深刻印象。

（四）国防技能教育

全面提高公民保卫祖国的素质，是国防教育的一项基本任务和目标。这种素质除了包括道德精神素质、知识理论素质外，还包括公民的身体素质和国防技能素质。通过广泛的群众体育和国防体育活动，使公民具有强壮的身体、敏捷的反应能力，以适应在保卫祖国斗争的艰苦环境中的需要。通过各种国防技能的教育训练，使公民掌握现代战争条件下保卫祖国的技能，以适应战时部队动员扩编和开展地方武装斗争的需要。国防技能教育的具体内容包括：“三防”技术；战场救护技术；单兵、分队战术技能等。

此外，国防教育的内容还有战备形势教育、国防任务教育、敌情等特定内容教育。这些教育相互联系、相互渗透、相互促进，其核心是爱国主义精神的教育。因为如果没有爱国主义精神，不仅无从为国家安全做出贡献，也无法理解国防投入的必要性。当然，爱国主义精神不仅体现在国防问题上，但对国防的态度无疑是爱国主义精神中最突出和最具体的表现。

三、国防教育的原则和方法

国防教育具有教育对象的全民性、教育领域的整体性、教育内容的多元性、教育过程的长期性等特征，这些特征决定了国防教育的复杂性和艰巨性。为此，必须根据我国的国情和形势的发展，坚持正确的原则和方法，不断加强全民国防教育。

(一) 国防教育的原则

《国防法》第四十一条和《国防教育法》第四条规定，我国现阶段国防教育的基本原则是“实行经常教育与集中教育相结合、普及教育与重点教育相结合、理论教育与行为教育相结合”。

1. 经常教育与集中教育相结合

从教育形式看，经常教育与集中教育是国防教育的两种基本形式。经常教育就是通过广播、电影、电视、报刊等大众传媒的国防教育节目、栏目和学校中列入教学安排的国防教育课程，以及结合思想工作、业务工作等所进行的国防教育，使人们在日常生活和工作中受到熏陶，通过潜移默化、点滴积累，增强人们的国防观念。集中教育通常是结合重大的国家和国防纪念活动、部队和民兵训练、征兵、学生军训、举办国防教育学习以及战争动员等时机所进行的系统的国防理论和国防知识教育。经常教育与集中教育是相辅相成、有机统一的整体，前者是后者的基础，后者是前者的深化和提高。

2. 普及教育与重点教育相结合

普及教育是对全体公民进行的普遍教育，主要是进行国防建设和战争的基本理论、基础知识、基本技能教育。重点教育是对重点团体、重点单位和重点地区的教育对象进行较系统的国防建设和战争的专门理论知识及技能教育，如国家机关工作人员、领导干部、从事国防军工科研和生产的单位干部职工等就是重点教育的对象。普及教育是基础教育、公共教育、长期教育，是全体公民必须接受的教育。没有普及教育，国防教育就没有坚实的基础，国防观念、国防意识就不可能深入每个公民的心中。重点教育是在普及教育基础上的提高。只有把二者很好地结合起来，国防教育才能深入地进行下去，适应国防建设的需要。

3. 理论教育与行为教育相结合

理论教育包括国防建设理论、国防知识、国防法规、战争理论和军事理论等教育；行为教育包括参加和支持国防建设教育、参军参战和支前教育、爱护和保护国防设施教育以及军事训练、实际操作、战备演习等。理论教育和行为教育的作用虽然各不相同，但两者相互依存、相互促进。只有将二者紧密结合，才能使受教育者提高国防综合素质和能力，保持国防教育的正确方向，有效地增强教育效果。

（二）国防教育的方法

国防教育的方法是国防教育内容转化的中介环节，缺少这一环节，国防教育的内容就不能落实，国防教育的目的就不能达到。

根据内容的丰富性和对象的广泛性，要求国防教育的方法必须灵活多样。近年来，许多单位和地区研究并采用了一些行之有效的方法，如在各级党校开设国防教育课，对党政干部进行国防教育；对地方党政领导进行集中短期轮训，建立“议军”制度，组织党政干部参加军事学术研究；针对不同的对象，编写国防知识课本、教材进行教育；组织学生进行军事训练，组织军事夏令营活动，在各学科教学中贯穿国防教育内容；发挥报刊、广播电台、电影、电视的作用，举行广播讲座、讲演比赛、智力竞赛等活动；开展国防先进人物评选活动，组织英模报告，表彰先进人物和先进单位；建设“国防园”等国防教育基地；建立纪念馆；组织向部队写慰问信、赠慰问品；开展军事体育、武术、歌咏活动；组织阅读文学作品和国防科普读物；结合有关节日、纪念日，开展国防日、国防周、国防月教育活动，等等。其中，有的省市总结的实行宣传、民政、教育、人武部门和驻军“五位一体”领导体系开展国防教育的经验，具有一定的代表性。他们将全民国防教育纳入全民宣传教育的轨道，纳入拥军优属工作，纳入学校教学活动，纳入人武工作职责，纳入军民共建内容，收到了明显的社会效果。

国防教育活动同其他任何事物一样，是在不断发展的。我们进行的国防教育的内容和方法，都必须根据国防教育的对象、客观条件和手段的发展而发展，不断改进、加强对国防教育的领导和管理，努力创造行之有效的新的国防教育的方式方法。只有这样，才能保证国防教育广泛、深入、持久地开展下去。

●思考题

1. 国防的含义是什么？
2. 中国国防历史的启示是什么？
3. 国防建设的含义和内容是什么？
4. 我国国防政策的主要内容有哪些？
5. 中国武装力量有哪些基本要素组成？
6. 解放军现役部队由哪些军种组成？
7. 国防法规的含义和特征是什么？
8. 国防动员的主要内容有哪些？
9. 国防教育的主要内容有哪些？

第二章　战略环境

网站链接

◎战略网

◎全球防务网

◎中国社会科学院网军事

教学目标

了解国际战略环境的现状、特点和发展趋势，正确认识我国的周边安全环境现状和安全策略，增强忧患意识和国家安全意识。

第一节　战略环境概述

战略环境，是指国家（集团）在一定时期内所面临的影响国家安全和军事斗争全局的客观情况和条件。主要包括国际和国内的政治、经济、军事、外交、科技、地理等方面综合形成的基本状况，以及由此而形成的战略态势，特别是战争与和平的总态势。战略环境主要包括国际战略环境和国内战略环境两个部分。

国际战略环境，也称为世界局势，是指一定时期内世界上各个国家（集团）在战略上相互联系、相互作用、相互斗争所形成

国防教育警句

有备则制人，无备则制于人。

的世界全局性的大环境，是国际政治、经济、军事形势的综合体现，主要表现在有关各方的力量消长、利益得失、矛盾升降、斗争起伏，特别是在双边或多边关系中的敌与友、战与和、对抗与妥协、分化与组合、多助与寡助，在战争中进与退、攻与守、胜与负、强与弱、优势与劣势等方面的总体状况和趋势。构成国际战略环境的因素主要有时代特征、国际战略格局、世界主要国家和集团的战略动向、当代世界战争与和平的趋势、周边安全形势等。

国内战略环境，是指对筹划、指导军事斗争全局具有重大影响的国内社会环境与自然环境，它反映了国家军事力量建设与运用的可能条件和制约因素，决定着战略的基本性质和方向，是制定战略的依据。国内战略环境主要包括国家的政治、经济、军事、地理等方面的基本状况，其中对战略具有直接影响的是国家的地理环境、政治环境和综合国力状况。一个国家内部的客观环境直接影响到国家战略的制定和实施，国家只有确立良好的国内战略环境这个基础，才能够有力维护自己的统一、安全和稳定，才能为国家的发展提供可靠的保障。

一个国家和民族清醒地认识自身所处的战略环境，分析利弊，有利于制定正确的国家战略和安全政策，保障自身安全、实现维护国家利益的目标。

第二节　国际战略格局

国防教育警句

有国无防，国破家亡。

一、国际战略格局的含义和内容

国际战略格局，是指对国际事务具有重要影响力的力量，在一定历史时期内相互联系、相互作用而形成的较为稳定的力量结构。它又分为国际政治格局、国际经济格局和国际军事格局，国际战略格局是这几种格局的综合，也称“国际格局”。国际战略格局形成、发展和变化的物质基础是各国政治、经济和军事力量间的相互对比。国际战略格局形成、发展和变化的政治基础是各国在战略利益上的矛盾和需求。

国际战略格局，既是国际政治的核心内容，也是一定时期国际关系特点的集中表现；既是各国生存和发展的基本外部环境，也是制定内外战略和策略方针的主要依据之一；同时还是正确认识和判断国际战略环境的一个关键因素。它有助于从总体上了解世界各主要国家在世界全局中的地位以及战略利益方面的矛盾和需求。

二、近代国际战略格局的几个重要发展阶段

（一）维也纳格局（1815 年—1871 年）

拿破仑战争结束后，欧洲建立了“维也纳体系”，英国、法国、俄国、普鲁士和奥地利五个欧洲强国相互制约，相互斗争，共同主宰国际事务。各国为了维持均势，一方面联合镇压了欧洲的革命浪潮和民族独立运动，干涉拉美事务，积极保持大国主宰国际事务的局面，不允许新的力量出现；另一方面，五大国之间相互争斗，维持着欧洲大陆的均势。

（二）欧洲两大军事侵略集团的对峙格局（1871 年—1918 年）

德国的迅速崛起，粉碎了欧洲的均势格局，德国、奥地利和意大利等国建立了以德国为中心、以法国和俄国为主要打击目标的联盟体系。随着德国“世界政策”的推行和英德之间争夺非洲、近东和海洋霸权的矛盾达到白热化程度，英国走上了与法国、俄国结盟的道路，共同对抗德奥意集团。于是，20 世纪初欧洲出现了同盟国和协约国两大军事集团对峙的局面，并最终引发了第一次世界大战。

（三）世界法西斯集团和反法西斯同盟的战争格局（1918 年—1945 年）

第一次世界大战后，为了瓜分战败国德国、奥匈帝国和土耳其帝国的遗产和划分势力范围，帝国主义列强先后召开了巴黎和会和华盛顿会议，形成了“凡尔赛—华盛顿体系”。1929 ~ 1933 年的世界经济危机使帝国主义国家间的矛盾再度激化。日本首先在亚洲发动了对中国的侵略战争，破坏了帝国主义各国在远东的均势。德国法西斯上台后不久，就使凡尔赛体系瓦解。1936 年，德、意联合对西班牙进行武装干涉。同年年底，德、日缔结《反共产国际协定》，第二年，意大利加入该协定，从而结成了法西斯轴心国集团。而英、法、美等帝国主义国家则与苏联、中国等国在反法西斯的旗帜下联合起来，形成了反法西斯同盟，双方进行了长期的激烈战争。

（四）美苏争霸的两极格局（1945 年—1991 年）

第二次世界大战后形成了“雅尔塔体系”。“二战”粉碎了以欧洲为中心的传统

格局，英国和法国虽然取得胜利，但是战争创伤严重，实力大大削弱，德、日、意等战败国退出了国际政治舞台的中心。而美国和苏联通过战争成长为两个最具影响的超级大国。“二战”后，美苏两国的战时同盟关系迅速破裂，形成了长期的“冷战”局面。1949 年 4 月，美国同英、法、意、加等欧美 12 个国家在华盛顿签订了《北大西洋公约》，以建立其控制欧洲的防务体系。“北约”组织的建立标志着资本主义国家实现了军事上的战略同盟。1955 年 5 月，苏联和东欧社会主义国家针对“北约”组织的建立，在华沙签订了《友好合作条约》，并通过了建立武装部队联合司令部的协议。至此，形成了以美国为首的帝国主义阵营和以苏联为首的社会主义阵营全面对抗的两极战略格局，世界进入了一个新的历史时期——“冷战”时期。

雅尔塔会议

（五）多极化世界格局（20 世纪 90 年代以来）

20 世纪 90 年代以来，随着东欧剧变和苏联解体，“冷战”结束。两极格局结束后，世界出现了一超和多强并立的态势，大国关系在不断变化与调整，近期几场局部战争的爆发以及 2008—2009 年蔓延的全球金融危机，加快了世界各种政治力量及主要经济体的分化组合，加剧了国际战略与安全形势的变化。

三、当前国际战略格局的主要特点

1. 多极化的世界格局在危机与动荡中深化

2009 年是进入新世纪 10 年和柏林墙倒塌 20 周年。从全球范围看，发达国家与新兴经济体力量此消彼长态势更加突出：经济上，发达国家经济总量缩水，新兴经济体则保持了增长；政治上，西方主导权遭受冲击，在应对国际金融危机、温室气体减排、朝核、伊核等全球和地区问题上的话语垄断和影响力下降，对新兴大国的倚重明显加大；主要战略力量之间的力量对比上，“一超”与“多强”综合实力差距持续缩小，“多强”整体实力趋强。多极化趋势的发展，有利于世界的和平、稳定和繁荣，有利于推动建立公正合理的国际政治经济新秩序。

2. 多极格局中的机制变革逐步推进

就全球而言，促进大国合作和应对全球性挑战的机制建设得到加强；就地区而言，各种区域合作机制为共同应对挑战和地区治理不同程度地加强。在经济领域，节能、低碳、绿色等理念得到越来越多的认同；在政治领域，全球治理思想从“管理全球化”向“全球新政”扩展；在安全领域，“无核世界”理念持续发酵。

3. 国际安全形势更加错综复杂

世界格局转换和国际机制变革加速，加上金融危机的负面效应，使国际安全形势变得更加复杂严峻，主要表现在：主要大国战略竞争加剧；核问题显著上升；非传统安全问题突出；多国政治与社会矛盾加深；恐怖主义威胁不减。

4. "国际权力中心向东方转移"，亚洲越来越成为焦点

2009 年以来，亚洲不仅以超过世界平均水平 2.75%的增速成为稳定世界经济发展的主引擎，而且展示了国际战略与安全形势中的动荡、重组和不确定。受亚洲地缘战略地位提升、政治影响力和经济拉动力显著增强的牵引，主要大国纷纷调整战略，加大对亚洲的关注和投入。美国奥巴马政府明确表示要纠正前任布什政府忽视亚洲的错误，强调美国"是太平洋国家，与亚太地区的关系比以往任何时候都密切"。

5. 中国综合国力稳步上升，国际影响力不断提高

中国经济持续保持快速增长，综合国力迈上新台阶。中国的经济已经成为带动世界经济增长的主要动力源之一。在综合实力和对世界和平与发展的贡献显著提升和增大的基础上，中国在外交上不断开拓进取，国际地位和作用明显增强，在地区和世界事务中日益发挥重要的影响。中国改革开放几十年来保持了持续发展的强劲势头，经济总量明显增大，与世界经济的关系更加紧密。中国的发展和开放，为世界商品和资金提供了广阔市场，为许多国家的企业创造了商机，也为世界创造了众多的就业机会。作为当今世界经济重要的拉动力，中国经济发展状态已与全球息息相关。中国坚持走和平发展的道路，努力与世界各国平等互利合作，不单纯追求己方利益，而是力主双赢，并积极加强区域合作，推动共同发展，不断为促进全球发展和繁荣做出重要贡献。中国高举和平、发展、合作的旗帜，坚持原则，伸张正义，更加积极参与国际事务，在力所能及的范围内支持和援助其他国家，充分发挥出一个负责任大国的作用，国际影响日益增大。

第三节　世界主要国家和政治集团的军事基本情况及军事战略

国防教育警句

中国强大，有我！
中国安全，有我！
中国崛起，有我！

战略概念产生于军事斗争的实践和战略环境，被长期运用于军事领域。为了便于对不同领域的战略做出明确区分，便在"战略"之前冠以领域的名称，如政治战略、外交战略、经济

战略等。战略作为一种全局性的决策、规划、指导方针，通常由战略方针、战略措施、战略力量和战略目的等几个基本要素构成。军事是政治的继续，政治是军事的集中表现。世界各国和各国家集团军事实力的消长，决定它们在国际政治中的地位和作用。“冷战”结束后，世界军事力量的总体规模呈下降趋势，但多数国家军队的质量水平却在不断提高，特别是随着信息技术的飞速发展，世界政治、经济、科技等各个领域都在发生并将继续发生深刻的变化。多数国家尤其是美国、俄罗斯、日本、印度等各主要大国，紧紧抓住这一难得的战略机遇期，根据国家利益、安全威胁、地缘环境和综合国力等情况，积极推进军队转型，展开了面向未来的军事战略调整，强调运用军事力量维护和促进国家政治、经济和军事利益。

一、美国军事基本情况及军事战略

（一）美国军事基本情况

美国拥有一支全球实力最强的军队。美国军队分为四大军种，即美国陆军、海军、空军和海军陆战队，同时美国海岸警卫队被称为第五大武装力量。美国拥有世界上最庞大的核武器库，同时是世界唯一在实战中使用过核武器（二战时在日本的广岛、长崎）的国家。目前，美国是世界上军费最多的国家，共 7111 亿（2012 年），约占全世界军费开支总计的 43%。截至 2012 年，其现役部队为 146.093 万人，文职人员约 70 万人，此外还有一支素质较高、装备齐全的约 80 万人的预备役部队(包括国民警卫队和军种后备队)。美军将全球划为六大战区。在世界各地保持着数百个军事基地，以控制战略要点，扼守海上通道。美国在世界多个国家部署海外驻军，总计超过 17 万人。在亚太地区，美军部署兵力约 10.5 万人。

（二）美国军事战略

建国初期，由于国力弱小，美国的国家安全目标就是巩固国家的独立。美国视欧洲列强对美洲事务的干预为主要威胁，利用两洋屏障和南北无强敌的有利条件，致力于美洲大陆的领土扩张。19 世纪末之后，美国奉行著名军事理论家马汉的海权思想，首先夺取海上霸权，继而争夺世界霸权。其国家安全目标是在维护领土安全的同时，重点与欧洲列强争夺海外原料产地和海外市场，拓展殖民利益。在两次世界大战中，美国均于中后期参战，最终确立了在西欧和太平洋的控制地位。第二次世界大战后，美国军事战略作了多次较大的调整：

1. 杜鲁门政府时期（1945—1952 年），推行“遏制”战略

强调包围、遏制苏联以及其他社会主义国家，夺取中间地带，把镇压各国人民革命斗争和准备新的世界大战结合起来。

2. 艾森豪威尔政府时期（1953—1960 年），推行“大规模报复”战略

依靠核优势，玩弄战争边缘政策，以发动核战争威胁苏联及世界各国的人民革命运动。在军事力量建设上，突出发展空军，特别是战略空军和核武器。

3. 肯尼迪和约翰逊政府时期（1961—1968 年），推行“灵活反应”战略

主张以不同的方式应付不同的威胁，准备打各种战争，特别是“有限战争”或“特种战争”，以此来镇压亚、非、拉民族解放运动，与苏联争夺势力范围，抵制中国的影响。

4. 尼克松、福特和卡特政府时期（1969—1980 年），奉行“现实威慑”战略

强调局部战略“收缩”，调整军事部署，加强在欧洲与苏联的争夺，以扭转被动处境。

5. 里根政府时期（1981—1988 年），奉行“新灵活反应”战略

强调要谋求对苏军事优势，以针锋相对的强硬姿态和灵活多变的手法对付苏联的扩张，在确保可靠威慑的基础上，加强各种战争准备，一旦威慑失灵或地区冲突失控，美国既有决心又有能力根据事态的发展，灵活运用军事力量，在多个战区、多条战线上打赢各种战争，维护美国的利益。

6. 老布什政府时期（1989—1993 年），推行“地区防务”战略

将美国的防务重点由对付苏联全球性挑战转向对付地区性冲突，强调以地区性军事强国为主要作战对象，重点准备打局部战争；建立战略防御系统对付有限的弹道导弹的攻击；缩小军队规模，提高质量，在维持战略威慑力量的同时，突出常规部队建设，重点发展高技术武器装备；缩减海外驻军和基地，在关键地区保持前沿存在；增强部队的动员和快速反应能力。

7. 克林顿政府时期（1994—1997 年），推行“灵活与选择性参与”战略

针对“冷战后过渡时期”美国面临的地区性动荡、大规模毁伤性武器扩散、跨国危险以及民主和改革面临失败的危险等“四大威胁”，以“和平时期参与、威慑和防止冲突、战斗并获得胜利”作为美军的主要任务和军事行动样式。实现“促进稳定”、“阻止侵略”的国家军事战略目标，维护美国唯一超级大国的地位。1997 年 5 月，克林顿政府推出了“营造—反应—准备”战略。强调针对地区性危险、非对称挑战、跨国危险和“意外情况”等四大威胁，以营造、反应、准备为战略指导；以和平时期营造有利的安全环境、对各种危机做出反应、立即着手准备应付未来的不

确定因素为三大战略任务；提出“打赢几乎同时发生的两场大规模战区战争”的战备指标；通过和平参与、危机反应和改革完善军队编制体制、作战理论和武器装备，全面提高美军实力，从而实现“促进和平与稳定”与“击败对手”两大军事战略目标。

8. 推行“先发制人”的军事战略

2004年，美国《国家军事战略》提出，为了防止对美国及其盟国利益的攻击带来灾难性的影响，美国需要在敌人发动袭击前就采取先发制人的行动进行自卫。这一论述实际上把“先发制人”作为美军新的战略指导方针。先发制人军事战略的主要内容包括：一是预防危机。由过去在危机发生后做出反应，转变为在危机发生前就采取预防行动。二是先敌决策。情报系统必须能够了解敌人的意图，预测危险行动，探明敌人的动向；这种决策必须是动态的，能够对稍纵即逝的目标进行攻击。三是先敌行动。为了快速消除威胁，美军要在敌行动之前实施猛烈打击，发挥网络化的武器装备体系的优势性能，通过协调运用精确火力，直接打击对方整个战争体系的重心和关节点，达成预期的战略效果。

战斧导弹

9. 现行军事战略

2012年1月，美国公布《维持美国的全球领导地位：21世纪国防的优先任务》的新军事战略报告。该报告标志着美国的安全政策在经过10年的战争之后出现新的转折，而这种转折将塑造美国下一个10年的优先战略目标。通过比较我们发现，此次新军事战略具有以下特点。

一是新军事战略具有明确的战略指向性。美国把战略重心转向亚太地区，这是因为亚太的快速发展引起美国的关注。在美国发动反恐战争的10年，以新兴国家为代表的亚太地区经历了快速发展，经济增长占全球增长的70%，特别是东亚已经成为全球经济发展最快的地区。而亚太地区重要的战略位置、丰富的矿产石油资源以及庞大的劳动力规模，又进一步提升了亚太地区的影响力。因此，美国此次战略重心转移，另一个明显的意图就是分享亚太地区经济发展所带来的巨额收益。当前，反恐战争取得阶段性成果，伊拉克战争落下帷幕，美军从阿富汗撤离行动已经开始。在此背景下，美国可以集中更多的精力关注亚太。近几年，美国在亚太地区逐步完成了常规威慑力量的部署，60%的海军兵力和最先进的作战飞机都已云集在这一地区，这为美国新军事战略的提出奠定了基础。今后，根据新军事战略，这种调整还将继续，从而使“战略重点”名副其实。

二是新军事战略更加重视实用性和有效性。冷战结束后，针对世界安全形势，美国提出“两场战争”的军事战略，但实际上也从未进行真正意义上的“两场战争”，但却出现了阿富汗战场和伊拉克战场的同时存在，而这两个战场却让美国备有疲于奔命之感，虽然有北约和其他一些国家的支援和帮助，但也让美国颇为吃力，以至于在利比亚战争中主动退出指挥和作战，只承担后勤补给等辅助作战任务。有鉴于此，美国在新军事战略中抛弃了自冷战结束以来同时打赢“两场战争”的战略，变成“1+”战略，即参加并打赢一场战争，同时在另一场战争中干扰破坏敌人的行动。从“2”到“1+”，美国更加重视其军事战略的有效性和实用性，即集中力量对付它所认为的强有力的敌手。谈到美国未来的敌手时，美国官员和一些媒体都重点提到伊朗和中国。美国彭博社称，这份战略评估报告将强调，美国的陆军、海军和空军必须整合资源，以挫败像中国和伊朗这样的国家阻止美国进入南中国海、波斯湾以及其他战略地区的努力。这是美军应对目前以及未来挑战的战略部署，是五角大楼在预算遭到削减时对美国在全球的角色和使命进行战略评估的结果。因此，在西太平洋和波斯湾地区部署部队和销售武器将是该战略的中心内容。美国罕见地把中国明确定位为军事对手，反映出美国新军事战略的深层用意。

三是新军事战略强调发展武器装备的高技术性。新战略包括重新聚焦亚太地区，并在新战略中多次提到中国。在报告列出的美军主要任务中，应对“反介入挑战”被排在反恐并开展非常规战事、威慑并击败挑衅这两大任务之后成为美军第三重要的任务。报告说，在面临“反介入挑战”的地区，敌手会利用各种非对称手段限制美军行动，其中包括电子网络战、弹道与巡航导弹、先进的防空系统和布雷等。这项新军事战略保留了美军的一些传统使命，包括打击恐怖主义、维持核威慑、确保国土安全、阻止和挫败任何潜在敌人的入侵等，同时强调将提高美军在网络战、导弹防御等方面的能力。因此，在发布新军事战略时美国总统表示，美国将继续投资有关未来成功的关键能力，包括情报、监视、侦查，反暴力，反大规模杀伤性武器以及在敌手拒绝我们进入区域的控制能力。根据上述任务，美国将加强应对措施的研发投入，主要是在无人机、隐形轰炸机、隐形远程巡航导弹及侦察、通信、指挥、监控系统和网络战武器等领域。未来美国将越来越依赖无人机，美国的目标是在2018年时在位于太平洋的航母上部署无人机。

四是新军事战略重视发挥盟友的军事同盟作用。新军事战略显示，美国将进一步巩固与现有盟友的联盟。在亚太地区，美国在强化美日、美韩军事同盟的同时，其新军事战略还提出要加强与东盟的军事合作，这是一个重大的战略动向。2011年以来，美国明显地拉近了与日本、韩国、澳大利亚等传统盟友的关系，同时也拓展了与印度、新加坡、越南等国的关系。一系列举措说明，美国的战略意图是通过发挥盟友的军事同盟作用恢复亚太主导权，以便获得在亚太的最大化收益。为此，美国还首次表明，将对危及美国和友好国家的安全和权利的行为“研究必要的手段”。另外，美国也不会放弃在中东地区的驻军和军事优势，其在中东军事力量的重心仍将是打击极端主义与保护以色列等盟友。

五是重塑关岛军事力量以支持美国军事重心转移亚太。随着美国军事战略重心转向亚太地区，坐落于西太平洋中心的关岛成为美国控制亚太局势至关重要的棋子。亚太地区局势错综复杂，关岛地理位置尤为关键，成为控制亚太地区的战略中心。对于美军而言，关岛众多的基地不仅仅是战略力量的储备库，还将担负着美国在亚太地区行使战略指挥和军事干预的多重使命。反恐战争结束后，面对持续动荡的东亚和中亚局势，以及中国等新兴国家海上力量的挑战，美国进一步加强了在亚太地区的军事存在，以巩固美国亚太军事领导地位。为此，美国防部投入数亿美元强化了岛上的基地建设和指挥控制系统，将关岛打造成控制亚洲战略态势新的“战略中枢”。目前，关岛基地主要装备有战略轰炸机、攻击核潜艇、F-22 隐形战斗机、“全球鹰”无人侦察机和 AGM-86C 型巡航导弹等相当规模的先进武器装备，这对于保障美军在亚太地区持续监控、保持作战能力具有重要的战略意义。因此，未来关岛可能会逐渐从幕后走向台前，在亚太地区扮演地缘战略支点的角色。

图 2-1 二战后美国全球军事战略重心转移示意图

二、俄罗斯军事基本情况及军事战略

（一）俄罗斯军事基本情况

俄罗斯的军事实力非常强大，和美国一样拥有着全球最强大的核武库。2011 年俄罗斯军费开支为 641 亿美元，俄罗斯的武器销售份额占了全球军售的 24%。它的武装力量主要由陆军、空军、海军三大军种和战略导弹兵、太空兵、空降兵三个兵种组成。武装力量中军人数量为 113.4 万人。武装力量除正规军外，还包括边防、内务、安全、政府通讯、民防和铁道部队。武装力量由议会、总统、政府按宪法规定的权限共同指挥，总统是武装力量的最高统帅；军队的任务是抵抗外来侵略和履行俄罗斯承担的国际义务；军队人数不得超过全国人口总数的 1%；实行义务兵与合同兵两种兵役制度，服役期限分别为：舰队水兵 2 年，其他士兵一年半，受过高等教育的 1 年等。俄海军拥有太平洋舰队、北方舰队、波罗的海舰队、黑海舰队和里海独立区舰队。体制进行了改革，制定了军事建设中长期计划，修改国家战略，力求不再卷入军备竞赛，加大军备建设上的投入，积极扩大与西方的军事技术合作。俄境外驻军总数近 5 万人。驻摩尔多瓦共和国德涅斯特河沿岸俄军战役集团军 1000 人；驻南高加索俄军集群 5000 人，下辖第 102 军事基地（驻亚美尼亚久姆利）；驻塔吉克斯坦杜尚别第 201 军事基地 7000 人；驻乌克兰塞瓦斯托波尔黑海舰队 1.3 万军人和 1.6 万文职人员；驻吉尔吉斯斯坦坎特空军基地 140 人；驻叙利亚塔尔图斯港海军物资技术保障站 150 人；驻非洲国家 100 人。俄航天兵在哈萨克斯坦雷沙干、塔吉克斯坦努列克、阿塞拜疆加巴拉、白俄罗斯甘采维奇驻有 4 个雷达站，在白俄罗斯维列伊卡驻有第 43 通讯站；在哈萨克斯坦拜科努尔驻有第 5 航天发射场，兵力约 3000 人。

（二）俄罗斯军事战略

第二次世界大战后，苏联和俄罗斯军事战略的演变，主要经历了以下几个主要阶段：

1. 第一阶段（1945 年—1953 年）

苏联军事战略主要针对美国和北约。苏联建立并保持了常规武器的压倒性优势，以抗衡美国核武器的优势；制定了大陆战区战略性战役的样式。但是，作战方法仍然以卫国战争后期的经验为主。

苏联解体

2. 第二阶段（1954 年—1960 年）

苏军大量装备核武器和新型常规武器，并根据大规模毁伤武器的使用特点改编了军队编制体制，制定了实施核战争的战略，其基础是通过对敌实施大规模核突击来遂行军事—政治任务和战略任务。

3. 第三阶段（1961 年—1970 年）

苏联建立和优先发展战略核力量，首先是战略火箭军；各军种大量装备各种导弹；研发军用航天器；信息和指挥系统飞速发展。制定了新的全球军事战略，即无限制的导弹核战争战略，从根本上改变了有关武装斗争的条件、性质、进程和结局的观点，制定了可覆盖所有大陆、海洋、近地空间和太空的大规模战略性战役理论。

4. 第四阶段（1971 年—1980 年）

苏军建设出现质的飞跃，战略潜力成倍提高，能够以战略武器可靠地毁伤大量目标；常规武器的发展取得重大突破。制定并确立了分阶段实施战争的战略，以及视威胁程度逐步使用大规模毁伤性武器的多种军事行动方案。

5. 第五阶段（1981 年—1995 年）

确立了既准备实施核战争，也准备实施新型常规战争，主要是以对等行动回击侵略的战略，即单纯防御性军事战略。

6. 第六阶段（1996 年—2010 年）

1996 年 6 月，俄罗斯总统叶利钦在《国家安全咨文》中提出“现实遏制原则”，标志着俄罗斯“现实遏制”战略的正式确立。其主要内容反映在《俄罗斯联军事学说》和 2003 年 10 月俄罗斯国防部公布的《俄罗斯联邦武装力量发展的紧迫任务》的文件中。俄罗斯现行军事战略的核心：遏制对俄罗斯安全和利益的军事—政治威胁。战略遏制的目的是：平时为制止对俄罗斯或其盟国的武力施压和入侵，战时为防止侵略升级，在使俄罗斯能接受的条件下停止军事行动。战略遏制的手段包括常规力量遏制和核遏制。

7. 现阶段军事战略

2010 年 2 月，俄罗斯颁布了新的《俄联邦军事学说》，对自 2003 年以来实施的“以核遏制为依托的机动”战略做了进一步的调整。调整后的军事战略对俄罗斯面临军事威胁的判断更加清晰，以军事手段维护国家利益的决心更加坚定，军事战略的进取性明显增强。其突出特点表现为：瞄准目标，着力提升四种能力。

一是瞄准大国地位，拓展以军事手段捍卫国家利益的能力。无论就经济发展水平还是军事实力而言，俄罗斯均无法与昔日的苏联同日而语。但是，俄罗斯仍将自身定位为具有重大影响力的世界大国，即使在遭受金融危机重大影响的背景下，俄罗斯对自身实力和发展潜力的判断仍十分乐观。与此同时，俄罗斯对当前国际军事政治形势的判断也趋于严峻，认为全球化导致国家间的矛盾加剧，以美国为首的北约在国际关系中单方面使用武力的做法对国际安全格局构成严重威胁，而现有的全球性和地区性安全机制无法在国际争端中保障弱小国家的安全，军事力量在保障国家安全和保护经济利益中的作用显著提升。因此，俄罗斯必须继续把强大的军队视为维护国家安全和发展利益的根本依托，坚持"没有强大的军队，就没有强大的俄罗斯"的安全理念，赋予军事战略较强的进取性，不断扩大使用军事手段捍卫国家利益的范围。

二是瞄准美国和北约，提升遏制大规模战争和核战争的能力。由于在常规武器特别是常规高精度武器领域已远远落后于美国，甚至落后于其他一些北约国家，为应对来自美国和北约的威胁，俄罗斯只能依靠仅次于美国的战略核力量和十分先进的空天防御力量，以此来遏制针对俄罗斯的大规模战争和核战争。其中，战略核力量主要遏制对俄罗斯的核打击和使用常规武器的大规模地面入侵，而空天防御力量遏制对俄罗斯的空天战略袭击。俄罗斯十分重视核武器的作用，视其为保障国家安全、确保大国地位的最重要和最可靠手段，以及遏制军事冲突及促进冲突后局势调解的先决条件。俄罗斯新军事学说规定，在俄罗斯或其盟国受到核武器和其他大规模毁伤武器袭击时，或虽遭受常规入侵但国家生存受到威胁时，俄罗斯可以使用核武器实施回击。为遏制美国和北约可能对俄罗斯发动的空天战略袭击，其还积极发展空天防御力量。俄军新组建了空天防御战役战略司令部，目的是将分散于各军兵种的侦察和预警力量、防空力量、反导力量和太空防御力量重新整合，组成一个统一的空天防御体系。此举大大提高了国家总体的战略遏制能力。

三是瞄准周边现实威胁，提升应对中小规模武装冲突的能力。在积极遏制大规模战争和核战争的同时，俄罗斯也清醒地认识到，当前面临的现实威胁来自周边地区，特别是西北、西部和西南战略方向。因此，俄军当前的主要任务不再是在世界范围内打大仗，而是在周边地区参与小规模的、中低强度的局部战争或武装冲突。在广泛使用高精度武器的现代战争条件下，这类军事冲突具有速战速决、毁伤目标程度高、军队和火力机动快等特征。这就要求俄军实现由大战动员型军队向常备机动型军队的转型，建立一支精干、高效、机动的新型现代化军队。这支军队应能够在保持战略遏制潜力和战备能力的同时，打赢两场任何类型的武装冲突。当前俄军正在进行的"武装力量新面貌"改革的目的，就是为了实现这一目标。

四是依托盟友，保持在独联体地区的军事影响力。俄罗斯历来将组建军事同盟视为军事战略的重要组成部分，独联体国家是俄罗斯实现大国地位的重要依托。保持在独联体地区的军事影响力，近而实现独联体地区的军事一体化始终是俄罗斯的不懈追求，其主要途径是依托独联体集体安全条约组织巩固并扩大军事同盟。针对北约不断向独联体逼近、俄罗斯战略缓冲区日渐缩小的严峻现实，俄罗斯正着手加强联盟战略，采取各种手段维持其在独联体地区的军事影响力。为此，俄罗斯首先进一步明确了对盟国的保护义务。俄罗斯新军事学说明确指出，对集体安全条约组织成员国的武装袭击均被视为对俄的侵略行为，俄将根据集体安全条约履行其保护成员国的义务。同时，不断加紧推进集体安全条约组织内部的军事一体化。

三、日本军事基本情况及军事战略

（一）日本军事基本情况

军事百科

西普连

西普连的全称是日本西部方面普通科连队，实际是陆自西部方面队直属的步兵团。

西普连的组建背景主要是，针对中国的快速崛起及钓鱼岛局势。在编制上比较特殊，仅辖连队部、连队直属管理中队（等同于连）、三个普通科中队（第一、二、三中队），定员为660人，比陆自其他普通科连队1200人的定员少了近一半，但这些人全是从陆自里挑选出来的精锐。西普连作战风格强调快速反应，没有编列重武器，但从编制装备来看，西普连是一支机动力很强的特种部队，长期追随和仿效美国两栖作战的海军陆战队，并且主要研习夺岛强攻、侦察、渗透和山地作战；同时，在海自训练基地进行潜水训练。

根据日本朝云新闻社出版的2011年版《防卫手册》，2011年末，日本自卫队编制员额为247446人。其中，陆上自卫队编制约151337人，海上自卫队45517人，航空自卫队47097人，共同部队1227人，联合参谋部361人，情报本部1907人。应急预备役编制员额8467人，实有5815人。预备役编制员额47900人，实有33159人。《防卫计划大纲》（2010年）对军事部署方式做出调整。主要是改变以往的部队均衡部署方式，军事重心向西南方向转移，重点加强西南地区的警戒监视、防空、反导、运输、指挥通信等能力建设。

随着“冷战”的结束，日本明确了新的国家战略目标，要在21世纪中叶前建成一个“新的日本，成为世界一流强国”。国际形势的变化，为日本开始推行以争做世界政治大国为主要内容的新国家战略提供了机遇。同时，经济大国的地位也为日本发展军事力量奠定了物质基础。为了配合实现政治大国的国家战略目标，日本加快了实现军事大国的步伐，其中心是发展外向型高质量的现代化军队，为国家战略目标提供有力支撑。在这一背景下，日本开始全面调整它的军事战略，加速推进军队转型。

"冷战"结束前，日本的防卫任务一直有两项。一是"保卫日本"，二是"对付大规模灾害"。1995年日本发表的新《防卫计划大纲》除强调继续坚持这两项任务外，又为自卫队增添了新的任务，即"对付大规模灾害等各种事态"以及"为构筑更加稳定的安全保障环境做贡献"。所谓"对付大规模灾害等各种事态"，主要是指在日本周边地区发生武力冲突之类的事态。而且，在发生周边事态时，日本要为美军运送武器弹药和燃料，向美军提供日本的民用机场和港口等。所谓"为构筑更加稳定的安全保障环境做贡献"，是指采取各种手段，其中包括采取政治、经济、军事等综合手段以及积极参加联合国维和行动、军控谈判等，营造对日本有利的安全环境。显然，日军的职能和任务已明确包括对付并干预远东乃至亚太地区的所谓"周边事态"。同时还提出了未来日本军事力量的发展方向。1996年4月，日本与美国共同发表了《日美安全保障联合宣言》，重新确认了"冷战"结束后日美军事同盟关系的重要性和新的作用。与此相配合，1997年9月，日美发表了新《日美防卫合作指导方针》，规定了日美三大合作机制，即平时合作、日本有事时的合作、周边事态时的合作内容，并明确了40项联合作战的具体措施。作为调整军事战略的延续和补充，1998年4月，日本内阁又批准了《周边事态措施法案》和《自卫队法修正案》以及《日美相互提供物资和劳务协定》修改协定，为今后随时参与美军的军事干预行动完成了立法程序，标志着日本要成为美国推行全球霸权的工具。调整后的军事战略虽在名称上仍未改变"专守防卫"的提法，但其内容却有了质的变化，更加强调战略的"主动性"和"先发制人"的原则。将军队建设目标定位为建立一支"合理、精干、高效"的防卫力量。所谓"合理、精干、高效"，就是指规模小、装备精、高速机动、整体作战能力强的军队。

为了实现这一目标，日军采取了"削减人员和装备的数量，提高人员素质和高技术武器装备的比重"等具体措施。2007年1月9日，日本防卫厅正式升格为"省"。防卫厅将从原先所属的内阁府独立出来，成为与外务省、经产省等平级的机构。防卫大臣可直接要求召开与防卫问题有关的内阁会议，直接提出防卫预算。此外，在行动上，防卫省在发布"海上警备行动"等命令时，可以直接要求内阁召开会议予以批准。以前隶属首相的向美军提供物品等权限也将转交给防卫大臣。

(二)日本军事战略

日本防卫研究所对军事战略下的定义是:"军事战略是有关军事力量的运用及计划,主要是指用兵的方针和策略。"日本陆军现行野战条令对日本军事战略的说明是:"军事战略是通过有效的军事力量及日美安全保障体制,防止对日本的侵略于未然,同时在万一遭到侵略时,努力尽早予以排除。"从以上定义和说明中可以看出,日本军事战略侧重于对军事力量运用的筹划。目前,日本军事战略包括的内容有威胁判断、战略目标、力量建设和力量运用等。

军事百科

日美安全条约

"日美安全条约"全称是《日美共同合作和安全保障条约》,最早签订于1951年。该条约签订后,日美结成战略同盟。条约主要内容包括:(1)美国享有在日本国内及日本周围驻扎陆、空、海军的权利,有在日本领土建立军事基地的权利;(2)驻扎日本国内周围的美军,"用以维持远东的国际和平与安全和日本免受外来武装进攻之安全",包括根据日本政府的要求,"镇压由于一个或几个外国之煽动和干涉而在日本引起的大规模暴动和骚乱";(3)未经美国事先同意,日本不得将任何基地以及与之有关的任何权利给予任何第三国。1996年,两国政府又发表了《日美安全保障联合宣言》,并开始修改两国于1978年制订的《日美防卫合作指针》,以进一步巩固和加强"日美安全条约"体制。

在威胁判断上,提出日本面临传统威胁、新型威胁和多种事态三种威胁,防范矛头指向朝鲜、中国和俄罗斯。所谓"传统威胁",是指"朝鲜半岛的军事对峙、朝核问题及台海问题"。所谓"新型威胁",是指"大规模毁伤性武器和弹道导弹扩散、国际恐怖组织活动等"。所谓"多种事态",是指危害日本安全的五种样式,即"导弹袭击、游击队和特种部队的袭击、侵占岛屿、侵犯领空行为,以及特工船非法侵入"等。日本认为的威胁对象依次是朝鲜、中国和俄罗斯。

在战略目标上,日本提出"防止和排除直接威胁"、"改善国际安全保障环境"两大目标。实现第一个目标的措施是:当出现对日本造成直接威胁的事态时,将"举国尽最大努力"防止。当"努力失效时,政府将迅速、明确地做出决定,联合有关机构,整体、综合应对"。实现第二个目标的措施是:第一,"努力参与国际和平合作活动，包括积极主动参加国际和平合作的各种活动、伊拉克的重建活动、国际反恐活动、联合国维和行动、国际紧急救援活动等。”第二，“推进安全保障对话和防卫交流，包括双边防卫交流，多边安全保障对话，多边共同训练等。”第三，“努力参与军控和裁军领域的活动，包括国际社会关于防止大规模毁伤性武器扩散的新的努力等。”第四，“继续依赖美国的核威慑力量应对核威胁，进一步充实日美合作”；第五，“确保安全的基础是维护内政稳定和建设高效的防卫力量。”

在力量建设上，确立了“快速、机动、多能、灵活、有效”的建军目标，加快推进自卫队转型。由注重“遏制效果”向提高“打赢能力”转变，即“在各个阶段、各种形势下均能发挥作用，能够快速、机动、灵活地应对实际可能发生的各种事态，并切实解决问题。”为有针对性运用作战力量，日本加紧进行兵力部署调整，并以“西南部”为战略重点方向。

经过逐步调整，日本的军事战略方针已从最初强调的“行使武力于遭敌入侵之后”转变为强调“遏制敌人入侵企图”，突出了主动性。从原来所强调的“不对对方实施先发制人的攻击，只在受到武力攻击时才进行有限的武装自卫”的原则，转变为日军能够在未来作战时采取“洋上防空”、“海上歼敌”、“前方处置”等将敌拦截在领土以外，甚至先发制人的攻势战略。从防止侵略到预防发生周边事态；从保卫日本的“内向型”转变为干预别国内政的“外向型”；从对美国的依赖转变为同美国的联合，突出了进攻性。概括地说，日本的“专守防卫”军事战略实际上已经蜕变为“主动先制”的战略。

日本军事战略的实质，是借助美国的力量，扮演一个能够遏制并干预地区不稳定因素的角色，采取“主动先制”的军事战略，努力实现军事大国，最终实现政治大国的战略目标，扩大日本在亚太地区乃至全球的影响，从而更加有效地维护日本的国家利益。从日本现行军事战略的内容可以看出，日本已把中国实现统一纳入它的干预范围。

四、印度军事基本情况及军事战略

（一）印度军事基本情况

印度军事力量包括现役部队、文职人员、准军事部队和后备力量。20 世纪 90 年代以来，印军贯彻“质量建军”的方针，推行以“适当缩减陆军，巩固空军，发展海军”为主要内容的十年发展规划，其现役部队基本保持在 120 万人左右。在其主要邻国当面，印军重点部署了主力作战部队，装备有数量质量均占优势的主战坦克和作战飞机，经常举行针对邻国的军事演习，声称要谋求“对等的核威慑”，打低、中、高三种强度的战争和全方位的战争。随着其实力的增强与现代化水平的提高，特别是战略远程打击兵器的发展，印军正在实现军事发展的跨越。当前，其发展主要体现在：

1. 在军队建设上，遵循“稳定数量，提高质量”的方针

加快军队现代化建设和部队转型；加快筹建“三位一体”的战略核力量；加强武器装备自主研制，力争在2020~2025年间消除对进口主战武器装备的依赖；加强与法、以、俄等国合作，提高军队建设质量。

2. 在作战思想上，印军联合作战思想取代过去各军种“各自为战”的思想而成为主流作战思想

海湾战争以后，印军对美军的“空地一体”作战理论推崇备至，认为这一理论包含着攻势作战思想，并结合印军的实际在演练中进行检验。印军认为，印军目前已具备了在南亚次大陆有选择地应用美军“空地一体”作战理论的条件，主张空军应做好在未来战争中发挥主导作用的准备。印军还将快速反应部队视为遂行战略战役机动作战的骨干，以便更好地适应“空地一体”战、“快速多变的流动作战和纵深突防”作战样式的需要。其作战思想开始向“联合作战”方向发展。印军认为，“未来战争将主要以联合作战形式”出现，“联合作战将占主导地位，而优势将属于能有效合成各种力量的一方”，“联合作战是取得一切未来战争胜利的关键”。因此，印军积极研究联合作战思想，提出了一系列的联合作战原则，如主动性与灵活性原则、统一指挥原则等。

3. 作战指导与作战样式上，突出“主动性”“进攻性”

在吸收美军联合作战指导思想的基础上，为了适应高技术条件下作战的需要，争取战争主动，2000年1月，印军提出将过去重在防御的“反制威慑”或称“拒止威慑”改为重在进攻的“惩戒威慑”。其主要内容是，以积极进攻、主动出击为作战指导思想，以打有限战争为主要作战样式，以主要邻国为作战对象，全面加强军事力量建设，获取强大的军事优势地位，做好现代高技术战争准备，对敌产生威慑作用。一旦需要，即对敌实施先发制人的有限战争，给敌以必要的教训和惩罚。这种指导思想将使印军更具有军事上的主动性。印军十分强调在进攻作战中先发制人，力求通过一系列军事行动，在战争初期把战火引向敌国领土，在对方国土上歼灭其有生力量。印军还认为，在防御作战中，印军将全面贯彻攻势防御思想，强调作战的目的是消灭敌人，而不是坚守国土，力争以先发制人的打击粉碎敌方的进攻企图。

在积极进攻、主动出击思想的支配下，机动作战和快速反应、先发制人的突然打击将在印军各类作战行动中得到广泛应用。

4. 以有效维护其"印度洋利益"为发展军事力量的牵引

印度洋是世界第三大洋，占世界水域面积的20%。它是连接大西洋和太平洋的纽带，每年约有3万艘轮船往返于印度洋上。世界上的一些国家，尤其是亚洲国家，在追求经济繁荣的同时还在力图建立现代海军和空军，以维护新的国家利益和提升国家的影响力。这一趋势使更多国家"涉足"印度洋。印度认为，21世纪的印度洋将是众多新崛起的地区强国角逐之地，印度必须及早做好准备。对区外大国的威慑仅靠常规力量是远远不够的，必须使用战略威慑力量，拥有与进入印度洋地区的核国家相匹敌的能力。印度公开强调，"在这个问题上的优柔寡断都将危及印度的安全。印度只有拥有核潜艇，才可以进攻或威慑对手。"为此，印度加紧研制、购买航空母舰、核潜艇和潜射弹道导弹，提高海上机动作战能力，尤其是远洋作战能力，借助核威慑手段维持与区外大国的力量平衡，"劝阻"区外大国干涉印度洋地区事务。同时，目前印度仍保持着一支兵力数量居世界前列的常备武装力量。其主要目的就是要威慑周边邻国，尤其是应付与邻国之间可能发生的冲突；积蓄力量"挺身而进"印度洋，以及镇压国内各种武装冲突和骚乱。印度把强大的军事力量和战略威慑能力对周边邻国（包括印度洋沿岸地区各国）和区外国家所产生的威慑效应，作为谋求地区性大国地位进而成为世界性大国的现实基础。

（二）印度军事战略

印度军事战略是国家战略的重要组成部分，从属于国家战略，是国家战略在军事领域的具体体现。20世纪90年代以来，印度一直奉行"地区威慑"军事战略。根据国际安全形势和印度国内情况的发展变化，对"地区威慑"军事战略的具体内容作了必要的调整：在安全威胁判断上，更加强调所谓"来自Z国的威胁"；在战争威胁的判断上，突出局部战争（低强度战争）的威胁；在军事战略思想上，核威慑思想上升到主导地位；在军队使用上，赋予军队维护国内社会稳定的任务；在作战指导上，日益强调联合作战；在军队建设的战略指导上，重视稳步提高质量。

2000年，印军在深入研究科索沃战争和全面总结印巴克什米尔冲突经验教训的基础上，提出了以实力为后盾的、军事上的冒险性和攻击性都明显增强的现行军事战略。其基本内容如下：

1. 对当前安全环境的评估

印度认为，印度面临着来自邻国和区外大国的诸多威胁，其中B国是现实的主要敌人，Z 国是最大的潜在威胁，其他区外大国在印度洋的军事存在是对印的间接威胁。

2. 战略目标

印度军事战略是以巩固地区大国地位和争当世界政治大国为目标，坚持慑战并重，不断提高军事实力和核威慑能力，威慑周边小国，遏制 B 国和 Z 国，称霸南亚，逐步向印度洋扩张。

3. 战略构想

印度军事战略构想是“西攻、北防、南下、东出、内稳”。“西攻”系指对 B 国采取积极进攻战略，以优势兵力对其保持进攻态势，准备与其打一场全面战争；“北防”系指对 Z 国采取“攻势防御战略”，在边境地区建立大纵深立体化防御体系，保持局部军事优势；“南下”系指积极向印度洋扩张，制服邻近小国，遏阻大国，最大限度地控制印度洋水域；“东出”系指密切关注东盟地区形势的变化，保持在该地区的影响，提高印度的国际地位；“内稳”系指通过调整编制、改善装备及强化训练等措施，不断提高反骚乱、反破坏和反恐怖作战能力，充分发挥军队在内卫治安方面的作用。

4. 作战原则

印军强调主动出击，先发制人，以迫敌就范，夺取战争主动权的作战原则。2004 年 4 月，印军出台了“冷启动”的新作战理论。其基本内涵是：先发制人。根据形势和需要，在最短时间内完成动员、集结和部署，实施先发制人的进攻，在国际社会干预之前达成作战目的；“闪电式”攻击。即以“闪电战”的方式对敌发起快速攻击，通过猛烈的火力和精确打击，最大限度地瘫痪敌作战力量，剥夺敌反击能力；快速机动、多点进攻。以精锐部队快速突入敌境内，对多个目标实施打击，力求在战争升级前达成既定目标。

5. 作战形式

把核遏制作为军事战略的基点，立足于打“核条件下的有限常规战争”，给对手以教训和惩罚。

6. 核战略

印度认为，核武器的价值在于其政治作用。1998 年核试验成功后，印度政府于 1999 年通过了印度核政策构想草案，提出了“最低限度有效核威慑”的核战略。其核思想是，一旦遭到攻击，印度能够而且也愿意以足够的核武器进行报复。这一政策根本改变了印度早期领导人提出的和平利用核能的原则。

五、北约军事发展及其战略构想

(一) 北约军事发展

《北大西洋公约》（亦称《北大西洋条约》，North Atlantic Treaty），是第二次世界大战结束后以美国为首的西方国家缔结的针对苏联等国的军事政治联盟条约。由《北大西洋公约》缔约国组成的政治军事集团称为“北大西洋公约组织”（North Atlantic Treaty Organization），简称“北约”（NATO）。北约拥有统一的军事指挥体系和一体化军事力量，为目前世界上最强大的政治军事集团。北约总部设在比利时首都布鲁塞尔。目前，其军事发展主要体现在以下几个方面：

1. 防务能力建设

北约新战略构想强调，保持盟军足够的军事实力、特别是快速反应能力和联合作战能力，是北约实现其安全目标的核心。为此，北约华盛顿首脑会议讨论通过了北约《防务能力计划》，确定了北约、特别是欧洲盟国加强军事力量建设的重点，主要包括：调整部队结构，改善部队和基础设施的生存能力，尤其是抵御大规模毁伤性武器的能力；加强指挥、控制、通信和信息系统一体化建设，实现信息传输统一化、网络化以及信息资源共享，提高成员国间的通联能力；加强多国部队集结、编组、作战、训练、装备以及资金等方面的统一和协调，提高成员国协同作战能力；增强在防区外进行快速部署和机动的能力；强化远离本土基地进行持续作战和快速增援的能力。2002年通过的《布拉格能力承诺》决定，加强指挥、计划、训练、作战及后勤支援等领域的能力建设，全面实现军事现代化。该文件规定，成员国将在以下八个领域加强军事能力建设：防化学武器、生物武器、放射性武器和核武器；情报监视和目标信息获取；“空—地”监视系统；灵活保密的指挥、控制和通信系统；精确补给和对敌空中防御的有效压制；战略空运和海运；空中加油；可部署的作战支援和作战勤务支援。

2. 军事指挥体制改革

在军事指挥体制调整中，北约将原来的四级指挥层次减为三级，即战略级、地区级和次地区级司令部。将原有的20个各级司令部减至11个，并对各级司令部的责任区进行了重新划分。在战略层次上，设立盟军作战司令部和盟军转型司令部，原欧洲盟军最高司令部和大西洋盟军最高司令部两套指挥序列合二为一，由盟军作战司令部统一负责北约一体化部队的作战指挥；盟军转型司令部主要负责研究北约武装力量的未来发展战略，指导北约军事力量的转型和能力建设，同时负责制订条令条例。在战役层次上，组建了两个盟军联合部队司令部和一个负责北约在全球范围内遂行海上行动的联合司令部。在战术层次上，设立了六个司令部。目前，北约军事指挥体制已全部调整到位。

3. 一体化部队建设

将原来的反应部队、主要防御部队和增援部队分别调整为快速反应部队、高级戒备部队和低级戒备部队，同时把快速反应部队作为建设的重点，力求通过调整一体化部队结构，增加机动部队的数量，以提高北约向全球各地区投送兵力的速度，增强对危机做出快速反应的能力，并将同时应对两场大规模军事行动和六场小规模军事行动作为能力建设的重要指标。

（二）北约新战略构想

北约自成立以来，一直处在美国的强力控制之下，其所奉行的军事战略也基本上是在美国的主导下所确立的。从某种程度上讲，北约军事战略基本上是美国军事战略的翻版。自成立以来，北约在20世纪曾先后奉行过“大规模地面作战”战略、“大规模报复”战略、“灵活反应”战略和“危机反应”战略，与美国的军事战略如出一辙。20世纪末期，随着国际和地区安全形势的急剧变化，以及欧洲国家自主意识的不断增强，迫切要求北约对以往军事战略做出调整。1999年4月25日，北约各国首脑在华盛顿举行正式会议，讨论并通过了面向21世纪的《联盟的战略概念》，推出了新的战略构想。这一新战略构想并非单纯的军事战略，而带有总体战略的性质，是北约面向21世纪的行动纲领。其主要内容包括：

1. 宗旨和任务

以“共同的价值观、人权观和法治观”来建立欧洲公正而持久的和平秩序，并增进与其他相同价值观国家的“伙伴关系、合作与对话”。将“安全、磋商、威慑与防御”确定为基本任务，主张通过推行“民主机制”和采取“和平手段”解决争端。

2. 安全威胁判断

北约判断，其目前面临的挑战和威胁包括：周边地区的宗教纠纷、领土争端、民族矛盾和人权问题；非北约成员国的庞大核打击力量；核生化武器及其运载工具的扩散；先进的常规武器技术和高精尖技术的扩散；恐怖活动、阴谋破坏和有组织犯罪等跨国性威胁。

3. 保障安全的基本途径

北约主张采用政治、经济、社会和军事等多种手段来确保21世纪欧洲—大西洋地区的安全。具体措施包括：强化欧洲—大西洋关系；保持北约部队有效遂行各种作战任务的能力；支持欧洲安全与防务实体的建设；寻求预防冲突并有效处理危机，包括在防区外遂行危机反应行动；增加与俄罗斯、乌克兰和地中海对话国等的合作与对话；继续进行东扩；促进军控、裁军和不扩散进程。

4. 作战方针

根据新战略构想，北约的作战方针由过去的“多方位防御”转变为“全方位防御”。其要点是：分散部署，集中突击。分散部署是指北约军事一体化部队按照统一的防务计划有重点地分散部署在北约防区。集中突击就是对危害联盟“共同利益”的突发事件做出快速反应。主要设想是：首先由“反应部队”迅速出击，尔后由“主要防御部队”和“增援部队”向出事地点实施紧急增援。与此同时，不排除首先使用或威胁使用核武器的可能性。这一作战方针主要着眼于打赢高强度局部战争。

第四节　中国周边安全环境与安全政策

国家周边安全环境，是指一个国家周边的安全状况和态势，包括与相邻国家矛盾冲突、边界纠纷，军事渗透、颠覆甚至入侵等情况。它关系到国家和民族的兴衰存亡，是制定国防战略的依据。

> **国防教育警句**
> 天下虽安，忘战必危。

一、中国周边安全环境概况

我国是陆海大国，位于欧亚大陆东南部、亚洲东部、太平洋西岸的濒海大国。陆地面积约960万平方千米，有2.2万千米的陆地边界线，1.8万千米的海岸线（不含岛屿海界），陆地国土面积居世界第三位，拥有丰富的海洋资源。

我国邻国众多、地缘复杂。我国陆地上与14个国家相接壤，按地理位置排序依次是：朝鲜、俄罗斯、蒙古、哈萨克斯坦、吉尔吉斯斯坦、塔吉克斯坦、阿富汗、巴基斯坦、印度、尼泊尔、不丹、缅甸、老挝和越南。在海上我国与日本、朝鲜、韩国、菲律宾、马来西亚、印度尼西亚、文莱和越南8个国家的大陆架或200海里专属经济区相连接，其中朝鲜和越南既是海上邻国，又是陆地邻国。我国陆海邻国众多，仅次俄罗斯排世界第二位，周边安全环境复杂。我国及周边地区也是世界上大国最集中的地区，而多是军事强国，核扩散的形势严峻。美国前国务卿基辛格在

《白宫岁月》一书中评论中国地缘政治地位时指出："一个周围拥有如此众多邻国，且拥有八亿多人口的国家，不管谁在统治它，都是一个重大的地缘政治难题。"在众多邻国中，有的过去曾经对我国发动过侵略战争，并且现在仍是经济大国，并正在成为军事强国。一些邻国之间存有积怨，甚至对立，一旦他们之间发生冲突，必将影响我国的边境安全。有的国家内部不稳定因素多，一旦发生内乱，将对我国边境安全造成压力。有的国家居民与我国边境居民同为一个民族，信奉同一宗教，虽有利于两国边境居民友好往来，但也存在消极因素。还有一些国家，与我国之间存在着历史遗留下来的边界领土争端和海洋划界争议。随着这些不同因素的变化，将对我国安全环境产生不同的影响。

历史上，在西方列强势力还未扩展到东亚之时，除了北方游牧部落对中原的入侵外，我国历代封建王朝几乎感受不到漫长边界和海岸的危险。青藏高原和帕米尔高原将我国与南亚、中亚隔断，在西北只有一条穿越茫茫沙漠戈壁的狭窄通道与中亚相连，南有云贵高原和横断山脉天然屏障，东南的万里海域更是不可逾越的障碍。但当世界进入近代，西方列强凭借坚船利炮，开始从陆上和海上同时蚕食中国这个古老的国度。仅1842年、1860年、1895年和1901年，列强四次侵华战争，清政府就被迫割让大片国土，赔偿巨额白银。随着近代西方工业化快速发展，先进的军事技术和航海能力彻底粉碎了中国封建统治者传统的安全观。

自1840年后的一百年里，帝国主义列强屡屡入侵中国。过去认为最安全的浩瀚海疆，成为敌军入侵成功次数最多的突破口。第一次鸦片战争，英法联军攻占广州、厦门、定海、镇海、宁波和镇江，从长江口入侵南京；第二次鸦片战争，英法联军攻占广州、大沽口、天津，从天津侵入北京；中法战争，法军攻占我福建马尾港；甲午战争，日军攻占旅顺、威海；1897年德国军舰进占胶州湾，俄国军舰闯进旅顺口；1900年八国联军攻陷天津和北京；1914年日军攻占济南、青岛；1937年以后日军发动全面侵华战争。以上战争的共同处都是敌首先从海上入侵。

在同一历史时期内，中国的陆地边疆也不安全。沙俄和日本曾先后侵占我国东北地区；英国军队曾先后两次从亚东方向入侵中国西藏地区，并曾在第二次入侵时攻占拉萨；英、日军曾先后越过中缅边境侵入云南；法军从中越边境侵袭云南等。在中国近代史上，我国台湾、海南岛等岛屿和海洋，由于经济、军事战略地位重要，更是被帝国主义列强侵占和瓜分的重灾区。

特殊的地缘政治环境与历史背景决定了我国安全环境受外部影响因素大。这种影响主要来自陆、海两个方面。历史上，美、苏曾分别从海上和陆上对我国施加过影响。苏联解体后，俄罗斯仍是世界上最大的陆地国家，面积1700万平方千米，其中 2/3 在欧洲，1/3 在亚洲。从历史上看，中俄地缘战略上的不安全因素依然存在。美国位于北美洲大陆南部，陆地面积 936 万多平方千米，综合国力日益增强，积极向海外发展。美国和俄罗斯对欧亚大陆具有全局性影响。

日本、印度是我国周边地区的两个重要国家，是构成我国地理环境的重要因素。日本资源缺乏，对海外资源和海外市场的严重依赖性是其显著特点。在近代，日本经历了 50 年的侵略扩张和对美国的依附。甲午战争至第二次世界大战结束以前，日本军国主义积极推行侵略扩张政策，主要是向亚洲大陆扩张。第二次世界大战结束后，美国控制世界海洋，日本转而依附美国，充当美国在太平洋的前沿堡垒。“冷战”结束后，日本继续追随美国，企图成为政治和军事大国。印度人口众多，是一个依陆面海的大国。其地理条件较为优越，周边邻国主要是中小国家。我国是直接与印度毗邻的唯一大国，两国目前仍存有边界争议，历史上曾发生过边境战争。

东南亚、中亚是我国周边的两个重要地区，也是我国陆、海两面的枢纽地区，对我国的安全和经济发展具有重要影响。在通道、资源、安全等方面都有重要战略意义。在交通方面：东南亚是连接亚洲与大洋洲，沟通印度洋和太平洋的“十字路口”，控制太平洋到印度洋的主要水上航线。中亚地区处于东亚、西亚、南亚和北亚的地理连接点上，是连接欧亚大陆以及我国、俄罗斯、欧洲、中东、南亚各地陆路连接的枢纽。在资源方面：东南亚有丰富的战略资源，锡储量占世界 60%，橡胶年产量占世界的 80%以上，矿产资源丰富，石油和稻米出口量较大。在安全方面：东南亚邻接我国的东南沿海与西南地区，是影响我国南部安全的重要方向。贯穿东南亚的海上战略通道对于日本有重要意义，对美欧各国的航运也有重要影响。中亚地区与我国新疆、西藏等地接壤，该地区的形势与我国西北边疆的安危相关。中亚五国是苏联的加盟共和国，现是独联体成员国。随着上海经合组织的建立，我国与中亚各国建立了平等合作的友好关系，将对这一地区的安全环境产生有利影响。

二、中国的海洋权益

我国是联合国海洋法公约国，海洋对我国安全影响深远。靠近中国的有黄海、东海和南海。海洋是巨大的宝库，蕴藏有丰富的资源，对人类的生活、生产与发展都具有十分重要的战略意义，它一直是海洋国家争夺的对象。

1973 年 12 月至 1982 年 4 月，联合国召开了第三次海洋法会议，154 个国家出席了会议，通过了《联合国海洋法公约》（以下简称《公约》），从 1994 年 11 月 16 日起正式生效。第三次联合国海洋法会议对领海、海峡、大陆架、专属经济区、群岛国、岛屿制度等一系列重大问题进行了讨论。规定了群岛国制度，将一大片公海划为这些国家的内水；确定了“200海里专属经济区”制度；重新定义了“可达350海里的大陆架”概念。《公约》几乎涉及海洋法的所有方面，其中，与我国周边安全环境密切相关的要素如下。

军事百科

东海防空识别区

中华人民共和国政府根据1997年3月14日《中华人民共和国国防法》、1995年10月30日《中华人民共和国民用航空法》和2001年7月27日《中华人民共和国飞行基本规则》，宣布划设东海防空识别区。具体范围为以下六点连线与中国领海线之间空域范围：北纬33度11分、东经121度47分，北纬33度11分、东经125度00分，北纬31度00分、东经128度20分，北纬25度38分、东经125度00分，北纬24度45分、东经123度00分，北纬26度44分、东经120度58分。

（一）基线、内水、领海和毗连区

1. 基　线

基线是陆地和海洋的分界线，也是测算领海、毗连区、专属经济区和大陆架的宽度的起点线。一是正常基线，即领海基线（也称低潮线），是海水退潮时退到离海岸最远的那条线。二是直线基线，即在海岸上和沿海岛屿上选定一系列的基点，在这些基点之间划出一条条相互连接的直线，构成一条折线，这条折线即为领海基线。一般适用于海岸线比较曲折，沿海有许多岛屿的国家。《公约》规定，“沿海国为适应不同情况，可交替使用以上各条规定的任何方法以确定基线”，称为“混合基线法”。我国政府在1958年的《中华人民共和国关于领海的声明》中指出：“中国大陆及其沿海岛屿的领海以连接大陆岸上和沿海岸外缘岛屿上各基点之间的各直线为基线。”1992年颁发的《中华人民共和国领海及毗连区法》明确规定：“中华人民共和国领海基线采用直线基线法划定，由各相邻基点之间的直线连线组成。”根据此法，中华人民共和国政府于1996年5月15日发表声明，宣布了我国领海的部分基线和西沙群岛的领海基线。

2. 内　水

国家内陆和领海基线向陆一侧的水域，统称为内水。内水构成沿海国领水的一部分，沿海国在这一海域内享有排他性的主权。其中，海湾根据湾口宽度以及海湾与沿海国的关系，可分为三种：沿岸属于一国领土的海湾；沿岸属于两个或两个以上国家领土的海湾；历史性海湾。对于沿岸属于一国领土的海湾，该国可在一定条件下将其划入本国的内水范围，实行完全排他的主权。《公约》规定："(1) 如果海湾天然入口两端的低潮标之间的距离不超过 24 海里，则可在这两个低潮标之间划出一条封口线，该线所包围的水域应视为内水；(2) 海湾天然入口两端低潮标之间的距离超过 24 海里，则 24 海里的直线应划在海湾内，基线以内的水域才是内水。"历史性海湾是指沿岸属于一国，其湾口虽然超过领海宽度的两倍，但历史上一向被承认是沿海国内海湾的海湾，如我国的渤海湾。历史性海湾完全处于沿岸国排他性主权的管辖下。

3. 领　海

濒海国陆地领土及其内水以外邻接的一定宽度的海域，称为领海。其范围为领海基线至领海线之间的海域。国家主权及于领海的海床、底土及其上空。《公约》规定，"每一国家有权确定其领海宽度，直至从按照本公约确定的基线量起不超过 12 海里的界线为止。"目前，包括中国在内，世界上有 117 个国家实行 12 海里的领海宽度。领海是沿海国家领土的组成部分，受沿海国主权的管辖和支配。沿海国在领海享受有属地最高权，领海内的一切人和物均受沿海国管辖。沿海国有权制定和颁布有关领海的法律和规章。外国船舶可以在领海上无害通过，但外国飞机未经许可不得飞越他国领海的上空。沿海国的主权不仅及于领海，也及于领海的上空、海床和底土。

4. 毗连区

毗连区是指沿海国在毗连其领海以外一定范围内，为行使必要管制权而划定的区域。其外部界限从领海基线量起不得超过 24 海里。沿海国在毗连区内可对本国和外国公民及船只行使海关、缉私、卫生和移民等事项的管制权。

(二) 专属经济区、大陆架

1. 专属经济区

专属经济区是指主权国家在邻接其领海的外部海域设立的经济管辖区。其外部界线至领海基线不应超过 200 海里。专属经济区是国家自然资源区的组成部分，国家对之行使有关国际海洋法规定的经济主权权利和管辖权。专属经济区不构成国家领土的组成部分，但可对其他国家在专属经济区内的活动加以限制。

2. 大陆架

大陆架是指沿海国家的陆地在海水下面的自然延伸，并与大陆形成一个连续的完整的整体。《公约》规定："如陆地领土向海底延伸部分不足200海里时，可扩展到200海里；如延伸部分超过200海里，最大不应超过350海里，或不超过连接2500米深度各点的等深线100海里。"我国的海岸线漫长，大陆架极为广阔，属于大陆架超过200海里的18个国家之一。渤海、黄海海底全部为大陆架，东海有2/3的海底是大陆架，最宽处近400海里，南海大陆架占海底面积的一半以上，总面积约有150万平方千米。但是，除渤海大陆架外，我国大陆架都与邻国存在划界问题。中国政府多次郑重声明，根据大陆架是陆地领土自然延伸的基本原则，中国对东海大陆架拥有不可侵犯的权利。东海大陆架涉及其他国家的部分，应由中国和有关国家协商划分。位于南海上的东沙、西沙、中沙和南沙群岛领海，有150多个岛屿和礁、滩，自古以来就是中国的领土。南海诸岛大陆架与其他国家的划界问题，应由我国与有关国家依据《公约》和国际习惯，通过谈判协商公平合理划定。

1982年12月10日，我国作为首批签约国，在联合国海洋法公约上签字。1996年5月15日，我国第八届全国人民代表大会常务委员会第十九次会议批准实施。

我国是一个陆海兼备的濒海大国，理应既重视陆地又重视海洋，形成陆海并重的安全观和国防政策。但是，特殊的地理、历史和社会情况，使我国长期以来形成了重陆轻海的观念。我国陆地面积大，陆地资源丰富，气候条件良好，有足够的生存空间，在世界进入现代文明之前，中华民族完全可以依靠江河流域发展自给自足的农业文明。以小农生产方式为经济基础的中央集权的封建社会形成较早，体制和制度严密，政治和思想上统治力量强大，极大地限制和束缚了资本主义生产方式的发展，使我国缺乏向海洋谋求经济利益的社会动力。

在古代的中国，对中央王朝的主要威胁来自陆地，多数来自我国内部北方游牧民族的侵扰，历代中央王朝的主要防御方向是北方。长城就是这种防御政策的产物和历史象征，长城两侧是当时中央王朝与北方游牧民族交战的主战场，长城的走向标志我国中原农业文明和北方游牧文明的分界线。

直至近代中国屡遭西方列强从海上的大举入侵，才迫使中央政府开始重视和加强海上的防御。早在明代，我国就开始遭到倭寇从海上的入侵，但由于王朝的海军力量薄弱，一代抗倭名将戚继光只能采取以海战为辅，以陆战为主，待敌人上陆以后再加以歼击的御敌方略。清朝后期，为了对付列强从海上入侵，我国从国外购买了先进的铁甲战舰，组建了实力雄厚的北洋水师。但是，由于清王朝腐败和作战指导上的消极被动，甲午一战导致北洋水师全军覆灭。

新中国成立后，毛泽东提出建立强大海军的战略思想。进入20世纪60年代，中苏关系急剧恶化，力量对比强弱悬殊，我国被外敌入侵的危险性增大，只能采取诱敌深入的防御方针对付可能的侵略战争。在这种情况下，我国海军的任务只能是配合和保障以陆军为主的陆上防御，从而形成了一支近岸防御型海军力量。

海洋是强国富民的宝库，是联系世界各国的重要纽带。长期以来，中国人有很强的守土意识，海洋意识却一直非常淡薄。现代条件下，大海对于人类再也不是障碍。21世纪是海洋的世纪，各国现代高新科学技术和经济快速发展，对海洋开发利用的步伐将进一步加快。我们必须重视海洋，进一步强化海洋意识，维护我国海洋权益不受侵犯；我们必须经略海洋，充分发挥海洋在国家建设中的重要作用。

三、中国周边安全环境现状

中国的周边安全环境，既与中国面临的外部环境关联，也与中国内部的社会环境息息相关，还与世界及中国自身的军事发展形势紧密相连。当前，我国周边安全环境呈现出以和平发展为主流，同时暗藏“诸多不确定因素”的局面。

和平发展是当前我国周边安全环境的主流。邓小平同志在20世纪80年代就做出了“和平与发展是当今世界主题”的论断，时至今日，这个论断仍适用于我国周边安全环境。其表现主要包括：

(一) 我国与世界大国间关系逐步趋缓

中美关系是当今世界大国关系中最为重要的关系之一，经历了跌宕起伏的坎坷历程。当前，两国在维护世界和平与稳定、地区安全和防止核扩散、国际反恐等重大问题上存在的共同利益；在谋求经济利益、推动共同发展方面，达成了长期共识。中俄关系对中国安全的影响深远。“冷战”结束以后，中俄关系发展顺利。两国保持着良好的国家关系，两国领导人保持互访，1996年双方建立了“平等信任、面向21世纪的战略伙伴关系”；2001年7月，两国元首在莫斯科签署了具有历史意义的《中俄睦邻友好合作条约》。该条约以“永做好邻居、好朋友、好伙伴，永不为敌”的战略思想为核心，全面总结了20世纪中俄关系的历程，并对未来双边关系发展确定了指导原则。未来，两国关系必将更加稳固，合作领域还将更加宽广。中日关系是今天国际关系中的重要组成部分。中日复交后，两国关系发展基本平稳，双方都把发展长期稳定的友好关系作为各自的基本国策。中日两国的根本利益，决定中日关系必将使中日关系克服一切困难向前发展。中国与欧盟各国保持着良好的关系。

中国与欧盟领导人就建立中欧长期稳定的建设性伙伴关系达成共识。

(二) 睦邻友好关系不断发展

我国在坚持“和平共处五项原则”基础上与一切国家发展友好关系，特别注重发展与邻国的睦邻友好关系。20 世纪 90 年代以来，我国与所有邻国的关系均得到改善。

(三) 周边“热点”逐渐降温

我国周边的“热点”较多，如 20 世纪 50 年代初的朝鲜半岛问题，70 年代末的阿富汗、柬埔寨战争，90 年代的印巴冲突等。这些战争和冲突，不仅均发生在我国周边，也不同程度地威胁我国边界地区的安全。“冷战”结束后，这几个热点地区先后出现了不同程度的逐渐降温。

(四) 相对稳定的安全环境中存在着不安全因素

我国的安全环境存在着两重性。一方面，相对和平稳定的安全环境不断得到巩固和发展；另一方面，我国仍面临着一些不安全因素和潜在的威胁。这种威胁主要体现在以下几方面：一是西方军事强国对我国安全环境影响深远。在各大国与我国关系向前发展的同时，以美国为首的西方世界仍然有一股企图遏制中国的逆流，顽固地坚持“冷战”思维，不愿意正视我国政治、经济的发展以及在国际社会中的积极作用。散布所谓的“中国威胁论”，以“人权”为幌子，干预中国的内政，继续坚持对台军售，阻挠中国统一大业。二是周边热点地区仍有发生情况突变的可能。三是边界和海洋权益争端尚存。陆地边界问题的争议，尤以中印边界争议较为突出。关于海洋权益的争议则更为复杂。我国与朝鲜、韩国之间关于黄海、东海大陆架划分，与日本之间关于东海大陆架划分和钓鱼岛的归属问题，都存在着争议。中国的南海处于岛屿被侵占、海域被分割、资源被掠夺的严重局面。四是外国势力插手台湾问题影响我国统一大业。台湾问题本是我国的内政。由于外部势力插手，致使台湾问题复杂化。

四、钓鱼岛问题

钓鱼岛

钓鱼岛及其附属岛屿位于我国台湾省基隆市东北约 92 海里的东海海域，主要由钓鱼岛、黄尾屿、赤尾屿、南小岛和北小岛及一些礁石组成。钓鱼岛及其附属岛屿自古以来就是中国的神圣领土，有史为凭、有法为据。钓鱼岛等岛屿是中国人最早发现、命名和利用的，中国渔民历来在这些岛屿及其附近海域从事生产活动。早在明朝，钓鱼岛等岛屿就已经纳入中国海防管辖范围，是中国台湾的附属岛屿。钓鱼岛从来就不是什么“无主地”，中国是钓鱼岛等岛屿无可争辩的主人。

1895年，日本在甲午战争末期，趁清政府败局已定，非法窃取钓鱼岛及其附属岛屿。随后，日本强迫清政府签订不平等的《马关条约》，割让“台湾全岛及所有附属各岛屿”。第二次世界大战结束后，根据《开罗宣言》和《波茨坦公告》，中国收回日本侵占的台湾、澎湖列岛等领土，钓鱼岛及其附属岛屿在国际法上业已回归中国。历史不容翻案。

1951年，日本同美国等国家签订片面的“旧金山和约”，将琉球群岛（即现在的冲绳）交由美国管理。1953年，美国琉球人民政府擅自扩大管辖范围，将中国领土钓鱼岛及其附属岛屿裹挟其中。

1971年，日、美两国在“归还冲绳协定”中又擅自把钓鱼岛等岛屿列入“归还区域”。中国政府对日、美这种私相授受中国领土的做法从一开始就坚决反对，不予承认。日本政府所谓钓鱼岛是日本的固有领土，日中之间不存在需要解决的领土争端，完全是罔顾史实和法理，是完全站不住脚的。

近年来，日本政府在钓鱼岛问题上不断挑起事端，特别是2012年以来姑息纵容右翼势力掀起“购岛”风波。2012年9月11日，日本政府不顾中方一再严正交涉，宣布“购买”钓鱼岛及其附属的南小岛和北小岛，实施所谓“国有化”。中国政府和人民对此表示坚决反对和强烈抗议。中国政府公布了钓鱼岛及其附属岛屿领海基线，并向联合国秘书长交存钓鱼岛及其附属岛屿领海基点基线坐标表和海图。9月15日，我国公布钓鱼岛及其附属岛屿地理坐标。9月25日，中华人民共和国国务院新闻办公室发表《钓鱼岛是中国的固有领土》白皮书指出，钓鱼岛及其附属岛屿是中国领土不可分割的一部分。无论从历史、地理还是法理的角度来看，钓鱼岛都是中国的固有领土，中国对其拥有无可争辩的主权。

2012年9月14日，中国海监27船抵达钓鱼岛海域。当日6时许，由中国海监50、15、26、27船和中国海监51、66船组成的2个维权巡航编队，抵达钓鱼岛及其附属岛屿海域，对钓鱼岛及其附属岛屿附近海域进行维权巡航执法。这是我国政府宣布《中华人民共和国政府关于钓鱼岛及其附属岛屿领海基线的声明》后，中国海监首次在钓鱼岛及其附属岛屿海域开展的维权巡航执法，通过维权巡航执法行动，体现我国政府对钓鱼岛及其附属岛屿的管辖，维护我国的海洋权益。

五、南海争端问题

南沙录像

一段时间以来，随着国际能源危机的加剧，南海周边国家在“南海主权”问题上动作频频，加上一些别有用心大国的搅局，使得南海形势变得更加波谲云诡。

中国人最早发现并开发了南海岛屿礁滩，从历史与法理的双重角度看，中国对南海诸岛及其附近海域都拥有无可争辩的主权。远在秦汉时代，中国先民在南海就已经有了航海通商和渔业生产活动。南海诸岛在唐代已列入中国版图。明代也将南海纳入行政管辖。二战中日本侵占南海诸岛，战后中国政府收回，并将其归入广东省管辖。无论是“中华民国”、中华人民共和国对于南海诸岛行使主权的表述与行动，还是国际社会的普遍接受情况，中国对于南海以及所属岛礁都拥有无可争议的主权权益。进入 20 世纪以来，世界主要国家出版的近 200 种地图集和权威百科全书，无不明确标明或承认，南沙群岛及其附近海域在中国南海的传统海疆之内。直到现在，很多岛屿的名字都印证了那段历史。

从地理上看，南海是一个半封闭海，北濒中国大陆和台湾，东临菲律宾群岛，南以连接西南婆罗洲到苏门答腊的一条线为界，西南是由马来西亚、马泰边界再到越南南端和越南南部沿岸，总面积约 350 万平方公里。南海岛屿大都狭小，其中最大者为东沙岛，面积约 12 平方公里。西沙最大的永兴岛约 1.85 平方公里，而南沙最大的太平岛，也仅 0.4 平方公里。

中国 1958 年的《领海声明》、1992 年的《领海及毗连区法》及有关“中国对南海诸岛及附近海域拥有无可争辩主权”的外交声明为南海诸岛的归属提供了法律依据。此外，中国作为 1982 年《联合国海洋法公约》缔约国，享有九段线内沿陆地领海基线及符合条件的岛屿领海基线向外 200 海里的专属经济区，以及最大不超过 350 海里大陆架的主权权利及专属管辖权。

所谓九段线是我国在南海海域国界线的一种叫法。1947 年，当时的中国政府在其编绘出版的《南海诸岛位置图》中，标绘了一条由 11 段断续线组成的未定国界线。新中国成立后，经政府有关部门审定出版的地图在同一位置上也标绘了这样一条线，而只是将 11 段断续线改为 9 段断续线。这一条线通常被称为传统疆界线。

事实上，早在 1968 年联合国有关资源机构发表南海拥有丰富石油资源的报告之前，南海的形势可以说非常平静，有关国家也承认南海主权属于中国。但在这一报告发布后，南海周边国家纷纷提出对南海岛屿的主权要求，并采取行动占领岛屿，才发生了与中国的领土争端。很显然，南海争端的发生缘于对资源的争夺。

南海诸岛，特别是南沙群岛之所以引起周边国家的垂涎，当然是由于它们在经济和战略方面的重要性。在经济方面，南海各岛有一种天然资源——堆积如山的鸟粪，颇值得开发。据估计，仅太平岛一处就蕴藏着10万吨以上的鸟粪、磷矿，它们是十分宝贵的天然优质肥料。此外，南海海域的渔业资源也极为丰富。南海的海水温差大，因此热带和冷水性鱼类都能在这片海域生存。南海海底蕴藏着大量的油气资源，主要分布在24个沉积盆地，总面积约72万平方公里。石油地质储量在230亿至300亿吨之间，而且含硫量少，品质优良。更引人注目的是，科考人员在中国南海北部圈定了11个“可燃冰”矿体，预测储量约为194亿立方米。专家称“可燃冰”是石油、天然气的最佳替代能源。在巨大利益的驱使下，一些南海周边国家，已经不顾南海主权历史上一直属于中国的事实，以占领就是拥有的野蛮逻辑，侵占南海岛屿。

从战略上分析，南海地处太平洋和印度洋之间，其战略地位十分重要，素有“亚洲的地中海”之称。南海处于越南金兰湾和菲律宾苏比克湾两大海军基地之间，为太平洋和印度洋之间的海上交通要道，是东亚通往南亚、中东、非洲、欧洲必经的重要国际航道。在我国通往国外的39条航线中，有21条通过南海，60%的外贸运输从南海经过。

美国在全球控制的16个海上交通“咽喉点”中，有三个都在南海附近。作为世界上通航量第二大的海上航道，南海是东盟各国、欧洲各国、美、日、俄、澳等主要经济体的海上航运生命线。经过这一海域的国际贸易量占全球贸易量的80%左右；日本、韩国90%的石油进口要经过南海运输；南海地区出产的液化天然气75%运往日本；美国从亚太地区进口的各种重要原料，九成左右要走南海航线。显而易见，拥有南海诸岛，可有效控制这一重要水域和国际航线。

为了制衡中国，部分国家采取了拉住域外大国对抗中国的做法。当前的南海已俨然成为大国全球利益的前沿阵地。从当年的EP-3侦察机在南海上空对中国的情报侦察，到如今海上侦察船的魅影频现，南海已经成为不少国家对华侦察和制约的前沿。

南海重要的战略地位，加上周边国家刻意以极为优厚的合作条件把众多区外大国拉入南海油气开采项目，让它们在南海拥有较重的利益，区外国家对南海问题的介入程度越来越深，南海问题的国际化倾向和国际关注度都日益增大。

近年来，东盟国家将南海问题国际化的主张，更迎合了西方国家尤其是美国遏制中国的心理。美国官员多次公开声称，中国对南海的主权要求是“南沙争端的根源”，美国不能允许中国在南海地区取得“战略支配地位”，美国应与东盟国家一起“共同对中国施加压力”，以谈判解决南海问题。

事实上，美国在1995年以前对南海的基本政策是“中立”和“不介入”，表示“即使南沙发生冲突也无义务直接卷入战争”，提醒有关国家不要轻举妄动。《联合国海洋公约》生效后，美国对南海的政策开始由“不介入”转向“介入但不陷入”。除美国外，俄罗斯也在南海有所动作。无论是俄对越军售还是俄试图重返金兰湾军事基地，都显示出俄罗斯不愿放弃在该地区的重要利益。日本出于对自身未来安全环境的预测，认为只有保持“群雄割据”，南海的区域安全才可能不被中国一家控制，日本的海上生命线才不会握在中国的手里。对南海，甚至连印度也表示“从阿拉伯海的北面到南海都是印度的利益范围”。近年来，印度提出的“东进太平洋战略”，就是试图扩大在南海的发言权。

“和平崛起”不应、也不会成为对中国维护国家海洋权益的束缚，周边国家更不要做出中国“和平崛起”就是蚕食中国权益良机的战略误判。

海洋水域的争端主要是指因专属经济区或大陆架划界而产生的争端。所谓“南海问题”，是指南海周边的“六国七方”，即中国大陆和中国台湾、越南、马来西亚、印度尼西亚、文莱和菲律宾，在南海岛礁归属和海域划分上存在分歧和争端。

从20世纪70年代开始，越南等国对南沙群岛提出主权要求，并以军事手段占领了南沙群岛部分岛礁。到目前为止，越南占领了南沙29个岛礁，基本上控制了南沙西部海域。菲律宾人把南沙群岛比做“抵在菲律宾腰间的一把匕首”。目前，菲律宾侵占了中国南沙群岛的10个岛礁。其中，第二大岛中业岛已被菲律宾设为南沙群岛的指挥中心。

此外，马来西亚还占领了3个岛礁，在所占岛礁上有驻军和简易的飞机跑道。“六国七方”中，文莱虽未派兵进占，但对南沙油气资源的掠夺不甘人后。目前已开采油田9个，气田5个。印度尼西亚则宣布对8万多平方公里的中国传统海疆享有“主权”。而我国目前实际控制岛礁仅9个，其中大陆8个，台湾1个。

基于睦邻友好的和平政策，中国确定了以和平方式解决南海争议的选项。但是，这并不意味着中国没有使用武力收回被占岛礁的权力。当前，中国走和平崛起的道路，其主观诉求在于避免走历史上崛起的大国搞军事扩张导致全球性战争的老路，但这种理性选择并不意味着中国惧怕外部试图强加给中国的冲突。

长期以来，从和平发展的世界大局出发，从亚太地区稳定与繁荣的地区利益出发，中国一直坚持“主权属我、搁置争议、共同开发”的原则，对目前多数岛礁被相关国家占领、油气资源被掠夺的现状保持了高度的克制，并探索用双边协商的办法逐步解决岛礁和海洋划界争议，这是此前南海局势保持相对稳定的根基所在。”但是，近两年来，越南、菲律宾等国一再将中国的理性、大度、忍让视为坚持和平崛起的中国的无奈选择，不断冲击中国的利益底线。南海问题由来已久，非一朝一夕就能解决，确实需要各方以合作的姿态、通过沟通和协商妥善处理。只有相关各方真正致力于维护南海地区和平与稳定，才能把南海建成真正意义上的和平之海。

六、中国的安全政策

20世纪80年代末90年代初，面对复杂的国际及周边环境，中国就制定了以“稳定周边”为主要内容的对外方针，为营造稳定的周边环境创造了条件。进入21世纪之后，中国的周边政策更为全面和成熟，明确指出“我国将继续加强睦邻友好，坚持与邻为善、以邻为伴，加强区域合作，把同周边国家的交流和合作推向新水平。”面向未来，中国将与周边国家一道，共同推动建立公正、合理的国际及周边政治、经济、安全新秩序。

（一）强化新战略安全观

国家安全其往往体现国家大战略的总体思想。当前，我国树立并遵循“综合安全观”这一新战略安全观。认为国际安全问题除了以主权概念为核心的政治安全和军事安全之外，还有经济安全、环境安全、文化安全、社会安全等一系列新的安全问题。我国的新战略安全观主要包括：以国家为安全主体，突出主权安全；以和平共处五项原则为政治基础；以相互安全为理论前提；以综合安全为安全维护的内容；以合作安全为实现安全的途径；以“共同安全”和“普遍安全”为目标；以“互信、互利、平等、协作”为新安全观的核心。

（二）从周边入手，着力改善安全环境

“近者悦，远者来”“四邻安，国乃兴”“亲仁善邻，国之宝也”等是我国传统的立国方略。历史上我国与一些周边国家曾有过宗藩关系，反对大国沙文主义是我国政府的一贯方针。营造稳定的周边环境是我国发展经济的必要前提，也是进一步发展与全球性大国合作关系的基础。同时也有助于我国立足亚太、成为亚太地缘政治区域中心。

(三) 大力发展新型大国关系

纵观世界战略形势的演变，我国要实现自己的安全战略目标，很大程度上取决于国际战略平衡。在中苏美大三角格局中，我国利用“战略平衡”赢得了有利的战略地位。“冷战”结束后，面对新的安全环境我国则必须最大限度地推动国际战略平衡，广交天下朋友，扩大自己的安全空间。面对“冷战”后国际体系复杂化的挑战，在发展大国关系上，我们要坚持不对抗、不结盟、不针对第三国的原则定位；坚持多重角色并举、灵活多变、变不离宗的角色定位；坚持包容整体利益的“双赢”策略定位。

(四) 重塑国家安全体制和区域合作机制

国家安全体制和机制的建立是保证国家安全的必要条件，它也随着全球化的发展不断发展。所以，我国把践行新安全观的重点放在积极推进安全体制的重塑和建设上，通过重塑国家安全体制和区域合作机制固化新安全观所取得的成果。一要深化“上海合作组织”的机制化建设；二要积极推动东盟地区论坛的机制化进程。

(五) 独立自主和平推进多极格局

独立自主、和平外交是中国外交的首要方针，也是我国对外开放的重要保证。在多极化格局中，有多个独立的权力中心，这些权力中心没有一个强大到可以统治别的国家，在一定程度上限制了某些大国的一意孤行，推动多极制衡战略有利于我国开拓外交活动空间，拓宽战略回旋余地，有利于合纵连横，制止霸权，有利于地区稳定和世界和平。

第五节　台湾问题与祖国统一

国防教育警句

欲国家富强，不可置海洋于不顾，财富取之于海，危险亦来自海上。

台湾是中国领土不可分割的一部分。台湾问题是中国的内政，解决台湾问题、实现祖国完全统一，是全体中华儿女的共同心愿。实现祖国统一，是我们在21世纪的重要历史任务。

一、台湾的地理和历史

（一）台湾地理

台湾是中国的第一大岛，位于祖国东南沿海的大陆架上，东临太平洋，东北邻琉球群岛；南接巴士海峡，与菲律宾相隔约 300 千米；西隔台湾海峡与福建相望，最窄处为 130 千米。台湾海峡呈东北—西南走向，北通东海，南接南海，长约 394 千米，宽约 140 千米，是中国海上交通要道，也是国际海上交通要道。

台湾由台湾本岛及兰屿、绿岛、钓鱼岛等 21 个附属岛屿以及澎湖列岛 64 个岛屿组成，其中台湾本岛面积为 3.59 万平方千米。目前所称的台湾地区还包括台湾当局控制的福建省的金门、马祖等岛屿，总面积约为 3.6 万平方千米。

台湾岛多山，高山和丘陵面积占全部面积的 2/3 以上。台湾山系与台湾岛的东北—西南走向平行，竖卧于台湾岛中部偏东位置，形成本岛东部多山脉、中部多丘陵、西部多平原的地形特征。台湾岛有五大山脉、四大平原、三大盆地，分别是中央山脉、雪山山脉、玉山山脉、阿里山山脉和台东山脉，宜兰平原、嘉南平原、屏东平原和台东纵谷平原，台北盆地、台中盆地和埔里盆地。台湾岛位于环太平洋火山地震带上，地壳不稳，是一个多震的地区。

台湾气候冬季温暖，夏季炎热，雨量充沛。北回归线穿过台湾岛中部，北部为亚热带气候，南部属热带气候。年平均气温(高山除外)为 22 摄氏度，年降水量多在 2000 毫米以上。充沛的雨量给岛上的河流发育创造了良好的条件，独流入海的大小河川多达 608 条，且水势湍急，多瀑布，水力资源极为丰富，其中长度超过 100 千米以上的河流有浊水溪（186.4 千米）、高屏溪（170.9 千米）、淡水河（158.7 千米）、大甲溪（140.3 千米）、曾文溪（138.5 千米）、马溪（116.8 千米）。

台湾森林面积约占全境面积的 52%。台北的太平山、台中的八仙山和嘉义的阿里山是著名的三大林区，木材储量多达 3.26 亿立方米，树木种类近 4000 种，其中尤以台湾杉、红桧、樟、楠等名贵木材闻名于世，樟树提取物更居世界之冠，樟脑和樟油产量约占世界总量的 70%。

台湾四面环海，海岸线长达 1600 千米。本岛海岸线长达 1250 千米，除北部海岸较为曲折外，大部分单调平直。东部为断层基岩海岸，南部分布有珊瑚礁生物海岸，西部则为平坦的平原海岸。

（二）台湾历史

台湾自古以来就是中国领土的一部分。台湾早期居民多数来自中国内地。台湾有文字记载的历史可以上溯到公元197年的汉代。据《汉书·地理志》记载，“会稽海外有夷洲”，夷洲即台湾。公元230年，三国吴王孙权派大将军卫温、诸葛直率1万多名士兵“浮海求夷洲”。后来，吴国庙阳太守沈莹写过一本《临海水土异物志》，这是世界上最早记述台湾的文字。

图2-2　郑成功收复台湾（画）

早在12世纪中叶，宋朝政府就已派兵驻守澎湖，将澎湖地区划归福建泉州晋江县管辖。元朝政府在澎湖设置行政管理机构“巡检司”。明朝政府于16世纪中后期恢复了一度废止的“巡检司”，并为御外敌侵犯，增兵澎湖。1662年，郑成功收复台湾(图2-2)，建立郑氏政权，设一府二县，另设安抚司于澎湖。1683年，台湾郑氏政权归顺清政府，清朝政府在台湾逐步扩增行政机构，加强了对台湾的管理。1885年，清政府正式划台湾为单一行省，任刘铭传为首任巡抚，行政区扩为三府一州，领11县5厅。

在漫长的历史中，海峡两岸中国人为反对外国侵占台湾进行了长期不懈的斗争。15世纪明朝年间，日本倭寇屡屡进犯台湾。1624年，荷兰殖民者侵占台湾南部。1626年，西班牙殖民者入侵台湾北部。1642年，荷兰又取代西班牙占领台湾北部。1661年，郑成功进军台湾，于次年驱逐了盘踞台湾的荷兰殖民者。1894年，日本发动侵略中国的“甲午战争”。第二年，清政府战败并在日本胁迫下签订了丧权辱国的《马关条约》，割让台湾。1945年8月15日，日本宣布无条件投降，台湾及澎湖列岛正式重入中国版图。

二、实现祖国统一是21世纪的重要历史使命

新中国成立初期，中国政府曾经考虑用武力解放台湾，后来根据国际形势的变化，将解决台湾问题的着眼点放在了争取用和平的方式上。但由于外国势力的干预，

这些主张未能付诸实践。自20世纪70年代末开始，鉴于国际和国内形势的变化，中国政府对解决台湾问题的方法进行了调整：海峡两岸的中国人、港澳同胞以及海外侨胞、华人携手合作，共同振兴中华；提出了"和平统一、一国两制"的方针；1979年1月1日，发表《告台湾同胞书》，郑重宣告"尊重台湾现状和台湾各界人士的意见，采取合情合理的政策和办法"；1981年9月30日，全国人民代表大会常务委员会委员长叶剑英发表谈话，进一步阐明解决台湾问题的方针政策，表示"国家实现统一后，台湾可作为特别行政区，享有高度的自治权"，并建议由两岸执政的国共两党举行对等谈判。1982年1月11日，邓小平就叶剑英的上述谈话指出：这实际上就是"一个国家、两种制度"，在国家实现统一的大前提下，国家主体实行社会主义制度，台湾实行资本主义制度。1983年6月26日，邓小平进一步发挥了关于实现台湾与内地和平统一的构想，指出问题的核心是祖国统一，他还就两岸统一和设置台湾特别行政区问题，阐明了中国政府的政策。

1995年1月，江泽民同志发表了题为《为促进祖国统一大业的完成而继续奋斗》的重要讲话，提出了关于现阶段发展两岸关系、推进祖国和平统一进程的八项主张。八项主张对推动两岸关系的发展发挥了重要作用，获得了海内外全体中华儿女的衷心拥护。

2005年3月，胡锦涛同志就新形势下发展两岸关系提出了四点意见，体现了内地和平解决台湾问题的善意和诚意，有力地推动了两岸关系的发展。

和平统一是中国政府既定的方针。然而，每一个主权国家都有权采取自己认为必要的一切手段，包括军事手段，来维护本国主权和领土的完整。中国政府在采取何种方式处理本国内部事务的问题上，并无义务对任何外国或图谋分裂中国者做出承诺。

党的"十七大"报告指出："解决台湾问题、实现祖国完全统一，是全体中华儿女的共同心愿。我们将遵循'和平统一、一国两制'的方针和现阶段发展两岸关系、推进祖国和平统一进程的八项主张，坚持一个中国原则决不动摇，争取和平统一的努力决不放弃，贯彻寄希望于台湾人民的方针决不改变，反对'台独'分裂活动决不妥协，牢牢把握两岸关系和平发展的主题，真诚为两岸同胞谋福祉、为台海地区谋和平，维护国家主权和领土完整，维护中华民族根本利益。……两岸同胞要共同反对和遏制'台独'分裂活动。中国主权和领土完整不容分割。任何涉及中国主权和领土完整的问题，必须由包括台湾同胞在内的全中国人民共同决定。我们愿以最大诚意、尽最大努力实现两岸和平统一，绝不允许任何人以任何名义任何方式把台湾从祖国分割出去。"

尽最大努力实现和平统一，但决不承诺放弃使用武力，这是解决台湾问题的政策主张的重要组成部分。一方面，这是涉及国家主权的问题。用什么方式解决台湾问题完全是中国的内政，中国政府有权决定采用自己认为必要的一切手段，包括军事手段，而并无义务对台湾分裂势力和国际反华势力做出不使用武力的承诺，任何国家无权干涉纯属中国内政的台湾问题。另一方面，这是解决台湾问题的战略考虑。因此，我们不能把自己的手脚捆起来。如果我们把自己的手脚捆起来，反而会妨碍和平解决台湾问题这个良好愿望的实现。邓小平强调指出：“我们要记住这一点，我们的下一代要记住这一点，这是一种战略考虑。”

台湾问题不能也不会无限期拖延下去。我们党和政府完全有能力而且必然要解决台湾问题，没有任何力量能够阻止中国实现国家的完全统一和中华民族的全面复兴，台湾问题终将得到解决，祖国统一大业一定能够实现。

●思考题

1. 什么是战略环境？
2. 当前国际战略格局的主要特点是什么？
3. 世界主要国家军事战略的内容是什么？
4. 中国周边安全环境的特点是什么？
5. 中国政府对解决台湾问题的方针政策是什么？

第三章　军事思想

网站链接

◎全民国防教育网

◎国防大学防务学院网——中国军事文化

教学目标

了解军事思想的形成与发展过程，熟悉我国军事思想的主要内容及其地位和作用，学习伟人的思想、品格和风范，树立正确的世界观和方法论，坚定立场和信念。

第一节　军事思想概述

国防教育警句

学习军事知识，掌握卫国本领！

军事思想是关于战争和国防基本问题的理性认识，是人们长期从事军事实践的经验总结和理论概括。军事思想按照时代划分，可分为古代、近代和现代军事思想；按照社会发展阶段和阶级性质划分，可分为奴隶主阶级军事思想、封建地主阶级军事思想、资产阶级军事思想和无产阶级军事思想；按照地域和国家划分，可分为外国军事思想和中国军事思想等。

一、发展概况

人类对战争和军队问题的认识，有一个历史发展的过程。从时代角度讲，可划分为古代、近代、现代三个发展阶段。

(一) 古代军事思想

古代军事思想的产生、发展主要集中在中国和地中海一带沿海国家，内容包括奴隶社会和封建社会两个时期的军事思想。

图 3–1　《中国兵书集成》

中国古代军事思想最早出现在公元前 21 世纪至公元前 8 世纪的奴隶社会时期。当时已有军队和战争，军事思想开始萌芽，并逐渐成为专门学科。专门研究军事的著作有《军政》、《军志》等。约在公元前 8 世纪至公元前 3 世纪的社会大变革时期，中国古代军事思想取得了辉煌成就，涌现出许多杰出军事家及其军事著作，如闻名中外的孙武所著《孙子兵法》等。中国进入封建社会后，由于铁兵器的广泛推广，火药的逐步应用，步、骑、车和水军诸兵种的发展变革，不同性质战争的交织进行，客观上促进了军事思想的丰富和发展。

外国古代军事思想与中国古代军事思想相比，起步较晚，认识不够全面、深刻，其成果主要散见于当时的一些历史和文学著作中，缺乏系统论述。公元前 8 世纪至公元前 5 世纪，是西方古代的奴隶社会时期。在这个时期，古希腊、古罗马等奴隶制国家为了扩张领土、建立霸权、掠夺奴隶和财物，频繁发动战争。在长期的战争实践中，涌现出许多著名的将领和统帅，产生了古希腊和古罗马的军事思想。

(二) 近代军事思想

从 1640 年英国资产阶级革命至俄国十月革命，为世界近代史。此时西方走向资本主义，并向帝国主义发展，近代中国则处在半封建半殖民地社会，中国的军事变革是在外敌入侵的情况下被迫进行的，缺乏主动性，认识不够深刻，军事思想远远落后于西方。外国军事思想一改中世纪时期低迷不前的状况，取得了长足的发展和进步。

外国近代军事思想可划分为两大体系，即资产阶级军事思想和无产阶级军事思想。

1. 资产阶级军事思想

资产阶级军事思想形成于 17 世纪中叶至 19 世纪中叶，代表人物及著作很多，主要有：俄国苏沃洛夫的《制胜的科学》，瑞士若米尼的《战争艺术概论》《战略学原理》，普鲁士克劳塞维茨的《战争论》，比洛的《新战术》《最新战法要旨》，法国吉贝特的《战术通论》，美国马汉的《海权对历史的影响》《海军战略》等。其中，克劳塞维茨的《战争论》是外国近代军事思想的杰出代表。

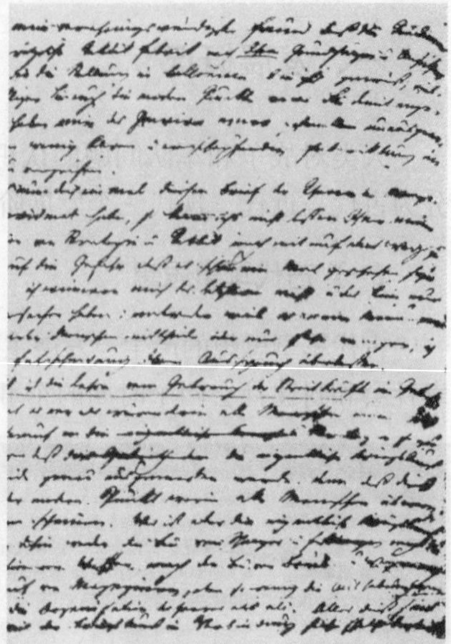

图 3–2　克劳塞维茨的《战争论》手迹

著名军事家，如拿破仑、库图佐夫等，虽然没有给后人留下著作，但其丰富的军事实践也蕴藏着崭新的军事思想。这一时期的军事思想主要表现在：反对战争认识问题上的不可知论，提出军事科学的概念；军事科学包括战略与战术两个重要组成部分；主张探讨战争的本质、规律，研究军队、装备、地理、政治和士气等因素在战争中的作用；重视对战史的研究，认为战争无非是政治通过另一手段的继续，是迫使敌人服从己方意志的一种暴力行为，具有概然性和偶然性，是政治的工具；认识到民众武装在战争中的重要

军事百科

中国国家安全委员会

中国国家安全委员会，俗称"国安委"，全称为"中华人民共和国国家安全委员会"。中国国家安全委员会作为中共中央关于国家安全工作的决策和议事协调机构，向中央政治局、中央政治局常务委员会负责，统筹协调涉及国家安全的重大事项和重要工作。

国家安全委员会的设立有利于提高国家在面临各种安全危机和挑战时的应变能力，也代表着我国在捍卫国家安全和国家利益方面的决心和意志。设立国家安全委员会是维护外部安全的重要内容。国家安全委员会既有对内职能，也有对外职能，与国家的外部安全休戚相关。具有统筹国内和国际两个大局、整合对内对外事务的内外兼顾特点。

作用，但民众武装不是万能的，使用要有条件；重视建立一支反映资产阶级利益的部队；重视和平时期军队建设和战争准备，以随时应对战争；认识到新发明对于军队的组织、武器装备和战术的影响，装备的变化必然引起战术的变化；认识到作战中士气的作用，因而把思想教育训练放在重要位置；认为海权是推动国家以至历史发展的决定因素，控制了海洋就控制了整个世界；树立歼灭战思想，军事行动的目的是在不设防的野战中消灭敌人的军队，而不是占领敌人的领土和要塞；与歼灭战相适应，大多数军事家都强调进攻，认为只有进攻才能消灭敌人；防御不能是单纯的防御，而是由巧妙的打击组成的盾牌；要在主要方向和重要时刻集中兵力，快速机动是集中兵力的重要途径；认为作战应确立打击重心、保持预备队等。

图 3-3　马克思、恩格斯军事文集

2. 无产阶级军事思想

无产阶级军事思想的主要代表是马克思、恩格斯和列宁。马克思、恩格斯所处的时代是自由资本主义高度发展并开始走向反动、无产阶级登上历史舞台的时代，列宁生活于帝国主义和无产阶级革命的时代。他们坚持唯物论，以唯物辩证法研究军事，吸收资产阶级军事思想的有益成分，因而能对战争一系列重大问题有深刻认识。其军事思想主要内容包括：认为战争和军事是一个历史范畴，随着私有制和阶级的产生而产生、消亡而消亡；战争是政治通过另一种手段的继续，要反对非正义战争，拥护正义战争；在帝国主义阶段，帝国主义是战争根源；无产阶级必须用暴力推翻资产阶级建立自己的统治；应组织城市工人武装起义为中心，先占领城市，夺取国家政权；无产阶级夺取政权、巩固政权都必须要有自己的新型的军队；无产阶级代表人民利益，有能力、有条件把人民武装起来实行人民战争，并强调军队与人民群众相结合；认识到科学技术的进步必然引起战略战术的变革；战争的奥妙在于集中兵力，主张积极防御、主动进攻，慎重决战，灵活机动。

(三) 现代军事思想

俄国十月革命及第一次世界大战以后，世界进入现代史阶段。这个时期，科学技术突飞猛进，武器装备发生巨大变化，巨炮、雷达、坦克、飞机、航空母舰、远程导弹、精确制导武器层出不穷，热兵器能量的运用从火药转为炸药，进而是原子释放，武器破坏力大大增加，作战效能成倍增长，对战争的进程乃至结局影响越来越大。因此，不但社会、政治、经济等各种因素对军事理论的研究有倾向性的影响，军事理论往往侧重对先进主战武器的探讨。

军事百科

战略思想

战略思想，是关于战争全局指导方面的基本观点。是国家或政治集团的政治主张和斗争策略在军事方面的体现，是制定战争政策、战略方针、作战原则的思想依据。战略思想的确立或改变，取决于敌我双方军事、政治、经济、科学技术、地理等条件的现状和发展。

1. “空中战争”理论，又称“空军制胜论”

意大利的杜黑、美国的米切尔、英国的特伦查德被认为是这一理论的先驱，特别是杜黑在其著作《制空权》中对这一理论叙述较为细致，主要观点有：由于飞机的广泛应用，将出现空中战争，空中战争的胜负决定战争结局，为此要建立与海军、陆军并列的独立空军。夺得制空权是赢得战争的必要条件，空军的首要任务是夺取制空权。空中战争是进攻性的，空军的核心是轰炸机部队，要对敌国纵深政治、经济、军事目标实施战略轰炸，迫使其屈服。

2. “机械化战争”理论，又称“坦克制胜论”

英国的富勒、奥地利的艾曼斯贝格尔、法国的戴高乐、德国的古德里安、英国的利德尔·哈特是这一理论的倡导者，主要内容是：装甲坦克是战争的决定性力量，是陆军的主体；大量集中使用坦克和航空兵，实施突然有力的突击，可以迅速突破对方主要集团的防线，深入敌纵深，摧毁一个战备不足的国家；主张军队改革，建立少而精的机械化部队；机械化包括补给和战斗机械化。

3. “总体战”理论

德国的鲁登道夫在其著作《总体战》中提出的理论，其主要观点是：现代战争是总体战，它既针对军队，也针对平民，战争具有全民性，强调民族的团结在战争中的重要性；主张实行国民经济军事化；要建设好一支平时就准备好的军队；重视统帅在总体战中的作用；战争的突然性意义重大，力求闪击对方。

4. “核武器制胜”理论

第二次世界大战后至1991年苏联解体的“冷战”时期，霸权主义成为局部战争的根源，高技术在作战中逐步运用，世界处在核阴影之中，美苏两霸动辄进行核恫吓。此时，军事理论研究往往围绕核武器及高技术展开，从美苏两国军事思想可以清楚看到这一点。如美国，就以核实力确定军事战略，在杜鲁门时期，美核力量处于绝对优势，提出遏制战略，对苏及其他社会主义国家实施核讹诈；朝鲜战争后，为以最小的军事代价取得最大的威慑力量，采取大规模报复战略；在苏联打破核垄断及越南战争后，又分别推行灵活反应、现实威慑、新灵活反应等战略。在处于核优势时期，美认为自己能打赢全面核战争，则主张削减常规力量，重点发展核武器和战略空军；而在苏打破其核优势、局部战争不断发生时，美在确保核威慑的前提下，不断发展常规力量。认为核战争会造成灾难性后果，核时代的战争必然是有限战争。

中国自五四运动至今，经历了半殖民地半封建、社会主义初级阶段。中国共产党在长期的革命战争和国防建设实践中，吸收古今中外军事思想的有益精华，逐渐形成了中国现代军事思想，主要包括毛泽东军事思想、邓小平军队建设思想、江泽民国防和军队建设思想、胡锦涛国防和军队建设思想。

二、指导作用

（一）军事思想是军事实践的指南

军事思想是军事实践的能动反映、理论概括，揭示了军事领域的一般规律，所以能对军事实践起指导作用。军事思想对军事领域的规律反映得愈深刻、愈正确，对军事实践的指导作用就愈大。在战争史上，每每取得胜利的战争，往往都有正确的军事思想作指导。毛泽东军事思想，就指导中国人民以弱胜强，逐步壮大，取得了革命战争的伟大胜利。没有正确的军事思想作指导，即使具备取得战争胜利的基础条件，也不能取得战争的胜利。战争实践证明，在客观物质条件许可的范围内，军事思想正确与否决定着战争的胜负。

> **军事百科**
>
> **“核司令”张蕴钰：妙诗记录中国“三弹”首次试验**
>
> 首次核试验情景：“光巨明，声巨隆，无垠戈壁腾立龙，飞笑触山崩。”首次导弹核试验情景：“东来火箭裂长空，万籁不敌核弹鸣，洛水巫山神女态，红橙黄紫卧西风。”首次氢弹试验情景：“蘑菇云高高又重，大地伸显一爪龙，青天拾得霹雳手，狂徒挑昏八面风。”

（二）军事思想是研究具体军事学科的理论基础

军事思想研究战争与军事领域的一般规律，而具体军事学科研究的则是各自领域的特殊规律。如果只研究各自领域的特殊规律，而不懂得战争与军事领域的一般规律，就难以从总体上把握战争，也就不能真正认识和把握具体军事学科所研究的各自领域的特殊规律。因此，军事思想对具体军事学科的研究提供方法论。譬如，军事思想关于保存自己、消灭敌人的论述，深刻地揭示了两军相争的战争目的和战争本质，它是一切战争行动的根据，从技术行动到战略行动，一切技术的、战术的、战役的、战略的原理原则，都要贯彻这个战争的军事目的和军事本质。它普及于战争的全体，贯彻于战争的始终。它对军队和国防建设、战争指导及其战略战术，都具有普遍的指导作用。

（三）军事思想对其他社会实践有着重要的借鉴意义

先进的科学的军事思想贯穿着唯物论和辩证法。学习和研究军事思想，不仅可以学到正确的观察和解决问题的立场、观点和方法，而且可以学到如何把军事的基本原理同社会实际相结合，正确运用其原理解决实际问题，增强工作的原则性、系统性、预见性和创造性。譬如，军事斗争最注重效益，要以最小的代价获取最大的胜利。孙武提出的“知己知彼，百战不殆”的战争指导规律，已成为政治、外交斗争和进行经济建设的座右铭。战略和战役战术的关系，要求人们也必须正确处理全局和局部的关系。“战略”概念的运用，早已跨出军事的范围，涉及政治、外交、经济发展、农业发展、城市发展等战略，充分说明军事思想对其他领域具有广泛的借鉴意义。

第二节　中国古代军事思想

一、概　述

中国古代军事思想，是指我国在奴隶社会、封建社会时期，各阶级、集团及其军事家和军事论著者对于战争与军队问题的理性认识。它随着社会、战争的发展而不断深化，经历了发生、发展的沿革过程。

国防教育警句

民有教则无虞，
国无防则不安。

（一）中国古代军事思想的形成与发展

1. 中国古代军事思想的初步形成（夏、商、西周时期）

公元前21世纪至公元前8世纪，我国先后经历了夏、商、西周三个奴隶制王朝。这是中国奴隶社会从确立、发展到鼎盛的整个历史阶段，也是我国古代军事思想的初步形成时期。由于对战争客观规律认识的局限，战争受迷信的影响极大，经常以占卜、观察星象等来决定战争行动，产生了以靠天命观为中心内容的战争指导思想。军队的治理以“礼”和“刑”为基础。“礼”主要适于上层的贵族和军官，讲究等级名分、上下有序；对下级和士兵的管理主要靠严酷的刑罚。这个阶段已产生了一些萌芽形态的兵书。商代甲骨文、商周的金文中就有大量关于军事活动的记载。西周时期已出现《军志》《军政》等军事著作，虽早已失传，但这是我国古代军事思想形成的重要标志。

2. 中国古代军事思想趋向成熟（春秋、战国时期）

公元前8世纪初到公元前3世纪末，即春秋战国时期，它是我国从奴隶制向封建制的过渡时期。是我国古代政治、经济、文化和科技大发展阶段，也是古代军事大发展时期。阶级矛盾的不断深化，使战争连绵不断，战争规模扩大，战争频繁又形式多样。许多代表新兴地主阶级的军事家和兵书著作不断涌现，从战争论、治兵论、用兵论及研究战争的方法论等方面，全面奠定了我国古代军事思想的基础，标志着我国古代军事思想的基本成熟。现存最早，影响最大的就是春秋末期孙武所著《孙子兵法》。它是新兴地主阶级军事理论的奠基作，标志着封建阶级军事思想的成熟，成为后世兵书的典范。其他影响较大的兵书还有《吴子》《司马法》《孙膑兵法》《尉缭子》《六韬》等著作。

3. 中国古代军事思想的进一步丰富和发展（秦—五代时期）

公元前3世纪初至公元10世纪中叶，是中国封建社会发展的上升阶段。这期间主要经历了秦、汉、晋、隋、唐等几个大的王朝。其中汉、唐两代是中国封建社会的盛世，军事思想也得到了进一步丰富和发展。

秦以后进入了以铁兵器为主的时代，骑兵成为作战力量主角，舟师水军参战也更多了。这就要求作战指挥必须加强步、骑、水军的配合作战。从汉到隋曾多次发生像赤壁之战、淝水之战这样大规模、多兵种大集团的配合作战。在这些战争中，政治斗争与军事斗争的结合，谋略与决策的运用，以及作战指挥艺术都达到了相当高的水平。战争的发展使得战略战术的运用和指挥艺术都得到高度发展，战略思想也日臻成熟。诸葛亮的《隆中对》成为当时战略决策的一代楷模。

这个时期出现了许多总结军事斗争经验的兵书。其中汉初的《黄石公三略》和后来的《李卫公问对》等，是传世的重要著作。《黄石公三略》是一部从政治与军事关系上论述战争攻取的兵书，它进一步阐述了"柔能制刚，弱能制强"的朴素的军事辩证法思想，并指出最高统治者必须广揽人才，重视民众与士卒的作用。《李卫公问对》结合唐代初期的战争经验，对以往的兵书进行了探讨，对《孙子》提出的虚实、奇正和风细雨攻守等原则及其内在联系，作了辩证的论述，而且在某些方面提出了更新的见解，发展了前人的思想，深化了先秦某些用兵原则与内涵。特别是它论从史出，以史例论兵的研究方法，开创了结合战例探讨兵法的新风，受到历代兵家的高度赞赏和效仿。

4. 中国古代军事思想形成体系化（宋—清前期）

公元960年到1840年，历经宋元明清（前期）四个朝代。这期间，中国封建社会已进入后期。火器逐渐普遍使用，使战争进入了冷、热兵器并用的时代。宋朝之初，就面临着民族矛盾扩大、阶级矛盾激化和统治阶级内部矛盾加剧的局面。因此，当政者为了维护统治，确立了兵书在社会中的正统地位，武学开始纳入国家教育体系。北宋中叶开始重视武事，开办武学，设立武举，发展军事教育。统治者为了教习文臣武将熟悉军事，命曾公亮等编纂《武经总要》，总结古今兵法和本朝方略，并颁布《孙子》《吴子》《司马法》《六韬》《尉缭子》《黄石公三略》和《李卫公问对》为《武经七书》，并官定为武学教材。武举的设立，武学的兴办，武经的颁定，从而培养了大批军事人才，繁荣了军事学术。

这个时期，是中国古代军事思想历经漫长的丰富和发展之后，走上体系化的时期。其主要表现是兵书的数量繁多、门类齐全、概括性强和自成体系。成为我国古代兵书数量最多的时期。据《中国兵书总目》统计，宋元明清（不含近代）兵书总共有1815种，占我国古代兵书总数的四分之三以上。而且内容丰富，分门别类地概括了军事思想的各个方面，形成了比较完整的体系。

（二）中国古代军事思想的基本内容

1. 战争的起源、性质和作用

战争的起因。《吴子》兵法认为："一曰争名，二曰争利，三曰积恶，四曰内乱，五曰因饥"。就是说引起战争的原因有五个方面：一是争夺霸主地位；二是争夺土地、财产和人口；三是积恨深怨；四是国家发生了内乱；五是国家发生了饥荒。

战争的性质。《吴子》兵法指出："一曰义兵，二曰强兵，三曰刚兵，四曰暴兵，五曰逆兵"，即禁暴除乱，拯救危难的军队叫义兵；仗恃兵强，征伐列国的军队叫强兵；因君王震怒而出师的军队叫刚兵；悖理贪利的军队叫暴兵；不顾国乱民疲，兴师伐众而出征的军队叫逆兵。

战争的作用。《司马法》中指出，“是故杀人安人，杀之可也；攻其国爱其民，攻之可也；以战止战，虽战可也。”《尉缭子》则明确指出，“故兵者，所以诛暴乱，禁不义也。”

2. 战争与政治

《孙子兵法》指出：“用兵者，修道而保法，故能为胜败之政。”《尉缭子》指出，“兵者，以武为植，以文为种；武为表，文为里”。《淮南子·兵略训》指出，“兵之胜败，本在于政。……为存政者，虽小必存；为亡政者，虽大必亡。”《司马法》指出：“以义治之之谓正，正不获意则权，权出于战争，不出于中人。”意思是说采用合于正义的措施治理国家，这是正常的方法。用正常的方法达不到目的就采取特殊的手段，特殊手段是以战争方式表达出来的，而不是以和平方式表现出来。

3. 战争与经济

经济是战争的物质基础，战争是以巨大的物质消耗为代价的，这一点我国古代军事家认识是比较深刻的。《孙子兵法》指出：“凡用兵之法，驰车千驷，革车千乘，带甲十万，千里馈粮；则内外之费，宾客之用，胶漆之材，车甲之奉，日费千金，然后十万之师举矣。”因此，又指出“善用兵者，役不再籍，粮不三载，取用于国，因粮于敌，故军食可足也”。春秋时期的管仲也曾作出较深刻的论述：“地之守在城，城之守在兵，兵之守在人，人之守在粟。”因此，他明确指出，“一期之师，十年之蓄积殚；一战之费，累代之攻尽。”

4. 战争与主观指导

《孙子兵法》明确指出：“因利而制权……故兵无常势，水无常形，能因敌变化而取胜者，谓之神。”因为“兵无常势”，指挥者必须不断根据敌情、我情的变化修正主观指导，采取克敌制胜的有效手段。《草庐经略》中则说得更明确：“夫敌情叵测，常胜之家必先翻敌之情也。其动其静，其强其弱，其治其乱，其严其懈，虚虚实实，进进退退，变态万状，烛照数计，或谋虑潜藏而直钩其隐状，或事机未发而预揣其必然。盖两军对垒，胜负倏悬，一或不审，所失匪细。必观其将帅察其才，因其形而用其权；凡军心之趋向，理势之安危，战守之机宜，事局之究竟，算无遗漏，所谓运筹帷幄，决胜千里也。”掌握客观规律，充分发挥主观指导作用，就能赢得胜利。

5. 将帅修养

古代军事家特别重视将帅在战争中的地位和作用，认为“知兵之将，民之司命，国家安危之主也”。为此，从封建统治阶级的利益出发，提出了将帅修养的标准。

《孙子兵法》强调“将者，智、信、仁、勇、严也”。《吴子》兵法中则提出“总文武者，军之将也”。故将之所慎者五：“一曰理，二曰备，三曰果，四曰戒，五曰约。”怎样考核将帅呢？《武经总要·选将》提出“九验”：“远使之以观其忠，近使之以观其恭，繁使之以观其能，猝然问焉以观其智，急与之以观其信，委之以货财以观其仁，告之以危以观其节，醉之以酒以观其态，杂之以处以观其色。”

6. 治　军

一是法规法令的建设与实施。《尉缭子》中设有《重刑令》、《伍制令》、《勒卒令》、《经卒令》和《兵令》等，就是为了“明刑罚，正功赏”，“鼓之，前如雷霆，动如风雨，莫敢当其前，莫敢蹑其后”。使军队“方亦胜，圆亦胜，错邪亦胜，临险亦胜”。二是教练。《吴子》中指出：“故用兵之法，教戒为先。一人学战，教成十人。十人学战，教成百人。百人学战，教成千人。千人学战，教成万人。万人学战，教成三军。”《兵略丛言提纲》中指出：“不教则不明，不练则不习。”在训练方法上主张“教得其道”、“练心”、“练胆”、“练艺”。

7. 战略战术

古代兵书中关于战争谋略与战术的论述，有许多是很有见地的，如“上兵伐谋”、“以全争于天下”的全胜论；“不战而屈人之兵”的威慑论；“度势”、“料势”、“为势”的“胜可为”论；“先人有夺人之心”的“兵贵先”的先发制胜论；“后人发，先人至”的后发制胜论；“制人者，握权也；见制于人者，制命也”，“致人而不致于人”的掌握战争主动权论；“战势不过奇正，奇正之变，不正胜穷也”，“善用兵者，无不正，无不奇，使敌莫测”的奇正相变论；“我专而敌分，我专为一，敌分为十，是以十攻其一也”的“以众击寡”论；“避其锐气，击其惰归”，“以治待乱，以静待哗”，“以近待远，以逸待劳，以饱待饥”，“无邀正正之旗，勿击堂堂之阵”的“治气”、“治心”、“治力”、“治变”的四治论等。

8. 战争保障

物质储备和后方补给。《孙子·军争》指出，“军无辎重则亡，无粮食则亡，无积委则亡”。《六韬·军略》则说，“三军用备，主将何忧”。因此，古代军事思想家提出，“取用于国，因粮于敌”。

地形。《孙子·地形》指出，“夫地形者，兵之助也”“知天知地，胜乃不穷”。《武经总要·九地》提出“夫顿兵之道有地利焉。我先据胜地，则敌不能以胜我；敌先居胜地，则我不能以制敌”。

用间。《孙子·用间》提出：“三军之事，莫亲于间。”“先知者，不可取于鬼神，不可像于事，不可验于度，必取于人，知敌之情者也。”又说：“无所不用间也。”《行军须知·用间》则说：“间谍之法，于兵家尤为切要也。”此外，还有阵法、行军、安营、警戒等方面的论述。

二、《孙子兵法》简介

《孙子兵法》，史记为82卷，图9卷，现存仅为13篇，6076字，其他如八阵图、战斗六甲法等已失传。十三篇可分为三个部分：第一部分由《计》《作战》《谋攻》《形》《势》和《虚实》组成，侧重论述军事学的基础理论和战略问题。主要强调战略速决和伐谋取胜，另外包含对战争总体、实力计算和威慑力量的深刻认识。第二部分由《军争》《九变》《行军》《地形》和《九地》组成，侧重论述运动战术、地形与军队配置，攻防战术和胜败关系。具体包括奇正、虚实、勇怯、专分、强弱、治乱、进退、动静和死生等辩证关系。第三部分由《火攻》和《用间》组成，论述了战争中的两个特殊问题。

（一）《孙子兵法》的作者

据史书记载，《孙子兵法》是我国古代大军事家孙武所著。据现实考证，1972年山东临沂银雀山汉墓出土的《孙子》竹简和1978年7月青海大通县上孙家寨西汉木简《孙子》的出土，进一步肯定了孙武编有兵法13篇。

孙武字长卿，为春秋末期齐国乐安人（今山东惠民县）。孙武出生在一个精通军事的世袭贵族家庭，从小就受到家庭的熏陶。当时齐国是春秋时代的五霸之一，一度成为政治、经济、文化、外交和军事活动的中心，豪杰荟萃（孔子、管仲、姜子牙等）。社会环境和家庭影响为孙武的成长提供了优越的条件，加之勤奋好学，青年时代的孙武就显露出卓越的军事才华。后来，齐国发生了“四姓（田、鲍、栾、高）之乱”，孙武出奔吴国。他一边潜心研究兵法，观察吴国的政治动向，一边过着半自耕的农式生活。公元前512年，经大臣伍子胥七次推荐，吴王阖闾会见了孙武并细读了孙武兵法的13篇，聆听了孙武对战争和时局惊世骇俗的见解，观看了孙武演兵，亲身感受到他的才华横溢，即委任孙武为将。

孙武在近30年的戎马生涯中，为吴国的崛起和扩张立下了赫赫战功。如：公元前506年，吴楚柏举之战，吴军对楚国实施千里奔袭，以3万精兵破楚20万大军，连续五战五捷，攻入楚国都郢城，把一个长期雄踞江汉、称霸中原的头等大国打得落花流水；公元前484年，艾陵战役，吴军重创齐军，几乎全歼10万齐兵；公元前482年，黄池会盟，吴国威逼晋国，取代其霸主地位。这些都有孙武的重大战功。

对孙武晚年的考证不详，据《越绝书》的记载，江苏吴县（1995年撤销）东门外有孙武的坟墓。《吴县县志》也有“孙子祠”的记录。由此推断，孙武最终可能隐居民间，老死于山林之中。

（二）《孙子兵法》的影响

《孙子兵法》是我国奴隶制向封建制过渡的社会大变革时代的产物，也是孙武革新进步的军事思想所结出的硕果。它被誉为古今中外现存古书中最有价值、最有影响的古代第一兵书。

1. 中国历代兵家名将无不重视对其研究与应用。

我国历史上曾有两百多位注释家拟文著书，注解赞崇《孙子兵法》。三国时代著名军事家曹操说，“吾观兵书战策多矣，孙武所著深矣。”明代的茅元仪高度赞扬道，“前孙子者，孙子不遗；后孙子者，不能遗孙子。”宋朝将《孙子兵法》列为《武经七书》之首，成为习武必读的教科书。

中国革命的先驱者孙中山对《孙子兵法》评价极高：“就中国历史来考究，两千多年的兵书有十三篇，那十三篇兵书，便成为中国的军事哲学。”我们党许多老一辈革命家，如毛泽东、朱德、刘伯承和叶剑英等都十分重视对《孙子兵法》的学习和研究。1936年毛泽东在写给叶剑英的信中说：“前买回的书，大多不合用，我要的是战略和战役的书，特别要买一本《孙子兵法》”。毛泽东称孙武是“中国古代大军事学家”，并在他的著作中系统引用《孙子兵法》的一些原理原则说明问题。新中国成立后，《孙子兵法》一书曾多次再版，有些原则还列入了我军的战斗条令之中，并且在军事科学院及其他军事院校建立专门机构，组织人员进行研究。同时，《孙子兵法》一直作为军队院校中高级干部的必修课。刘伯承元帅在担任军事学院第一任院长时，就亲自讲授过《孙子兵法》。

2.《孙子兵法》在国外久负盛名

在唐朝初期，《孙子兵法》传入日本，18世纪下半叶传入欧美等国，成为近代资产阶级军事理论的一个重要思想来源。现在世界上有许多种《孙子兵法》文字译本流传，并一致受到高度赞扬。

公元735年，日本学者吉备真贝，第一个把《孙子兵法》带回日本，并在其国内讲授。从那时开始，日本皇室贵族及各界人士都非常重视对《孙子兵法》的学习研究。在长达八百多年的时间里，《孙子兵法》一直作为日本朝廷的秘密图书，仅限在宫廷学者和武将间传播。他们把孙武推崇为“百世兵家之师”、“东方兵学的鼻祖”。称《孙子兵法》为“兵学圣典”和“世界古代第一兵书”。并说，“孔夫子者，儒圣也，孙夫子者，兵圣也。后世儒者不能外于孔夫子而他求，兵家不得背于孙夫子而别进矣。是以文武并立，而天地之道始全焉，可谓二圣人功，极大极盛矣。”

《孙子兵法》流传到欧洲晚于日本、朝鲜和越南等亚洲国家，起初只是由少数精通汉语的欧洲军官用口语进行传播。到18世纪后半叶，第一个用欧洲文字翻译《孙子兵法》的是曾在中国居住43年的法国神父阿米奥（中文名叫王若瑟），他把《孙子十三篇》、《吴子六篇》等中国兵书翻译成法文，以《中国军事艺术》为书名于1772年出版。该书在欧洲非常畅销，流传很广，影响巨大。如，叱咤风云的军事家拿破仑，在戎马倥偬的作战间隙，手不释卷的披阅《孙子兵法》。德皇威廉二世发动第一次世界大战失败后，在没落的侨居中，不禁兴叹：“早二十年读《孙子兵法》，就不至于遭受亡国之痛苦了。”著名的资产阶级军事理论家克劳塞维茨也受到《孙子兵法》的影响。

在美国，《孙子兵法》中的有些原则，如“知彼知己，百战不殆”，“攻其不备，出其不意”等被列入《美军作战纲要》之中，以指导美军的作战训练。美国著名战略家李德·哈特指出，在导致人类自相残杀、灭绝人性的核武器研制成功后，就更需要重新而且更加完整地翻译《孙子兵法》这本书了。这是说《孙子兵法》“深邃的军事思想是不朽的”，对于核时代战争是很有帮助的。美国战略研究中心斯坦福研究所主任、美国第一流战略家福斯特首先提出，并和日本东京都产业大学教授三好修合作研究运用《孙子兵法》，三好修称之为“孙子的核战略”。这种新核战略不仅影响了美国政府的战略政策，而且在全世界也产生深刻影响。

3.《孙子兵法》在许多社会领域有广泛影响

在哲学界，《孙子兵法》被公认为是一部有价值的著作，因为它全书充满了朴素的唯物主义和辩证法的色彩。正如日本军事理论家小山内宏所称，是“一部有深刻含意的战争哲学”。

在文学上，它也有很高的水平。它结构严谨，逻辑严密，语言生动、准确、简练，修辞方式丰富多彩，文意精辟，是一部难得的优秀文学作品。

近年来对《孙子兵法》的研究与应用几乎遍及各个领域。它极大地吸引着一些政治家、哲学家、文学家和历史学家，甚至连企业家、商人等也争相拜读。《孙子兵法》俨然成了取之不尽、用之不竭的百科宝库。军事家称之为“兵学圣典”；文学家评之为“不朽不灭的大艺术品”；哲学家颂之为“人生的哲学”；政治家视之为“政治秘诀”、“外交教科书”；医学家赞之为“治病之法尽之矣”。商人和管理学家则把《孙子兵法》定为企业管理和市场竞争的必读教材。日本企业家大桥武夫所著《兵法经营全书》，对如何在经营管理中进行“庙算”、“料敌”、“任将”、“出奇”

等问题，作了详细的论述，并指出，采用中国兵法思想指导企业经营管理，比美国的企业管理方式更合理、更有效。美国的著名管理学家乔治在《管理思想史》一书中指出，《孙子兵法》在用人方面的论述，对今天的企业管理有很大的价值，甚至说："你想成为管理人才吗？必须去读《孙子兵法》。"

20世纪中期，日本创办了世界上第一所兵法经营学校，培养出了一批优秀的企业家。1996年初，我国第一所兵法经营管理学校在京创立。名誉校长、著名外交家、古代兵法研究权威符浩指出，我国市场经济靠冒险成功的"英雄时代"已经过去，跨入了以高技术、高智慧为手段的"儒商"时期。作为人类智慧高度结晶的兵法，也是逐鹿商海的锦囊。

总之，《孙子兵法》是古今中外军事学术史上一部出类拔萃的兵书，是几千年来一直为人们所尊崇，并且现在仍享有巨大声誉、具有极高科学价值的军事理论名著。因此，无论从继承、发扬我国民族历史遗产的角度，还是从学习研究现代军事思想的角度，《孙子兵法》都是值得认真钻研和必修的军事教科书。

（三）《孙子兵法》的主要军事思想

1. 重战、慎战和备战思想

（1）重战思想。《孙子兵法》开篇就指出："兵者，国之大事，死生之地，存亡之道，不可不察也。"战争是国家的大事，关系到军民生死，国家存亡，是不可不认真研究的。这段关于战争的精辟概括，是孙武军事思想的基本出发点。春秋末期，诸侯兼并，战乱频繁，战争不仅是各国维持其政治统治，向外扩张发展的主要手段，而且关系到国家的存亡。孙武总结了一些国家强盛，一些国家灭亡的经验和教训，提出"兵者，国之大事"的著名论断，这对于人类认识战争的实质，无疑是一个巨大的贡献。

（2）慎战思想。"亡国不可以复存，死者不可以复生，故明君慎之，良将警之。"国家灭亡了就不能再存在，人死了就不能再活。所以，对待战争问题，明智的国君要慎重，贤良的将帅要警惕。从这点出发，孙武主张，"非利不动，非得不用，非危不战"。不是对国家有利的，就不要采取军事行动；没有取胜把握的，就不能随便用兵；不处在危急紧迫情况下，就不能轻易开战。

（3）备战思想。"用兵之法，无恃其不来，恃吾有以待也；无恃其不攻，恃吾有所不可攻也"。用兵的原则，不要寄希望于敌人不会来，而要依靠自已有充分的准备；不要寄希望于敌人不会来攻，而要依靠自已有使敌人无法攻破的条件。战争的立足点要放在事先做好充分准备，严阵以待，使敌人不敢轻易向我发动进攻的基点上。

2.“知彼知己，百战不殆”的战争指导思想

“知彼知己，百战不殆；不知彼而知己，一胜一负；不知彼，不知已，每战必殆。”了解敌人又了解自己，则百战不败；不了解敌人而了解自己，可能胜也可能败；既不了解敌人，又不了解自己，那就会每战必败。

孙武用简明扼要的语言，指明了战争指导者了解敌我双方情况与战争胜负的关系，从而揭示了指导战争的普遍规律。这一思想是极富科学价值的。自有战争以来，古今中外的战争指导者，都不能违背这一规律。毛泽东对此曾有高度评价，在《论持久战》一文中指出：“战争不是神物，乃是世间的一种必然运动，因此，孙子的规律‘知彼知己，百战不殆’乃是科学的真理。”这条规律，从哲学意义上讲，是实事求是的朴素的唯物主义思想；从战争理论上讲，是分析判断情况的根本规律；从指导战争的意义上讲，是先求可胜的条件，再求必胜之机的重要抉择。

3. 以谋略制胜为核心的用兵思想

谋略，是指用兵的计谋。《孙子兵法》军事思想的核心是谋略制胜。它认为军事斗争不仅仅是军事力量的竞赛，而且是敌我双方政治、经济、军事和外交等综合斗争；也是双方军事指导艺术的较量，即斗智。

(1)“庙算”制胜。“多算胜，少算不胜，而况不算乎！吾以此观之，胜负见矣”。战前，计算周密，胜利条件多，可能胜敌；计算不周，胜利条件少，不能胜敌；而何况于根本不计算，没有胜利条件呢！我们从这些方面来考察，谁胜谁负就可以看出来。庙算制胜，主要是指战前要从战争全局上，对战争诸因素进行分析对比，决定打不打？怎么打？用什么力量打？在什么时间、地点打？打到什么程度？如何进行战争准备和后方保障？做到有预见、有计划和有保障，心中有数，打则必胜。也就是说先求“运筹于帷幄之中”，然后才能“决胜于千里之外”。

(2) 诡道制胜。“兵者，诡道也”，“兵以诈立”。用兵打仗是一种诡诈行为，要依靠诡诈多变取胜。军事上的诡道是指异于常规的做法。“兵不厌诈”，古今常理。在战争的舞台上，如果对敌人讲“君子”之道，就必然被敌所制；如果能较好地运用诡道，造成敌人的过失，创造战机，那就会陷敌于被动。这种战例，举不胜举，如，马陵道之战，诸葛亮的“空城计”，日本偷袭珍珠港，诺曼底登陆等等。孙武将诡道归纳为十二法：“能而示之不能，用而示之不用，近而示之远，远而示之近，利而诱之，乱而取之，实而备之，强而避之，怒而挠之，卑而骄之，佚而劳之，亲而离之，攻其无备，出其不意，此兵家之胜，不可先传也。”

(3) “不战而屈人之兵”。“故百战百胜，非善之善者也；不战而屈人之兵，善之善者也”。在战争中，百战百胜，并不是好中最好的，不战而使敌人屈服才是好中

最好的。所以，孙武主张“上兵伐谋；其次伐交；其次伐兵；其下攻城”。最好的是以谋制胜，使敌人屈服。其次是通过外交途径，分化瓦解敌人的同盟，迫使敌人陷入孤立，最后不得不屈服。例如，战国时，秦国采取“远交近攻”的政策，逐步灭了六国，就是以外交手段配合军事进攻而取得胜利的。再次是伐兵，即用武力战胜敌人。最下策是攻城，硬碰硬地攻坚战。孙武指出：“善用兵者，屈人之兵而非战也，拔人之城而非攻也，毁人之国而非久也，必以全争于天下。故兵不顿而利可全，此谋攻之法也。”善于用兵的人，使敌人屈服不用直接交战，一定要用全胜的计谋争胜于天下，这样，军队就不至于疲惫受挫，而又能获得全胜的利益。这就是以计谋攻敌的原则和孙武全胜的思想。

当然，“全胜”的思想，不战而胜，是要以强大的武力作后盾的，如果没有强大的军事力量，就不可能达到不战而胜的目的。如，1949 年平津战役时，之所以能使傅作义起义，取得和平解放北平的胜利，其前提条件是由于我军西克张家口、东陷天津、百万大军兵临城下，使北平之敌处于一无逃路、二无外援，战则必败的境地，加上我党的政策的感召等。

孙武还总结了若干作战用兵原则。如：先胜而后求战的原则；示形、动敌的原则；避实而击虚的原则；我专而敌分的原则；因敌而制胜的原则等。总之，孙武“不战而屈人之兵”的思想，对后世的影响很大，并为世界所公认。

4. “文武兼施，恩威并用”的治军思想

“卒未亲附而罚之，则不服，不服，则难用；卒已亲附而罚不行，则不可用。故令之以文，齐之以武，是谓必取。”“令素行者，与众相得也。”将帅还没有取得士卒的爱戴和拥护就去惩罚他们，他们就不会心服，心不服就很难使用他们去作战。将帅已经取得了士卒的爱戴和拥护，而纪律不能严格执行，也不能使用他们去作战。因此，一方面，要用体贴和爱护使他们心悦诚服；另一方面，要用严格的纪律使他们行动整齐，这样才能战必胜。平素命令之所以能贯彻执行，都是由于将帅与士卒相互信赖的缘故。

5. 朴素唯物论和原始辩证法思想

《孙子兵法》之所以具有极大的时空跨度，经久不衰，与它反映的朴素唯物论和原始辩证法思想是分不开的。

兵法中反映的唯物论，主要包括三个方面：一是对战争的认识，冲破了“鬼神论”和“天命论”；二是把客观因素作为决定战争胜负的基础；三是注意到时间和空间在军事上的作用。

原始辩证法思想主要表现在能够正确认识战争中各种矛盾的对立统一及相互转

化的关系。《孙子兵法》中的辩证概念要领有85对，使用260次之多。如敌我、攻守、胜负、迂直、强弱、勇怯、奇正、虚实、分合、久速等，并充分论述了在一定条件下是可以转化的。

《孙子兵法》作为一部伟大的军事著作，它的科学价值和历史功绩是不可磨灭的。但是，由于它诞生在2000多年前的古代，难免存有时代和阶级的局限。其主要表现：战争观方面未能区分战争的性质；治军方面的愚兵政策；军队补给方面的抢掠政策以及作战原则方面存有某些片面性等。我们在学习和运用《孙子兵法》中应注意剔析这些缺点，但在认识这部伟大著作时，决不能求全责备。因为《孙子兵法》不仅是春秋战国时代军事思想中最光辉灿烂的部分和杰出的代表，而且它具有超越时间和空间的科学价值，它是我国乃至世界最宝贵的文化遗产之一。

第三节　毛泽东军事思想

国防教育警句

民善防则安，
国善防则立。

毛泽东是伟大的马克思主义者，是伟大的无产阶级革命家、战略家、军事家和著名的军事理论家，是中国共产党、中国人民解放军和中华人民共和国的主要缔造者和领导者。在长期的革命战争和国防建设的实践中，毛泽东运用他的聪明和才智，凝聚了全党全军的集体智慧，创造性地形成了毛泽东军事思想。

一、毛泽东军事思想的科学含义

毛泽东军事思想是以毛泽东为代表的中国共产党人关于中国革命战争和军队问题的科学理论体系。

毛泽东

（一）毛泽东军事思想是马克思主义的基本原理与中国革命战争具体实践相结合的产物

毛泽东军事思想来源于中国革命战争的伟大实践。当时的中国，是一个以农民为主体的半殖民地半封建的国家，革命的主要斗争形式是战争，主要组织形式是军队。无产阶级的政党怎样组建军队，如何进行革命战争，如何按照中国革命战争的客观规律将革命引向胜利，这是摆在中国共产党人面前的一个特殊而又困难的任务。

要完成这个任务，需要解决许多特殊而又复杂的问题，在马列主义的经典著作中不可能找到现成的答案，靠照抄照搬别国的经验，也是无法取得成功的。以毛泽东为主要代表的中国共产党人，适应中国革命战争的需要，在长期领导中国革命战争的实践过程中，创造性地应用马列主义的科学原理，正确地解决了这些问题，因而形成了具有鲜明中国特色的马列主义军事理论，即毛泽东军事思想。

（二）毛泽东军事思想是中国革命战争和军队建设实践经验的总结

毛泽东军事思想具有鲜明的实践性。中国共产党在领导全国各族人民，为完成民主革命而斗争的过程中，经历了国共合作的北伐战争，独立地领导了土地革命战争、抗日战争和全国解放战争，推翻了帝国主义、封建主义和官僚资本主义三座大山在中国的反动统治，建立了新中国。这场革命战争，其时间之长，规模之大，情况之复杂，道路之曲折，内容之丰富，形式之多样，歼敌数量之多，在中国历史上都是空前的，在世界历史上也是罕见的。这是一场代表人民利益的、得到人民群众广泛参加和支持的人民战争。新中国成立后，又进行了将近三年的抗美援朝战争，以及抗击苏联、印度、越南侵犯边境和海疆的自卫反击作战，并从各方面进行了以现代化为中心的国防建设，积累了丰富的实践经验。毛泽东军事思想就是这些实践经验在理论上的科学概括和总结。

（三）毛泽东军事思想是以毛泽东为代表的中国共产党人集体智慧的结晶

毛泽东作为一名杰出的统帅和军事家，有着过人的才智。但天才来自实践，智慧源于群众，毛泽东军事思想不是他一个人的独创，是毛泽东和他的战友们共同创造的。亿万人民群众和广大指战员的斗争经验和首创精神，全党、全军和全国各族人民，在规模空前的人民战争中发挥出来的聪明才智，成为毛泽东军事思想最宝贵的源泉。

中国革命战争是分布在若干个彼此分割、互不相连的地区发生和发展起来的。在这种斗争环境中，各革命根据地不仅独立地创造了适应本地区特点的各种斗争手段，而且造就了一大批能够独当一面的革命领袖人物，他们对毛泽东军事思想的形成和发展做出了重要的贡献。遵义会议后，党中央逐步形成了以毛泽东为核心的领导集体，但毛泽东提出的许多路线、方针、政策和其他重大决策，也都经过了党中央的集体讨论，凝聚着老一辈无产阶级革命家的集体智慧。能把集体智慧凝聚成宝贵的结晶，有赖于最高领导人的正确引导和科学总结。我党在领导中国革命战争的过程中，涌现出不少的军事家，但真正熟读兵书、精通兵法、用兵如神的当首推毛泽东。他善于博采众长，进行科学的归纳和总结，并在一系列军事论著中加以理论升华，发挥了别人所不能起到的最重要的主导作用。所以，中国共产党人以集体智慧形成的光辉的军事思想，冠之以毛泽东的名字又确实是当之无愧的。

（四）毛泽东军事思想是毛泽东思想的重要组成部分

在取得全国政权以前的二十八年里，我们党的历史实际上是一部武装斗争的历史。军事斗争是我们党的工作重心，占有最突出的地位。毛泽东和他的战友，不得不以极大的精力关注战争，研究军事。毛泽东的军事活动，是他一生中最辉煌、最成功的部分。他的军事著作在其全部著作中占有大量篇幅，他的军事思想在其整个思想体系中占有重要地位。毛泽东军事思想是毛泽东思想的重要组成部分。

二、毛泽东军事思想的形成和发展

毛泽东军事思想产生于中国革命战争的实践，又反过来能动地指导革命战争的实践，并随着革命战争实践的发展而不断地受到检验和发展。毛泽东军事思想的形成和发展，是同中国革命战争的发生、发展和胜利以及同党内“左”右倾错误的斗争紧密联系在一起的。新中国成立后，毛泽东军事思想适应国防建设和军事斗争的需要，继续得到了丰富和发展。

（一）毛泽东军事思想的产生

秋收起义

从中国共产党成立到党的遵义会议，是毛泽东军事思想的产生时期。在俄国十月革命的影响下，中国共产党从接受马克思列宁主义关于暴力革命学说开始，逐渐认识到军事工作在中国革命中的重要性。国共合作时期，帮助国民党创办黄埔军校，在军队中设立党代表和政治部，我党开始直接掌握和影响部分军队，对武装斗争和军队建设问题进行探索，培养了一批党的军事干部。第一次大革命失败的严酷现实，使中国共产党人进一步认识到武装斗争和掌握军队的极端重要性。1927 年 8 月 1 日的南昌起义，打响了武装反抗国民党反动派的第一枪，开创了我们党独立领导武装斗争的新时期。同年 8 月 7 日，毛泽东在党的“八七会议”上，提出了“枪杆子里面出政权”的著名论断。9 月，毛泽东又亲自发动和领导了湘赣边界的秋收起义。他带领秋收起义部队进军井冈山，建立了第一个农村革命根据地，实行“工农武装割据”，开辟了一条以农村包围城市的崭新的革命道路。

从“三湾改编”到“古田会议”，毛泽东提出并制定了一套较为完整的人民军队的建军原则。在反对敌人“进剿”和“围剿”的武装斗争中提出并实践了动员群众、依靠群众和武装群众的人民战争思想；总结出了游击战争的“敌进我退、敌驻我扰、敌疲我打、敌退我追”的十六字诀原则和诱敌深入、集中兵力、运动战、速决战、歼灭战等红军作战原则。经过斗争实践，形成了一条马列主义的军事路线。

这一时期，以毛泽东为主要代表的中国共产党人，从中国的实际情况出发，不断地探索和总结武装斗争和军队建设的经验，提出了中国革命战争的总方针，创造性地解决了中国革命的道路问题，提出了人民战争思想及一系列人民战争的战略战术原则。至此，毛泽东军事思想的基本内容已经产生，为其科学体系的形成奠定了坚实的基础。

（二）毛泽东军事思想的形成

从遵义会议到抗日战争胜利，是毛泽东军事思想的形成时期。遵义会议纠正了王明“左”倾冒险主义在军事领导上的错误，重新肯定了以毛泽东为代表的正确军事路线，确立了毛泽东在红军和中共中央的领导地位。这是中国革命由挫折走向胜利的一个伟大的历史转折点，也是毛泽东军事思想由产生到形成发展的起点。

论持久战

红军长征到达陕北后，毛泽东在指挥作战之余，开始总结土地革命战争以来的经验，把土地革命战争时期产生的军事思想创造性地运用于抗日战争，制定了抗日民族统一战线的政治路线和军事战略方针，并完成了他一生中最辉煌的军事理论巨著。1936 年 12 月，毛泽东在《中国革命战争的战略问题》一文中，阐明了无产阶级对待战争的根本立场、观点和研究指导战争的基本方法，深刻的分析了中国革命战争的特点和规律，系统地论述了中国革命战争的战略指导问题，确立了积极防御的基本原则。随后，毛泽东在《抗日游击战争的战略问题》《论持久战》和《战争和战略问题》等军事名著中，深刻分析了中国革命战争，特别是抗日战争的特点和规律，确立了指导战争的方针和原则及战略和策略问题，把游击战提高到战略地位，创立了系统的游击战争理论；还全面阐述了人民军队的建军宗旨、原则和人民战争的基本内容。至此，

图 3–4　毛泽东在延安枣园窑洞

毛泽东军事思想所涉及的无产阶级战争观和方法论、人民军队、人民战争、人民战争的战略战术等方面，都已发展成为系统的理论，形成了比较完整的军事科学体系。

（三）毛泽东军事思想的发展

抗日战争胜利后，经过解放战争、抗美援朝战争以及社会主义建设时期，毛泽东军事思想得到了全面的丰富和发展。

在战争指导上，毛泽东相继发表了《抗日战争胜利后的时局和我们的方针》《以自卫战争粉碎蒋介石的进攻》《集中优势兵力，各个歼灭敌人》《大举出击，经略中原》《解放战争第二年的战略方针》《目前的形势和我们的任务》《评西北大捷兼论解放军的新式整军运动》《关于三大战役的作战方针》《将革命进行到底》等大量文章。其中，在《目前的形势和我们的任务》一文中明确提出了著名的十大军事原则。解放战争时期，毛泽东军事思想得到了极大的发展，不仅使战略防御和运动战理论有了发展，而且还创立了战略进攻、战略决战和战略追击的系统理论。新中国成立前夕，毛泽东明确指出："我们不但要有一个强大的陆军，还要有一个强大的空军和一个强大的海军"，为和平时期建军指明了方向。

抗美援朝战争是一场挫败现代化敌人的反侵略战争。毛泽东根据当时的情况和特点，提出了一系列在现代条件下进行反侵略战争的理论及原则，如对英美军实行战术小包围，打小规模歼灭战；把阵地战提高到战略地位；建立强大的后勤系统，搞好后勤保障；军事打击紧密配合政治斗争等。

新中国成立后，毛泽东提出了建设现代化、正规化的国防军，发展尖端国防科技和全民皆兵的思想，指出要在大力发展国民经济，增强国家经济实力的基础上，建立完整的国防工业体系，发展现代化的技术装备，独立自主地建设强大的国防，做好反侵略战争的准备。

党的十一届三中全会后，以邓小平同志为核心的党的第二代领导集体、以江泽民同志为核心的党的第三代领导集体和以胡锦涛同志为总书记的新一代领导集体，继承和发展了毛泽东军事思想，在建设现代化国防，制定新时期军事战略方针和打赢高技术局部战争和建设信息化军队等方面，均有新的建树和发展。

三、毛泽东军事思想的主要内容

毛泽东思想

毛泽东军事思想博大精深，是一个完整的科学体系，内容非常丰富。主要包括无产阶级的战争观和方法论、人民军队建设理论、人民战争思想、人民战争的战略战术和国防建设理论五个部分。这五个部分的内容是一个互相联系的整体。无产阶级的战争观和方法论，是毛泽东研究和指导战争的基本立场、观点和方法，揭示了中国革命战争的指导规律，是毛泽东军事思想的理论基础；人民战争思想是我党从事革命战争的根本指导思想，是毛泽东军事思想的核心；人民军队思想是建设人民军队的指南，人民军队生存、发展于人民战争之中，是实行人民战争的骨干力量；人民战争的战略战术是适应人民战争需要的战略原则和作战方法，是人民战争取得胜利的保证；国防建设理论是毛泽东军事思想在新中国成立后新的历史条件下的开拓性发展，阐明了和平时期国防建设的重要性，提出了国防建设的指导思想、方针、原则，是实现国防现代化的指南。

（一）无产阶级的战争观和方法论

以毛泽东为代表的中国共产党人，在指导中国革命战争的实践中，创造性地运用马列主义的辩证唯物论和历史唯物论，观察和分析战争的基本问题，认识和运用军事领域的辩证规律，阐明了无产阶级的战争观和方法论。它包括以下四个方面的内容。

1. 必须认识和把握战争规律

所谓战争规律是战争在发生和发展过程中，战争双方在政治、经济、军事、自然、地理诸方面因素的本质联系及其发展趋势。毛泽东在总结土地革命战争的经验时指出："战争规律——这是任何指导战争的人不能不研究和不能不解决的问题。"同样，"不知道战争的规律，就不知道如何指导战争，就不能打胜仗"。战争规律分为一般战争规律和特殊战争规律。战争的一般规律与特殊规律之间是辩证统一的关系。在研究战争的一般规律时，要注意战争的特殊性，免犯教条主义的错误；在研究战争的特殊规律时，要注意不凭个人臆断任意普遍化，免犯经验主义的错误。

2. 主观指导必须符合客观实际

认识和研究战争规律的目的在于确立指导战争的方法。毛泽东把这种合乎战争客观规律的战争指导方法，比作"战争大海中的游泳术"称之为"战争指导规律"。毛泽东指出："一切战争指导规律，依照历史的发展而发展，一成不变的东西是没有的。"正确解决主观符合客观的问题，是战胜敌人的关键，是人的因素在战争指导者身上的主要体现，要解决指导上的主客观一致，需着重解决好三个问题：一是要熟识敌我双方的客观情况；二是要善于学习，勇于实践；三是要在客观物质的基础上，充分发挥主观能动性。

3. 着眼特点，着眼发展

毛泽东指出："战争情况的不同，决定着不同的战争指导规律。""我们研究在各个不同历史阶段、各个不同性质、不同地域和民族的战争的指导规律，应该着眼其特点和着眼其发展，反对战争问题上的机械论。”由于各次战争的情况不同，有时间、地域、性质和对象的差别，因此，就各有其不同的特点和规律。

4. 关照全局，把握关节

全局是事物的整体和发展的全过程，局部是组成事物整体的各个部分和发展全过程的各个阶段。全局统帅局部，局部从属全局，构成全局与局部之间的正确关系。人们通常说，要从大局出发，就是指要特别关照全局、服从全局。对全局关照的好，能推动全局的发展；对全局关照的不好，就会阻碍和破坏全局的发展。战争总体上有全局，各个阶段各个战役本身也有全局，称为战争某阶段或某战役的全局。有时局部的失利，并不给全局以严重影响，而有的局部的失利，却对全局带来重大影响，甚至导致全局的失利。比如下棋，有时下一着错棋，尚可挽回，但有时一着不慎，全盘皆输。这个对胜负起关键作用的一着，就是关节。因此，关节就是对全局有重大影响的关键性环节。所以说，关照全局是战争指导的首要准则，把握关节是推动全面发展的重要方法。

（二）人民军队建设理论

以毛泽东为代表的老一辈无产阶级革命家、军事家，把创建人民军队作为进行武装斗争的首要问题和实现革命理想的最主要手段，强调没有一个人民的军队便没有人民的一切。在革命战争年代，主要的斗争形式是战争，而主要的组织形式是军队。为了把以农民为主要成分的军队建设成为一支无产阶级性质的新型人民军队，毛泽东在长期的战争实践中，总结和提出了一整套建军的理论和原则。

毛泽东视察人民解放军

1. 人民军队的性质

毛泽东从“军队是国家政权的主要成分”、是“阶级压迫的工具”的原理出发，提出了“枪杆子里面出政权”和“党指挥枪”的思想，指明我军是中国共产党领导下的执行无产阶级革命政治任务的武装集团。坚持中国共产党对军队的绝对领导，是确保人民军队的无产阶级性质的根本原则。

2. 人民军队的宗旨

人民军队是为无产阶级利益服务的工具。由此决定了这支军队的无产阶级性和人民性的统一。毛泽东指出：“紧紧地和中国人民站在一起，全心全意地为中国人民服务，就是这个军队的唯一宗旨。”全心全意为人民服务的宗旨，是我军建军原则的核心，是我军区别于其他任何军队的本质特征。我军在战争年代、和平年代和捍卫国家利益的长期实践中，始终遵循这一宗旨，从而赢得了人民群众的拥护和爱戴。

3. 人民军队政治工作的三大原则

进行强有力的政治工作，是毛泽东建军思想的一个突出特点，是保持我军无产阶级性质，提高战斗力，促进军队建设的可靠保证。我军的政治工作，随着革命战争的发展而逐步完善，形成了官兵一致、军民一致和瓦解敌军的三大原则。官兵一致的原则，体现了我军内部上下级之间政治上平等的关系，这是与旧式军队的根本区别之一；军民一致的原则，是人民军队本色的体现；瓦解敌军的原则，是从精神上征服敌人，是促进敌人从内部瓦解的有效武器，是加速敌人崩溃的战略性原则。

除了以上三项重要内容以外，还有实行政治、经济、军事三大民主；实行三大纪律、八项注意；人民军队要不断提高革命化、现代化、正规化建设水平；发扬勇敢战斗、不怕牺牲和艰苦奋斗的优良传统和作风等。

(三) 人民战争思想

人民战争是我党历来坚持的指导战争的根本路线，是我党唯一正确的战争指导思想，是毛泽东军事思想的核心内容。

1. 人民战争思想的含义

人民战争是指广大人民群众为反抗阶级压迫或抵御外敌入侵而组织和武装起来进行的战争。

人民战争具有两个基本特征：一是战争的正义性。在毛泽东看来，战争的性质既取决于它的政治目的，又取决于它的社会效果，就是能否促进历史的进步，而其根本标志在于是否符合广大人民群众的根本利益。战争的正义性是实行人民战争的首要条件和政治基础。二是战争的群众性。战争的群众性是指战争必须有广大人民群众支持和参加，这是人民战争的重要标志。历史上凡是具备这两个特征的战争都可称作人民战争。但是我党领导的人民战争，较之一般意义上的人民战争，群众性更广泛，革命性更彻底，组织性更严密。

人民战争思想的基本精神是：在中国共产党的领导下，以人民军队为骨干，坚决依靠广大人民群众，实行主力兵团与地方兵团相结合，正规军、地方武装、民兵与游击队相结合，武装斗争与非武装斗争相结合的人民战争。总之，它是中国历史上最完全、最彻底的人民战争，是“真正的人民战争”。

2. 人民战争思想的理论基础

以毛泽东为代表的中国共产党人，在领导中国革命战争的实践中，创造性地发展了马列主义关于人民战争的理论，对实行人民战争的必要性和可能性以及如何实行人民战争问题，作了系统的论述，阐明了人民战争的理论基础和政治基础，实行人民战争的指导原则，创立了具有中国特色的人民战争思想。

(1) 人民群众是战争胜负的决定力量。战争是力量的抗争，人民战争的主体是人民群众，人民群众是社会发展变革的决定力量，也是战争胜负的决定力量。要准确地理解和把握人民战争思想，就必须首先认识人民群众在战争中的作用。毛泽东曾说："人民，只有人民，才是创造世界历史的动力。"这就是毛泽东人民战争思想的根本出发点和理论基础。

早在土地革命战争时期，毛泽东就指出："革命战争是群众的战争，只有动员群众才能进行战争，只有依靠群众才能进行战争。"中国革命战争的历史和实践证明，人民群众是人民军队赖以生存和发展的条件，是战争中一切力量的源泉，是战争胜负的决定力量。

(2) 战争的正义性是实行人民战争的政治基础。战争是政治的继续，是为一定的阶级、政治集团的利益服务的。历史上的战争，虽然千差万别，但按其性质，不外乎两大类：一类是正义战争，一类是非正义战争。正义战争是进步的，符合人民群众根本利益，人民群众不但真心拥护，积极支持，而且踊跃参加。相反，非正义战争是退步的，必然要遭到人民群众的坚决抵制和反对。战争的正义性是实行人民战争的政治基础，只有正义的革命战争，才能实行最广泛的人民战争。

(3) 战争胜负的决定因素是人不是物。人和武器是构成战斗力的两个基本要素，正确处理人与武器的关系，是人民战争思想的一个重要理论问题。

毛泽东根据历史唯物主义的基本原理，批判了"唯武器论"的观点，科学地阐明了人在战争中的地位和作用。他指出："武器是战争的重要因素，但不是决定的因素，决定的因素是人不是物。力量对比不但是军力和经济力的对比，而且是人力和人心的对比。""决定战争胜负的是人民，而不是一两件新式武器。"这是毛泽东同志在战争问题上对人与武器关系的精辟论述和高度概括。人是战争胜负的决定因素，在一定的物质基础上，谁充分发挥了人的能动作用，谁就能赢得战争的胜利。

武器是战争胜败的重要因素。毛泽东在强调人是战争胜败决定因素的同时，并不否定武器的重要作用。

(4) 马克思主义政党的正确领导是实行人民战争的必要条件。人民战争作为战争的指导思想，不是群众起来就可以自发形成的，它必须有战争的领导条件。人民战争领导者必须具备两个条件：一是真正代表人民群众的利益，反映人民群众的根本愿望，全心全意为人民群众谋取利益；二是懂得和掌握群众路线的指导方法，善于制定有利于调动群众积极性的方针和政策。这两个条件，唯有马克思主义的政党才能具备。毛泽东的人民战争与一般意义上的人民战争有着本质的区别。中国共产党的正确领导是实行人民战争的必要条件。

3. 毛泽东人民战争思想的主要内容

毛泽东人民战争思想的内容极为丰富，主要有：坚持中国共产党对人民战争的统一领导；结成最广泛的革命统一战线；实行以人民军队为骨干的三结合的武装力量体制；以武装斗争为主与其他斗争形式密切结合；建立巩固的革命根据地；实行灵活机动的战略战术。

（四）人民战争的战略战术

人民战争的战略战术，体现了毛泽东人民战争思想的战略指导原则和作战方法，是毛泽东高超的战争指导艺术的总结，它揭示了中国革命战争的指导规律，是毛泽东军事思想中十分精彩的部分。其内容十分丰富。

1. 战略上藐视敌人，战术上重视敌人

毛泽东指出："从战略上看，必须如实地把帝国主义和一切反动派，都看成纸老虎。从这点上，建立我们的战略思想。另一方面，它们又是活的铁的真的老虎，它们会吃人的。从这点上，建立我们的策略思想和战术思想。"毛泽东关于帝国主义和一切反动派既是"纸老虎"，又是"真老虎"的论断，奠定了人民战争战略战术的基本原则。在战略上，敌人是纸老虎，我们要藐视它，树立敢打必胜的信心。在战术上，敌人又是真老虎，我们要重视它，讲究斗争策略和斗争艺术。

一切反动派都是纸老虎

2. 保存自己，消灭敌人

保存自己，消灭敌人，是战争的目的。毛泽东指出："保存自己消灭敌人这个战争的目的，就是战争的本质，就是一切战争行动的根据。"进攻，是直接为了消灭敌人，同时也是为了保存自己。防御，是直接为了保存自己，同时也是辅助进攻或准备转入反攻的一种手段。保存自己，消灭敌人是兵家公认的原则，然而真正加以辩证地认识和运用，并不多见。毛泽东用辩证唯物主义的方法，指明两者之间的关系是相辅相成的，是对立统一的。

3. 实行积极防御，反对消极防御

毛泽东在讲到攻防辩证统一这一积极防御战略思想的基本精神时说："积极防御，又叫攻势防御，又叫决战防御。消极防御，又叫专守防御，又叫单纯防御。消极防御实际上是假防御，只有积极防御才是真防御，才是为了反攻和进攻的防御。"这一论述深刻揭示了积极防御的实质和消极防御的要害，指明了积极防御的目的和必然进程。

积极防御的战略思想，是把积极防御的一般原理、原则，作为战略指导思想，用于指导战争全过程的一种战略理论。它要求在敌强我弱和敌优我劣的情况下，首先经过战略防御，采取各种不同形式的作战，不断削弱和消耗敌人，逐步改变力量对比，摆脱战略上的被动局面，争取战争的主动权。尔后适时地转入战略反攻或进攻，在有利情况下实施决战，稳步地实现整个战争的目标。

4. 采取恰当的作战形式，实行运动战、阵地战、游击战紧密结合

游击战、运动战、阵地战三种作战形式密切配合，适时进行以改变主要作战形式为基本内容的战略转变。游击战，是一种分散、流动的作战形式。它执行消耗任务，同时又执行歼灭任务。毛泽东把游击战提高到战略地位，使游击战和游击性的运动战，在长时期内成为中国革命战争的主要形式。从中国革命战争的全过程来看，运动战是解决战争命运的主要作战形式，执行歼灭任务。它主要由正规兵团来承担。运动战是进攻型的作战样式。担任运动战任务的兵团或部队，是机动力量，没有固定的作战方向和地点。阵地战是消耗和歼灭敌人的重要作战形式。在战略防御阶段主要执行阻击和钳制任务；在战略进攻阶段则执行攻歼据守之敌和夺取城市。

5. 做好战争准备，不打无准备、无把握之仗

毛泽东明确要求："不打无准备之仗，不打无把握之仗，每战都应力求有准备，力求在敌我条件对比下有胜利的把握"，在充分准备的基础上慎重初战。必须照顾全战役计划，毛泽东认为，没有好的全战役计划，绝不能有真正好的第一仗，即使初战打了一个胜仗，若这个胜仗不但不于全战役有利，反而有害时，则这个仗虽胜也只算败了；必须照顾到下一战略阶段，毛泽东指出："防御时不顾反攻，反攻时不顾进攻，仍未尽到战略指导者的责任。战略指导者当其处在一个战略阶段时，应该计算到往后多数阶段，至少也应计算到下一阶段"。

6. 知己知彼，百战百胜

毛泽东指出，明于知己暗于知彼，或明于知彼暗于知己，都不能实行正确的作战指导，"知己知彼，百战百胜"。他指导每次革命战争，总是首先找出敌我双方在军事、政治、经济等方面的强点和弱点，据此制定战略战术，用于指导战争和作战。

7. 集中优势兵力，各个歼灭敌人

集中优势兵力，各个歼灭敌人的作战方法，是人民战争战略战术的重要内容，是我军"战场作战的基本方针"，是争取主动的基本方法。这里最重要的是保存并集结最大而有活力的军队。一是集中主要兵力于主要作战方向，反对平均主义。不但要在主要方向上集中兵力，而且还要集中兵力于主要目标和主要攻击点上。二是拣

弱的打，先弱后强，由小到大，正确地选择打击目标。三是采取围攻部署。集中兵力的目的是为了打歼灭战。包围迂回是进行歼灭战的部署原则，可以使敌人陷于完全孤立无援而无法逃脱的境地。在战术手段上，则要采取迂回渗透，分割、穿插等作战行动，以便将敌人割裂而各个歼灭。

8. 以歼灭战为主，辅之以消耗战

歼灭战，是毛泽东人民战争战略战术的核心。“对于敌，击溃其十个师不如歼灭其一个师”。歼灭战的基本方针是：以歼灭敌人的有生力量为主要目标，不以保守或夺取地方为主要目标；以集中优势兵力各个歼灭敌人为主要作战方法；先打弱敌，后打强敌；在战役、战术部署方面，每战集中六倍，至少三倍于敌的兵力，四面包围敌人，务求速决、全歼、不使漏网；在战略部署方面，集中一个或两个野战军和军区的主力，实施一个战略性的进攻战役，围歼敌人的战略集团。

9. 慎重初战，首战必胜

在战略防御和战略进攻中，都要“慎重初战”。第一仗，是战争或战役的“序战”，它的胜败能极大地影响于全局。打第一仗，必须遵循三个基本原则，必须打胜；必须照顾到全战役计划；必须照顾下一战略阶段。简称“初战三原则”。

10. 力争主动，力避被动，夺取和掌握战略主动权

毛泽东指出，行动自由是军队的命脉，失去了这种自由，军队就接近于被打败或被消灭。保持主动地位，最主要的是保存并集结最大而有活力的军队；在战略上处于劣势、被动地位时，要通过许多战役、战斗的进攻战，造成许多局部的优势和主动地位，逐步夺取战略上的优势和主动地位；用战略进攻夺取绝对的战略主动权。

（五）国防建设理论

新中国成立前，在毛泽东军事思想的形成过程中，就有关于国防建设的论述。新中国成立后，毛泽东从实际情况出发，适应新形势新任务的需要，总结国防建设和国防斗争的实践经验，创立了国防建设理论。

1. 建设现代化、正规化的国防军，抵御外敌入侵

毛泽东指出，我们将不但有一个强大的陆军，而且有一个强大的空军和一个强大的海军。并亲自领导了我军现代化、正规化建设。在他的亲自主持下，颁布了各种条令、条例，开办了各类正规的军事院校，加强了部队训练，颁布了新中国第一部兵役法，使我军实现了由步兵为主的单一陆军向诸军兵种合成军队的转变。

2. 确立了发展“两弹一星”的国防科技战略

毛泽东指出，我们“不但要有更多的飞机大炮，而且还要有原子弹。在今天这

个世界上，我们要不受人家欺负，就不能没有这个东西”。在这个战略思想的指导下，在自力更生的基础上，实行了常规武器与尖端武器相结合发展，并优先发展尖端战略武器的方针，研制、生产出了原子弹、氢弹、卫星和导弹等一系列的新式武器和装备。

3. 积极防御战略思想有了新的发展

新中国成立后，毛泽东根据国家安全利益的需要，从国际形势、我国周边安全环境和我国的具体情况出发，确立了我国的国防战略、国防建设的目标和方针。1956 年，毛泽东批准了中央军委提出的阵地战结合运动战为未来反侵略战争的主要作战形式的积极防御的战略方针。以后，他又反复强调这一思想。20 世纪 50 年代以后，毛泽东又相继提出“大办民兵师”、“全民皆兵”和“深挖洞、广积粮、不称霸”的战略思想。

积极防御战略

继承和发展毛泽东军事思想

四、毛泽东军事思想的历史地位

毛泽东军事思想是马列主义军事思想宝库中一颗璀璨的明珠，在中国军事思想发展史上具有划时代的意义，在世界军事思想发展史上独树一帜，具有重要的历史地位。

（一）毛泽东军事思想对马列主义军事理论做出了重大而独特的贡献

毛泽东创造性地运用和发展了马列主义的军事理论，并将其发展到一个新的高度，极大地丰富了马列主义军事科学的理论宝库。毛泽东的主要贡献在于：开创了一条农村包围城市、武装夺取政权的革命道路；创建了一支新型的人民军队；丰富和发展了马列主义的人民战争思想；创造了适合中国特点的人民战争的战略战术；科学地阐明了关于研究和指导战争的战争观和方法论。

（二）毛泽东军事思想在世界上具有广泛而深刻的影响

在中国革命战争取得胜利后，毛泽东军事思想受到世界各国的普遍重视，特别是到了 20 世纪 50 年代后期，在世界范围内逐渐形成了一个研究和学习毛泽东军事思想的热潮，许多国家还成立了毛泽东军事思想的研究会和学习会。

在美国、英国、法国、德国和日本，出版了不少毛泽东的军事著作。在越南、莫桑比克、津巴布韦、安哥拉等第三世界国家的民族解放斗争中，毛泽东军事思想发挥了巨大的作用，受到普遍欢迎。毛泽东军事思想的理论和实用价值得到举世公认。她作为人类优秀文化的灿烂结晶，在世界军事理论殿堂中享有显赫的地位。

（三）毛泽东军事思想是我军克敌制胜的法宝

毛泽东军事思想运用辩证唯物主义和历史唯物主义的原理，批判地吸取了古今中外优秀的军事思想遗产，是最科学、最先进、最完整的军事理论。她既揭示了中国革命战争的特殊规律，又反映了现代战争和国防建设的一般规律，是经过实践检验过的科学真理。尽管现在国际国内形势都发生了巨大变化，科学技术发展日新月异，但她对我军打赢高技术条件下的局部战争和信息化战争，仍具有普遍的指导意义。无论过去、现在和将来，毛泽东军事思想都是我军克敌制胜的法宝。

第四节　邓小平军队建设思想

邓小平在领导全党和全国人民努力开辟社会主义改革开放和现代化建设事业的伟大进程中，不仅创立了建设有中国特色社会主义理论，而且在领导新时期我军建设的伟大实践中，运用马列主义军事理论、毛泽东军事思想的基本原理，创造性地回答了新形势下军队建设、国防建设亟待解决的一系列重大理论和现实问题，提出了一整套具有中国特色的、符合新时期军队建设和国防建设需要的科学理论，形成了系统的邓小平军队建设思想。

国防教育警句

享天下太平，
思卫国将士。

一、邓小平军队建设思想的科学含义

邓小平军队建设思想，是邓小平在中国社会主义建设的新的历史时期，关于军队建设及有关军事问题的科学理论体系。

邓小平谈主权

（一）邓小平军队建设思想，是马列主义军事理论、毛泽东军事思想与新时期军队和国防建设实践相结合的产物

邓小平在领导军队和国防建设的伟大实践中，以马列主义的巨大勇气和求真务实的态度，运用马列主义军事理论、毛泽东军事思想的立场、观点和方法，研究新情况，解决新问题，创造性地提出了一系列理论、原则、方针和政策，形成了一个

完整的科学体系。它是在新的历史条件下对毛泽东军事思想的继承和发展。

(二) 邓小平军队建设思想，是邓小平理论的重要组成部分

邓小平理论是邓小平军队建设思想的理论指导。我军建设和改革是整个国家建设和改革的重要组成部分。“四个”现代化就有国防现代化的问题。邓小平军队建设思想，就是邓小平理论与中国军队建设实际相结合的产物。解放思想，实事求是，是邓小平理论的精髓，也是邓小平军队建设思想的理论基础。

(三) 邓小平军队建设思想，是新时期中国军队和国防建设实践的科学总结

邓小平作为党的第二代领导集体的核心，亲自领导了新时期军队和国防建设的伟大实践，具体研究和解决了军队和国防建设实践中遇到的一系列重大现实问题。他的许多重要论述都是针对实际问题做出的，是对新时期军队和国防建设实践经验的科学总结。

(四) 邓小平军队建设思想，是以邓小平为杰出代表的全党全军集体智慧的结晶

邓小平军队建设思想，不仅指邓小平本人，而是以邓小平为代表、为核心的党的第二代领导集体。邓小平许多重要思想都是在实践中集中了党中央、中央军委和广大指战员的集体智慧而提出的，这就使邓小平军队建设思想具备了坚实的实践基础和群众基础。

二、邓小平军队建设思想的主要内容

邓小平军队建设思想，理论博大精深，内容极为丰富。

(一) 军队和国防建设指导思想实行战略性转变

1. 世界大战可以避免

世界大战在一定条件下可以避免，但霸权主义仍然是对世界和平的最大威胁，局部战争已成为主要战争形态。邓小平做出这一判断的根据是：第一，20 世纪 80 年代以前，有资格打世界大战的只有美苏两个超级大国，别人没有资格。第二，世界和平力量的增长超过了战争力量的增长。第三，经济、科技日益成为世界各国竞争的重点。

科学分析国际形势，正确判断我国安全环境，是我军建设指导思想实行战略性转变的基本依据。邓小平以辩证唯物主义的观点分析世界战争与和平的形势，

既指出了世界大战可以避免，但又反复强调战争的危险仍然存在，要求人们警惕战争的危险。邓小平讲战争可以避免，主要指的是世界大战可以避免。同时，他也强调了局部战争的不可避免性。他说："大战固然可推迟，但是一些偶然的、局部的情况是难以完全预料的。"20世纪80年代和90年代的历史进程完全证实了邓小平的论断。

2. 我国周边安全环境发生了根本性好转，但仍然存在着各种现实的和潜在的威胁

在新中国成立后的岁月里，除了20世纪50年代中期出现过短暂的安全稳定局面以外，我国基本上被笼罩在超级大国及其附庸全面封锁、制裁、威慑、入侵的阴影之下，时刻准备进行举国迎敌的反侵略战争是我国国防的基本着眼点，最严重时我们甚至要准备同时对付两个超级大国的入侵。20世纪80年代，我国国家安全环境逐渐改善，80年代中期以后发生了根本性的好转。其主要标志是我国第一次同时摆脱了两个超级大国全面军事入侵的威胁。我国安全环境根本性好转，不仅表现在与两个超级大国的关系改善，全面入侵的军事威胁消除，同时还表现在与周边国家关系全面改善和发展。当然，在我国安全环境改善的同时，也存在着一些不容忽视的问题：首先，西方超级大国推行霸权主义和强权政治，干涉我国内政，对我实行"和平演变"战略和"西化"、"分化"政策；其次，我国与一些邻国的边界问题还未彻底解决，特别是我海洋国土和海洋权益正遭到一些国家的侵犯；第三，祖国统一大业尚未完成，反"台独"、反"分裂"的斗争任务仍十分艰巨。

3. 和平与发展是时代主题

在党的十一届三中全会前，我们党和世界共产党人对时代特征的基本判断是帝国主义与无产阶级革命。结论是：不是战争引起革命，就是革命制止战争。也就是说，时代主题是战争与革命。进入20世纪80年代后，国际形势出现了一些新情况，邓小平以伟大战略家的眼光，及时洞察了这些重大变化，提出了和平与发展是时代主题的科学论断。1985年3月，他在会见日本外宾时指出："现在世界最大的问题，带全球性的战略问题，一个是和平问题，一个是经济问题或者说发展问题。和平问题是东西问题，发展问题是南北问题。概括起来，就是东西南北四个字。南北问题是核心问题。""和平与发展是时代主题"的论断，表明了和平与发展具有全球战略性意义，是全人类的重要战略任务。霸权主义是世界最危险的战争策源地，是危害世界和平、安全和稳定的根源。1992年邓小平视察我国南方时指出："世界和平与发展这两大问题，至今一个也没有解决。"这说明，要实现世界的持久和平和人类的共同繁荣，任重道远，还需要进行长期的艰巨斗争。

邓小平论和平与发展

邓小平对国际形势和我国安全环境进行科学分析，做出正确判断后，告诫全党、全国抓住机遇，以经济建设为中心进行四化建设。果断地决定军队和国防建设指导思想实行战略性转变。其转变的实质是：国防和军队建设从过去“立足于早打、大打、打核战争的临战准备状态”，转向和平时期加强军队质量建设的正确轨道上来，充分利用今后一个较长时间里大仗打不起来的和平环境，在服从国家经济建设大局的前提下，有计划、有步骤地加强以现代化为中心的“三化”建设，全面提高军队和国防建设的水平。

（二）军队建设要服从国家建设的大局

1. 军队建设是以国民经济为基础的

军队和国防建设要服从国家建设的大局，是和平时期军队和国防建设的基本规律，也是我国目前所处的社会主义初级阶段的主要矛盾所决定的。国民经济建设是军队建设的基础，军队建设依赖国民经济建设，这是马克思主义的一个基本观点。第一，经济基础决定着军队建设的规模、速度和水平。第二，经济基础决定军队建设质量。第三，经济条件还决定着军队建设总体目标的实现程度。邓小平根据马克思主义关于经济建设是军队建设基础的观点，明确提出了“军队要服从国家建设的大局”的重要思想。其基本观点：一是经济建设是我们的大局；二是经济建设为军队建设奠定物质基础；三是军队在大局下积极行动。

2. 军队和国防建设要与国家经济建设协调发展

经济建设与军队和国防建设是相互依存和协调发展的关系，而不是彼此取代的关系。邓小平指出：“我们的四个现代化，其中就有一个国防现代化。如果不搞国防现代化，那岂不是三个现代化？”很明显，四个现代化是一个有机的整体，缺一不可。国防现代化必须与其他“三化”互相配合，协调发展。这是因为，经济力是综合国力的基础，但国防力量也是综合国力不可缺少的组成部分，而国防力量的增强主要依赖坚持不懈的国防建设，其中主要的是军队建设。绝不是说国家经济建设搞好了，国防自然就巩固，军队自然就强大。因此，只有在以经济建设为中心，大力发展国民经济的同时，不断加强军队和国防建设，才能保证富国强兵，也才能保证我国四化建设的顺利发展。

（三）实行积极防御的军事战略

1. 贯彻积极防御的战略方针，是维护国家主权和安全的需要

军事战略是指导战争全局的方针。即战争指导者为了达成战争的政治目的，依

据战争规律所制定和采取的准备和实施战争的方针、政略和方法。邓小平强调，我们的战略方针是积极防御，以国家利益为最高准则来处理问题。他指出："我们未来反侵略战争，究竟采取什么样的战略方针？我赞成就是'积极防御'四个字。"积极防御又叫攻势防御，是为了进攻和反攻的防御。我国对战争问题的基本原则是：人不犯我，我不犯人，人若犯我，我必犯人。贯彻积极防御的战略方针，是为维护国家的主权和安全，为改革开放和经济建设提供坚强有力的安全保证。实行这一方针，不仅军事上有利，而且政治上有利。

2. 坚持现代条件下的人民战争

人民战争，是我们过去在历次革命战争中战胜国内外强大敌人的法宝，也是我们与任何强敌相比的特有优势。邓小平在继承毛泽东人民战争思想的同时，又结合新的历史条件，强调要坚持"现代条件下的人民战争"，丰富和发展了毛泽东人民战争的思想。邓小平多次强调：我们的战略是毛主席制定的，毛主席的战略就是人民战争，现在我们还是坚持人民战争。邓小平一方面强调在新的历史条件下坚持毛泽东人民战争思想，使之发扬光大；另一方面又坚定地认为，"真正的马克思列宁主义者必须根据现在的情况，认识、继承和发展马克思列宁主义。"所以，他十分注意观察和预测时代条件发生的种种变化，强调现代条件下的人民战争要有新发展。

3. 立足打赢现代条件特别是高技术条件下的局部战争

积极防御的战略具有打赢自卫战争和遏制侵略战争的双重功能，与其相适应，新时期军事斗争准备和军队建设同样需要发挥这两种功能。坚持新时期积极防御的战略方针，在军队建设和军事斗争的主观指导上必须努力适应新的客观实际。当前和今后一个时期世界大战和大规模战争尚难打起来，但局部战争还时有发生。因此，要把军队建设和军事斗争准备的基点放在打赢现代条件特别是高技术条件下的局部战争上。只要我们坚持以积极防御的战略方针为指导，实行现代条件下的人民战争，就一定能够夺取高技术条件下局部战争的胜利。

(四) 建设一支强大的现代化正规化革命军队

1. 要始终不渝地坚持人民军队的性质

建设一支强大的现代化正规化革命军队，必须把革命化建设放在第一位，始终不渝地坚持人民军队的性质。坚持人民军队的性质，关系军队建设的全局，决定军队发展方向，是军队革命化建设需要解决的根本问题。新的历史时期，军队建设的大环境已经出现前所未有的深刻变化。既给军队建设增添了新的活力；又给军队建设带来了新的考验。处在这样的大背景下，邓小平以高度的政治敏锐性关注军队性质问题，深刻揭示了人民军队性质的科学含义。他明确指出："我确信，我们的军队能够始终不渝地坚持自己的性质。这个性质是党的军队，人民的军队，社会主义国家的军队。这与世界各国的军队不同，就是与别的社会主义国家的军队也不同，因为他们的军队与我们的军队经历不同。我们的军队始终忠于党，忠于人民，忠于国家，忠于社会主义。我确信，我们的军队能够做到这一点，几十年的考验证明军队能够履行自己的责任。"邓小平正是紧紧抓住新时期我军建设这一根本问题，提出了关于新时期我军革命化建设的思想。可以说，坚持人民军队的性质，做到政治上永远合格，这是贯穿邓小平新时期军队建设思想中的基本精神，也是新时期军队革命化建设的根本出发点和落脚点。

2. 现代化是我军"三化"建设的中心

新时期我军建设面临的主要矛盾是现代化水平与现代战争不相适应的矛盾。邓小平指出："要承认我们军队打现代化战争的能力不够。要承认我们军队的人数虽多，但素质比较差。"以现代化为中心是解决我军建设主要矛盾的根本途径，是时代对军队建设的必然要求。邓小平提出军队现代化的主要内容包括：军事人才的现代化、武器装备的现代化、体制编制的现代化和军事理论的现代化。

图 3–5　邓小平视察解放军海军部队

3. 提高军队正规化建设水平

正规化建设是军队建设的重要方面。主要是指军队的组织、管理和军制等规范化建设。通过正规化建设，实现军队的高度集中统一。正规化建设的主要内容：坚持依法治军，加强组织纪律，加强管理；全面建立战备、工作、生活等正常秩序；建立适应现代战争要求的科学体制编制，使部队适应未来作战任务、武器装备发展、部队训练和管理的需要；强化体制编制的科学性和权威性等。正规化建设是军队发展的客观要求，也是军队建设向高级阶段发展的重要标志。

建设一支强大的现代化正规化革命军队，是新时期我军建设的总目标、总任务，是军队建设由低级阶段向高级阶段发展的历史必然。

(五) 走有中国特色的精兵之路

1. 走精兵之路是我军建设的根本方针

军队战斗力的生成与发展，包括数量与质量两个方面。现代高

军队要"消肿"

技术广泛运用于军事领域的一个必然结果，就是人与武器装备在结构关系上发生了变化：军队员额的作用下降，武器装备的作用上升。对战斗力的形成乃至战争结局，军队质量要素显得越来越重要，越来越突出，越来越具有决定性意义。邓小平强调："质量问题是影响战争胜败的问题。"只讲数量，不讲质量，会耽误大事，要正确处理数量和质量的关系，要把质量建设作为军队建设的根本方针，长期坚持下去。

2. 实现精兵之路的途径

注重质量建设。兵贵精，不贵多，精兵为古今中外治军之道。"冷战"结束后，世界各国调整建军方针，为争夺21世纪战略优势，普遍注重军队质量建设。表现为军队从人力密集型转向技术密集型，通过提高质量增强军事实力。我国地域辽阔，科技水平从总体上讲与发达国家还有较大的差距，需要把军队数量保持在适当的水平上，但也必须适应世界潮流，注重质量建设，适当减少数量，优化结构，提高效能，坚持科技强军，使我军由人力密集型向技术密集型转变，由数量规模型向质量效能型转变，在精兵、利器、合成、高效上下功夫，不断增强总体实力。

3. 把教育训练提高到战略地位

提高军队素质才能实现精兵。提高军队的素质靠什么？邓小平指出：在没有战争的条件下，提高部队的素质，提高军队战斗力，主要靠教育训练。第一，教育训练是牢固树立战斗队的思想、落实战备工作的实践基础；第二，教育训练是实现人与武器最佳结合的基本途径；第三，教育训练是提高诸军兵种联合作战能力的主要渠道和方式；第四，教育训练是加强作风纪律培养，增强部队凝聚力的重要手段。这些重要论断，抓住了和平时期实现精兵的关键，部队不打仗，就要靠训练。

三、邓小平军队建设思想的地位和作用

(一) 邓小平军队建设思想是当代马列主义军事理论

邓小平军队建设思想作为邓小平理论的重要组成部分，产生和形成于我国社会主义改革开放和现代化建设的伟大实践之中。它的形成和发展既是邓小平对当今国际形势冷静观察和正确判断的结果，又是他对新时期我国国情、军情进行实事求是的科学分析的产物，从而提出了一系列建军方针、政策、原则，形成了邓小平军队建设思想。它具有鲜明的时代特征，着眼于马列主义军事理论在新的历史条件下的运用，着眼于对国际战略形势和我国国情的深刻分析，着眼于新时期我军建设的实

际，是具有中国特色的当代马列主义军事理论。

（二）邓小平军队建设思想是我军建设的科学指南

邓小平军队建设思想，揭示了和平时期军队和国防建设的基本规律。它坚持把当今世界各国国防和军队建设的一般规律和原则，同我国我军实际情况有机结合，把我军传统的经验原则同新时期新情况有机结合，抓住我军建设的主要矛盾，创造性地回答和解决了新时期我军建设亟待解决的一系列重大理论和实际问题。邓小平军队建设思想作为邓小平理论的重要组成部分，是一个完整的科学体系，是马列主义军事理论、毛泽东军事思想在新的历史条件下的创造性运用和发展，是新时期我军军事斗争和军队建设的科学指南。

（三）邓小平军队建设思想是我军克敌制胜的锐利思想武器

邓小平军队建设思想，揭示了现代战争的特点和规律，为打赢现代高技术条件下局部战争提供了理论武器。邓小平提出了和平与发展的新理论，极大地丰富了马克思主义的战争观。他提出了现代条件下的人民战争理论，强调把建设强大的常备军与建设强大的后备力量相结合。他为我军制定了新时期积极防御的战略方针，赋予了具有时代特点的新内涵。他为我军建设确定了总目标、总任务，强调以现代化建设为中心，按照现代战争的客观要求，全面加强军队质量建设，做好战争准备。因此，认真贯彻邓小平军队建设思想是我军赢得高技术条件下局部战争胜利的锐利思想武器。

第五节 江泽民国防和军队建设思想

国防教育警句

爱国源于心，报国践于行。

江泽民国防和军队建设思想，是以江泽民同志为核心的中国共产党第三代领导集体，在领导国防和军队现代化建设的实践中，按照“三个代表”重要思想所体现的时代性和先进性的要求，围绕解决“打得赢、不变质”两个历史性课题而创立的军事指导理论。

一、江泽民国防和军队建设思想产生的时代背景

（一）国际战略格局发生了重大变化

20 世纪 90 年代以来，我国国防和军队建设所处的历史条件出现了新的变化，在和平与发展仍然是时代主题的背景下，国际战略格局出现重大转变。江泽民在 1993 年 12 月的一次会议上用四句话精辟地概括了当时的国际形势特点：走向多极格局，局势有所缓和，矛盾复杂多变，世界并不安宁。国际战略格局的演变，既为我国的经济发展提供了难得的机遇，也使我国面临严峻的挑战。国家安全仍然面临着一些现实和潜在的威胁。处于复杂的战略环境，我军打赢现代战争能力不足的问题更加突出，履行维护国家主权和安全利益职能面临着更大的压力和挑战，必须以新的姿态迎接挑战，不断提高我国的国防实力和军队的现代化水平，以更有效地担负起捍卫国家安全和领土完整、为社会主义现代化建设提供安全保障的重任。

（二）市场经济体制对军队建设带来巨大影响

随着我国改革开放的不断深入，市场经济体制对军队建设带来的影响是巨大的。所有制结构、分配制度和国有企业改革，都会触及军人或其亲属的切身利益；在市场经济条件下，军队的体制编制、教育训练、后勤保障、战场准备、兵员补充等方面，也面临着一些新情况、新问题；对外交流机会的增多，外军许多新的军事思想不断涌入。这些情况和影响，要求军队的体制编制、教育训练、后勤保障、战场准备、兵员补充等必须与社会主义市场经济体制相适应，特别是在加强军队思想政治工作的针对性、保证全军官兵政治上的坚定性和思想道德的纯洁性等方面采取相应措施，保持和提高军队战斗力。

（三）高技术战争成为现代战争的基本样式

20 世纪 90 年代以后，世界上发生的几场局部战争，特别是海湾战争和伊拉克战争，比较全面地展现了当代高技术的最新成果和高技术作战方法，高技术局部战争已成为现代战争的基本形态。世界各主要国家纷纷把高新技术运用于军事领域，武器装备体系、军队体制编制、作战方式、战场环境等都发生了极为深刻的变化，高技术战争成为现代战争的基本形态。世界新军事变革迅猛兴起，取得高技术质量优势已成为国际军事竞争的主要标志，军事斗争准备在军事战略全局中的地位更加突

出。如何在战争形态发生重大转变，信息化成为军队现代化的核心和本质的情况下，实现我军现代化建设的跨越式发展，这就要求军队必须把军事斗争准备的基点，放在打赢可能发生的现代技术特别是高技术条件下的局部战争上。

二、江泽民国防和军队建设思想的主要内容

江泽民同志在1997年的军委扩大会议上指出："对于新时期军队建设，有两个最重要的问题是我始终加以关注的：一个是在复杂的国际环境中，我军能不能跟上世界军事发展的趋势，打赢未来可能发生的高技术局部战争；一个是在社会主义市场经济和对外开放条件下，我军能不能保持人民军队的性质、本色和作风，始终成为党绝对领导下的革命军队。"江泽民同志立足新的历史条件，把解决好"打得赢、不变质"两个历史性课题郑重提到全军面前。

图3–6　江泽民在军委扩大会议上

坚持打得赢、不变质相统一，反映了人民军队建设的本质要求。"打得赢"，就是我军要建设成为一支具有强大实战能力和威慑能力的现代化军队，能够打赢现代条件特别是高技术条件下的局部战争，为维护国家安全统一，为建设中国特色社会主义事业提供可靠保障。"不变质"，就是我军始终坚持中国共产党的绝对领导，永远保持人民军队的性质、本色和作风，经得起任何政治风浪的考验，永远成为党的军队、人民的军队、社会主义国家的军队。

根据军队革命化、现代化和正规化建设新的实践，江泽民同志提出了"政治合格，军事过硬、作风优良、纪律严明、保障有力"的"五句话"总要求。"五句话"的总要求，涵盖了新形势下军队建设的基本内容，是检验军队"打得赢"、"不变质"这两个历史性课题落实程度的重要尺度，具有很强的实践性和可操作性。

两个历史性课题的提出，是对新时期我军建设主要矛盾和任务的深刻洞察和准确把握，抓住了军队建设带根本性和全局性的问题，确立了新时期军队建设的大思路。江泽民国防和军队建设思想的全部内容，都是围绕着两个历史性课题展开的；江泽民同志领导国防和军队建设的全部实践，也是以解决两个历史性课题为根本出发点和归宿的。"打得赢"、"不变质"，是贯穿江泽民国防与军队建设思想的两条主线。

（一）加强国防现代化建设，打赢高技术条件下的局部战争

1. 从国际关系全局和国家发展大局，谋划“打得赢”

(1) 科学分析国际战略形势，正确把握战争与和平的关系。对世界局势的科学判断和正确把握，是我们党谋划国防和军队建设的基本依据。江泽民同志经过冷静观察和深刻分析，对国际战略形势的发展以及战争与和平问题做出了基本判断，指出当今世界是“总体和平、局部战乱，总体缓和、局部紧张，总体稳定，局部动荡，将是今后一个时期国际局势发展的基本态势”。国际战略形势的发展变化和我国安全环境面临的复杂态势，江泽民同志告诫我们必须把维护国家安全统一和发展利益，摆在更加突出的战略位置，确保有效维护国家安全统一和发展利益。当代中国军队建设既要努力提高打赢战争的能力，又要努力提高遏制战争的能力。遏制战争，是相对和平时期军队的重要职能，也是维护国家安全统一和发展利益的最佳战略选择。军队要达到遏制战争的目的，必须增强国防实力，保持强大的威慑力，具备打赢战争的能力。

(2) 加强军队建设，提高国家战略能力。早在1990年，江泽民就曾指出：“我们不仅在战争环境下要重视和加强军队建设，在相对和平时期，同样要重视和加强军队建设。有了一支与我们国家地位相称的强大的军队，无论出现什么突发事件，都能从容应付，立于不败之地。”他后来还指出：“没有一个人民的军队，便没有人民的一切，仍然是一个颠扑不破的真理。在新的历史时期，军队的地位和作用更加重要，国防和军队建设只能加强，不能削弱。”这充分表明了新时期加强国防和军队建设，对于保证打赢高技术局部战争的极端重要性。

维护国家安全，保障国家发展利益，必须提高国家战略能力。这是江泽民同志提出的一个重要的国家安全战略思想。国家战略能力，既是指国家在非战争状态下，营造和形成有利的安全战略态势的能力，也是指国家在战争状态下，进行战争、赢得战争的能力。从维护国家安全的角度讲，国家的综合国力也就是国家战略能力，主要包括经济实力、国防实力和民族凝聚力。提高国家的战略能力，必须在加快发展经济的基础上，进一步增强国防实力。我国作为世界上最大的发展中国家，只有不断提高国家的战略能力，才能从容应对国家安全所面临的各种挑战和考验，始终处于战略主动地位。

2. 国防建设要贯彻积极防御的战略方针

(1) 继承和发展积极防御的战略方针。军事战略归根到底是治国之道，是指导国防建设和军队建设的根本方针。在新的历史条件下，江泽民同志强调指出：“一个国家、一个民族，要生存发展，要在竞争激烈的国际环境中站稳脚跟，就不能没

有正确的军事战略方针。国防建设要贯彻积极防御的战略方针。在当前复杂多变的国际新形势下，为了掌握战略主动，我们必须确立正确的军事战略方针。”江泽民同志还指出：“积极防御这个战略方针是我们的传家宝，要全面系统地学习，要完整准确地理解，要坚定不移地去贯彻。同时，随着形势的变化，还应实事求是地继承和发展。”

(2) 用新时期军事战略方针统揽军队现代化建设。江泽民同志指出：“全军的各项建设和一切工作，包括军事训练、政治工作、后勤保障、国防科研，等等，都要在新时期军事战略方针的指导和统揽下，立足于未来打赢现代技术特别是高技术条件下的局部战争，周密规划、全面部署和深入展开。”新时期军事战略方针，明确了新形势下我军军事斗争准备的目标和任务，正确解决了我军建设和改革的方向问题，强有力地牵引和推进着我军现代化建设的发展。

3. 坚持和发展人民战争思想，发挥人民战争的整体威力

(1) 人民战争是我军克敌制胜的法宝。人民战争思想，是毛泽东军事思想、邓小平军队建设思想的重要组成部分，是我们党领导人民进行战争的根本指导路线。江泽民同志指出：“无论武器装备如何发展，战争形态如何变化，人民战争都是我们克敌制胜的法宝。”坚持人民战争思想，包括两个基本方面，一个是在战争时期，动员和依靠人民进行战争，同仇敌忾、众志成城，陷敌于人民战争汪洋大海之中；一个是在相对和平时期，动员和依靠人民建设军队、建设国防，造成雄厚的物质基础，积蓄人民战争的强大力量。江泽民强调指出：“以劣胜优，打人民战争，是我党我军的基本经验和宝贵财富，我们一定要发扬我军以劣势装备战胜优势技术装备之敌的优良传统，牢固地树立敢打必胜的信心。”

(2) 开展国防教育，增强国防意识。江泽民同志指出，要重视在全体人民中进行国防教育，增强国防意识。国防教育要作为公民的终身教育，要坚持不懈地抓下去。坚持全民办国防的方针，依靠人民，建设军队、建设国防。要深入持久地开展国防教育，增强全民国防观念，完善国防动员体制，加强国防后备力量建设。紧紧依靠最广大的人民群众建设军队、建设国防，是我国国防和军队建设必须始终遵循的一个根本原则。国防和军队建设，是全党和全国各族人民的共同事业。在高技术条件下，人民战争的地位不是降低了，而是更高了。无论武器装备如何发展，战争形态如何变化，人民战争都是我们克敌制胜的法宝。我们要结合新的历史条件和新的实践，坚持和创造性地发展人民战争的思想。

4. 确立科技强军的思想，实现“两个转变”

(1) 依靠科技强军，把我军的质量建设搞上去。随着科学技术的迅猛发展及其

在军事领域的广泛应用，军事力量的要素构成、军事力量的运用方式等都发生了很大变化，军队的质量对战争胜负越来越具有决定性意义。提升军队质量，是世界新军事变革的显著特征；争夺质量优势，是世界军事竞争的重要发展趋势。能否适应这一趋势，把我军的质量建设搞上去，关系我国在世界格局中能否占据更加有利的战略地位，关系我军能否打赢未来可能发生的高技术局部战争。江泽民同志把加强军队质量建设，依靠科技强军，走有中国特色的精兵之路，加快我军的现代化建设，提高我军在现代技术特别是高技术条件下的作战能力，作为今后一个时期军队建设的重要指导思想。江泽民丰富和发展了邓小平的"精兵"思想，为世纪之交我军的建设和改革指明了方向。

(2) 全面提高军队建设的科技含量。加强军队质量建设的关键是实施科技强军战略。实施科技强军战略，核心内容是把依靠科技进步提高战斗力摆在国防和军队建设的战略位置，增强国家的军事科技实力，全面提高军队建设的科技含量。在指导思想上，"由应付一般条件下的局部战争，向打赢高技术条件下的局部战争转变"；在军队建设上，实现"由数量规模型向质量效能型、由人力密集型向科技密集型的转变"。这"两个转变"的实质，就是把提高战斗力的重点转到依靠科技进步的轨道上来。

(3) 开展科技练兵，抓好军事训练。开展科技练兵，推动军事训练向更高层次发展。现代战争特别是高技术局部战争的一个显著特点，就是知识和技术高度密集，要求军人必须具备现代科学技术知识。江泽民同志强调，要把军事训练作为部队经常性的中心工作，切实摆在战略位置。军事训练是和平时期军队战斗力生成的基本途径。把人和武器结合起来，要靠训练；培养部队英勇顽强的战斗的作风，要靠训练；提高指挥员组织指挥现代战争的能力，也要靠训练。部队要做到政治合格、军事过硬、作风优良、纪律严明、保障有力，都要通过严格的训练。要适应高技术战争的主要特点和样式，抓好战略、战役和战术各个层次的诸军兵种联合作战训练，提高联合作战能力。

5. 培养和造就大批高素质新型军事人才

(1) 人才是建军治军之本。在军事资源中，人才是最宝贵、最具有决定意义的资源。在新的历史时期，为确保"打得赢"，江泽民同志把提高军人素质摆到了十分突出的地位。他指出，"军队的现代化，人员素质是个至关重要的因素"，"人才是兴军之本，必须把培养和造就大批高素质的人才作为军队现代化建设的根本大计来抓"。当代世界军事领域的竞争，说到底是人才的竞争。在未来的信息化战场上，敌我双方的较量将更加突出地表现为高素质人才的较量。江泽民同志指出："未来的仗能不能打赢，军队会不会变质，关键是人。没有高素质的人才，一切都是空话。”培养大批高素质的军事指挥人才，是我军人才培养的重中之重。没有高素质的军事人才，就无法创造先进的作战理论，无法形成高超的军事谋略和战法，武器装备再先进，也难以发挥应有的效能。人才是建军治军之本，也是战争制胜的关键因素。

(2) 把军队院校教育摆在优先发展的战略地位。江泽民同志还进一步指出：“人才培养是一个长期任务，又是当务之急。高新技术装备一下子搞不上去，但是人才培养要先行。宁肯人才等装备，也不能让装备等人才。”这些论述深刻地揭示了军人素质与战斗力的本质联系。江泽民同志指出：培养高素质的军事人才，必须把院校教育摆在优先发展的战略地位。这是我军现代化建设的历史经验，也是现代军事发展的客观要求。军队院校教育，对军队现代化建设，具有基础性、全局性和先导性的重要作用。我军要赢得人才资源优势，跻身世界强师劲旅之林，必须发挥院校在培养高素质军事人才中的主渠道和基地作用，建设一批高水平的军事院校。

6. 加快发展“撒手锏”，实现武器装备现代化

(1) 发展武器装备，提高军队作战能力。军队武器装备的高科技化，已经成为当今世界军事发展的一个重要趋势。武器装备的发展变化，从最终意义上决定着战争形态、作战样式、指挥方式，以及军队组织结构和军事理论的发展变化。江泽民同志指出：“在当今世上，一个国家如果不随着经济和社会的发展，努力增强国防实力，提高军队的素质和武器装备水平，在现代技术尤其是高技术条件下的作战能力不强，一旦战争发生，往往陷入被动挨打的地位，国家利益、民族尊严和国际威望就要受到极大损害。”武器装备落后，缺少有效的制敌手段，在战争中要取胜就会付出很大的代价。必须把国防科研和武器装备建设摆在提高军事实力的突出位置，特别要注重发展我们自己的“撒手锏”，增强我军打赢高技术战争的物质技术基础。要着眼军事斗争的需要，坚持有所赶有所不赶、有所为有所不为，抓住关键性的技术，集中财力、物力、人力办大事，重点发展那些一旦突破，就能对提高军队的威慑和实战能力产生重大影响的武器装备。

(2) 把武器装备建设的着力点放在自主创新上。坚持自力更生为主、引进为辅，把武器装备建设的着力点放在自主创新上。江泽民同志指出：“发达国家与发展中国家的军事技术形态出现又一轮‘时代差’。国防尖端技术和高新技术武器装备，依靠别人是靠不住的，唯有自己掌握核心技术，拥有自主知识产权，才能将祖国的发展与安全的命运牢牢掌握在我们手中。在大力推进高科技自主创新，发展有自主知识产权技术的同进，利用一切可利用的资源，学习一切可以借鉴的经验，有选择地引进关键的装备和技术，努力实现国防科技事业和武器装备建设

的新突破、新发展、新跨越。”

（二）坚持人民军队的性质、本色和作风，保证“不变质”

1. 党对军队的绝对领导是我军永远不变的军魂

(1) 军队要筑牢“军魂”意识。江泽民同志把党对军队的绝对领导作为军队建设和发展的首要问题，始终予以高度关注，明确指出：“一个军队要有军魂。我看，我们军队的军魂就是党的绝对领导。”他还多次强调，“党对军队的绝对领导是我军永远不变的军魂”。这是对我军建军根本原则的丰富和发展。这一科学论断，深刻揭示了我军作为党的军队、人民的军队、社会主义国家军队的本质所在；深刻揭示了永远听党指挥是我军发展壮大，从胜利走向胜利的根本保证，是我军立军之本；深刻提示了无论时代怎样发展，社会环境怎样变化，我军都必须始终不渝地坚持党对军队的绝对领导，丝毫也不能动摇。

(2) 保证党从思想上政治上掌握军队。始终坚持党对军队领导地位的绝对性，一个根本要求就是保证党从思想上政治上掌握军队。江泽民同志强调：“坚持党对军队的绝对领导，必须首先从思想上政治上掌握军队。”只有从思想上政治上掌握部队，才能使广大官兵凝聚在党的旗帜下，做到任何时候、任何情况下都忠于党，跟党走，听党指挥；才能使广大官兵保持坚定的政治立场和正确的政治方向，在重大原则问题上分清是非界限，提高鉴别能力；才能使广大官兵具有先进的思想觉悟和高尚的道德情操，始终保持革命军人的政治本色。

2. 把思想政治建设摆在全军各项建设的首位

(1) 思想政治建设是军队革命化建设的核心。我军作为执行党的政治任务的武装集团，作为人民民主专政的坚强柱石和社会主义祖国的钢铁长城，作为体现党和国家政治优势的重要力量，始终要靠思想政治建设来保证党对军队的绝对领导，保证党的路线方针政策在军队的贯彻落实，保证军队战斗力的提高和各项任务的完成。江泽民同志指出：“思想政治建设，必须摆在全军各项建设的首位，这是从党、国家和军队工作全局的战略高度提出的要求。”这个要求，体现了人民军队建设的内在规律，对新形势下加强我军建设具有根本的指导意义，也是在国防和军事领域贯彻落实“三个代表”重要思想的具体体现。

(2) 思想政治建设是永葆人民军队革命本色的可靠保证。新时期军队思想政治建设的使命，是为打赢未来高技术战争提供强大的精神动力，为保持人民军队的性质、本色和作风提供可靠的政治保证。在国际国内环境发生大变动的时期，在高技术对军事领域的影响越来越广泛深刻的情况下，我军思想政治建设只能加强不能削弱，只能抓紧不能放松。推进军队的现代化建设，必须充分发挥政治觉悟、奋斗精神的作用。“靠钱是堆不出一支现代化的革命军队来的”，打赢未来高技术条件下的局部战争，需要大力加强武器装备建设，但坚定的革命理想信念、自觉的牺牲奉献精神所产生的巨大力量，是任何物质的东西都无法替代的。有了现代化的武器装备，加上我军特有的政治优势，我们就能无往而不胜。

3. 在继承优良传统的基础上大胆改革创新

(1) 在全军部队广泛开展“四个教育”。我党我军的一整套优良传统和作风是我们的传家宝和政治优势，是治党治军的锐利武器。江泽民同志亲自倡导在全军部队广泛开展爱国奉献教育、革命人生观教育、尊干爱兵教育和艰苦奋斗教育，强调这四个方面的教育要搞得一年比一年更深入、更有成效。同时还提出，要加强我军优良传统和作风教育，切实保持老红军的本色长久不衰。还强调军队要有良好的思想作风、工作作风、战斗作风和生活作风，做到实事求是，谦虚谨慎；积极进取，敢于创新；英勇顽强，雷厉风行；艰苦奋斗，勤俭办事。这些重要指示，抓住了新形势下部队思想政治建设迫切需要解决的带根本性的问题。

(2) 以改革创新的精神开拓前进。江泽民同志反复告诫全军：“一个国家、一个民族、一个军队，如果不提倡艰苦奋斗、艰苦创业，只想在前人创造的物质文化成果上坐享其成，满脑子是金钱万能，成天贪图享乐，那么，这样的国家、这样的民族、这样的军队，是毫无希望的，是没有不衰落和不垮台的。”江泽民同志指出：创新是一个民族进步的灵魂，是一个国家兴旺发达的不竭动力。创新，也是军队发展的不竭动力。在新的历史条件下，由于我军建设的任务和面临的环境发生了深刻的变化，我们必须在坚持优良传统的基础上大胆改革创新，使我军始终保持旺盛的生机和活力，要以改革创新的精神开拓前进。

三、江泽民国防和军队建设思想的指导意义

(一) 江泽民国防和军队建设思想是毛泽东军事思想、邓小平军队建设思想在新形势下的继承和发展

党的三代领导集体的军事思想一脉相承，又各有不同的历史烙印。就本质而言，江泽民国防和军队建设思想是江泽民同志为核心的第三代领导集体，将马克思主义军事理论的基本原理同新形势下国防和军队建设的具体实践相结合的经验结晶，是毛泽东军事思想、邓小平国防和军队建设思想的继承和发展，是“三个代表”重要思想在新形势下我国国防和军事领域的集中体现，是“三个代表”重要思想的“军

事篇”。

（二）江泽民国防和军队建设思想，深刻揭示了和平时期建军治军的特点和规律

江泽民国防和军队建设思想的精髓突出表现在：解放思想、实事求是、开拓创新、与时俱进，在马克思主义军事理论的发展史上具有重要的历史地位。可以说，卓有建树的开创了中国国防和军队建设的新局面，全面、系统和深刻地揭示了和平时期建军治军的特点和规律。学习江泽民国防和军队建设思想，要认真研究解决时代提出的新课题，总结新经验，使理论指导实践的过程，成为国防与军队建设理论与实践不断创新发展的过程。

（三）江泽民国防和军队建设思想是新形势下指导国防和军队建设的科学理论

理论的生命力来自实践。1989 年 11 月至 2004 年 3 月，江泽民同志担任军委主席期间，我国的国防和军队所处的历史条件发生了一系列重大的变化，出现了许多新情况和新问题。新的问题和新的实践呼唤新的理论，并造就新的理论。国际战略格局的变化，世界军事变革的挑战，我国安全形势的新情况，对台斗争的严峻形势，向我军提出了“打得赢”高技术局部战争的历史性课题。国家进一步扩大改革开放，发展社会主义市场经济，向我军提出了坚持人民军队的性质、本色、作风“不变质”的历史性课题。江泽民国防和军队建设思想是新形势下指导国防和军队建设的科学理论。

第六节　胡锦涛国防和军队建设思想

> **国防教育警句**
> 享天下太平，
> 思卫国将士。

党的十六大特别是党的十六届四中全会以来，面对世情、国情、党情深刻变化，胡锦涛同志科学判断我军建设所处历史方位，准确把握国防和军队建设阶段性特征，从国家安全和发展战略全局高度统筹经济建设和国防建设，提出了一系列紧密联系、相互贯通的新思想新观点新论断，形成了党关于新形势下国防和军队建设思想，也就是胡锦涛国防和军队建设思想。这一重要的军事指导理论，科学地回答了在世界大发展大变革大调整、我国全面建设小康社会的历史条件下，推进国防和军队建设科学发展、全面履行新世纪新阶段我军历史使

命的重大课题，开辟了党的军事指导理论创新发展新境界。

一、胡锦涛国防和军队建设思想的科学含义和历史背景

（一）胡锦涛国防和军队建设思想的科学含义

胡锦涛国防和军队建设思想，是科学发展观的重要组成部分，是科学发展观在军事领域的运用和展开，是毛泽东军事思想、邓小平新时期军队建设思想、江泽民国防和军队建设思想的继承和发展，是新形势下推进国防和军队建设的科学指南。胡锦涛国防和军队建设思想实现了党的军事指导理论的又一次与时俱进，是当代中国马克思主义的创新军事理论。

胡锦涛国防和军队建设思想是一个科学体系。关于国防和军队建设的指导方针、国防和军队建设的主题主线、国防和军队建设的总基调、国防和军队建设的目标任务、国防和军队建设的发展道路、国防和军队建设的发展理念、国防和军队建设的内在动力、国防和军队的思想政治建设等一系列重要论述，既有军事哲学层次的指导思想，又有军事实践活动的方法原则，丰富和发展了新形势下国防和军队建设的目标、道路、理念、动力、保证等基本内容，形成了一个完整、科学、开放的军事思想体系。这一重要军事指导思想，反映了军队建设继往开来的客观规律，是加强军队建设的基本遵循，是引领、推动国防和军队建设实践不断前进的强大思想武器。

（二）胡锦涛国防和军队建设思想的历史背景

1. 世界多极化和经济全球化的趋势进一步凸现，影响国家可持续发展的外部制约因素增加

新世纪新阶段，国际形势呈现总体和平、缓和、稳定的基本态势，和平、发展、合作是时代的主流；世界多极化和经济全球化的趋势进一步凸现；各国利益相互依存、相互交织，对话合作意愿不断增强。但是，随着国际形势的发展变化，我国可持续发展面临的外部制约因素也在增加，表现在：西方敌对势力加紧对中国实施西化、分化和遏制政策，千方百计对中国加以牵制；我国周边安全环境存在诸多隐患，围绕海洋权益的斗争加剧；随着国家利益的拓展，保护海外利益的任务更加艰巨。

2. 国家社会和经济发展形势总体良好，影响国家安全和稳定的不确定因素增多

我国经济社会、国防和军队建设进入新世纪新阶段以后，给国家的安全和发展形势带来了有利的机遇。表现在：我国政治安定、民族团结、经济发展、社会和谐

的局面得到进一步巩固；我国对世界的影响力在增长；国家社会和经济发展形势总体良好。但影响国家安全和发展的不稳定、不确定因素增多，表现在："台独"等民族分裂势力猖獗；恐怖势力、宗教极端势力等邪恶势力加紧勾连聚合，不断组织策划渗透、瓦解和破坏活动；我国人口、就业和"三农"等问题凸现，社会矛盾和犯罪问题增多；国内安全与国际安全的互动性增强，一些国内问题如果处理不当，可能会演变为国际问题，一些国际问题也可能影响我国诱发社会稳定问题；国家传统安全威胁和非传统安全威胁因素相互交织。

3. 我军所处环境和面临的任务发生了重大变化，国防和军队建设面临时代性的挑战

由于我军所处环境和面临的任务发生了重大变化，国防和军队建设需要解决诸多具有时代性的课题。如何在国际上单边主义和强权政治仍然存在，多极化趋势日渐呈现，区域化和全球化经济机遇与挑战并存，竞争大于合作的复杂形势下，坚决有效地维护国家的战略利益；如何在我国改革发展进入关键时刻，特别是"台独"分裂势力严重威胁祖国和平统一大业的背景下，更好地履行党和人民赋予军队的神圣使命，有效维护国家主权、统一和稳定；如何在世界新军事变革加速推进，战略主动权竞争日趋激烈的形势下，大力推进国防和军队现代化建设，不断增强应对危机、维护和平，遏制战争、打赢信息化战争的能力；如何在我国经济实力、科技实力、国防实力和民族凝聚力不断增强，国防和军队建设取得巨大成就的基础上，继续抓住机遇、乘势而上，推动国防和军队建设迈上新的台阶。这些都给我国国防和军队现代化建设带来了时代性的挑战。

二、胡锦涛国防和军队建设思想的主要内容

（一）军队要大力加强思想政治建设

1. 军队要始终坚持正确的政治方向

胡锦涛同志高度重视军队的思想政治建设，指出："要毫不动摇地把思想政治建设摆在各项建设的首位，保持和发展我军特有的政治优势，坚持不懈地用党的理论创新的最新成果武装官兵，坚定官兵的理想信念，强化全军的军魂意识，坚定地打牢听党话、跟党走的思想基础，保证军队建设正确的政治方向。"胡锦涛同志在视察部队时指出，思想政治建设是军队的根本性、基础性建设。要积极适应新的形势和任务，把部队思想政治建设抓得更加有力、更加扎实、更加富有成效。还强调：

要坚持把思想政治建设摆在全军各项建设的首位，始终不渝地坚持党对军队绝对领导的根本原则和制度。要按照党中央和中央军委的部署，把全军的意志和力量凝聚到履行新使命、完成新任务的具体实践中。大力加强思想政治建设，坚持不懈地用党的创新理论武装官兵，紧密结合形势任务，深入开展我军历史使命教育、理想信念教育、战斗精神教育和社会主义荣辱观教育，始终保持部队正确的政治方向，做到听党指挥、服务人民、英勇善战。

2. 增强思想政治工作的针对性和时效性

胡锦涛同志强调指出，要紧密联系部队建设的新形势和新特点，切实加强和改进思想政治工作。这是确保党对军队绝对领导的必然要求，是确保部队"打得赢、不变质"的必然要求，也是确保广大官兵健康成长的必然要求。要着眼于时代发展和任务变化对思想政治工作提出的新要求，根据部队官兵的成分变化和思想实际，有的放矢地做工作，增强思想政治工作的针对性、实效性。要始终把革命化建设放在第一位，更加有力、更加扎实、更加富有成效地推进思想政治建设。

3. 积极创新和改进思想政治教育的内容、形式和手段

我军建设进入新世纪新阶段之后，部队官兵的思想出现了许多新情况新问题，思想政治教育的内容必须随之而变化。胡主席指出，要持久地开展以坚定理想信念和树立正确的世界观、人生观、价值观为核心的思想政治教育，使广大官兵始终保持政治上的坚定和思想道德上的纯洁，始终保持坚强的革命意志和旺盛的战斗精神。要深入扎实地搞好保持共产党员先进性教育活动，确保取得实实在在的成果下，使其成为官兵满意工程。

4. 加强军队各级党组织的能力建设

胡锦涛同志强调，要大力加强军队各级党组织的能力建设，不断提高加强部队思想政治建设、把握部队建设正确方向的本领，不断提高领导军事斗争准备、带领部队完成信息化作战任务的本领，不断提高推进中国特色军事变革、推进部队机械化信息化建设的本领，不断提高依法从严治军、加强部队正规化建设的本领。各级党组织的能力建设，体现在党的思想、组织、作风、制度建设各个方面，要充分发挥党委的核心领导作用、党支部的战斗堡垒作用和共产党员的先锋模范作用，确保部队在任何时候任何情况下都坚定地听党的话、跟党走。

(二) 坚持党对军队的绝对领导，强化"军魂"意识

1. 坚持党对军队的绝对领导是我军建设的首要问题

胡锦涛同志主持军委工作以来，高度关注新形势下坚持党对军队绝对领导的问

题，明确指出："党对军队的绝对领导是我军的军魂，这一条永远不能变，而且在新的历史条件下更要强化这一观念，这是我军'不变质'的根本保证。"胡锦涛关于坚持党对军队的绝对领导的重要论述，是对我军建军根本原则的继承、丰富和发展，是新的历史条件下我军建设与发展的首要问题，深刻揭示了在新的历史条件下坚持党对军队绝对领导原则的科学性、重要性和必然性。对这个根本问题，胡锦涛同志始终给予高度关注，多次进行了强调，明确指出："保证党对军队的绝对领导，始终是关系我军性质和宗旨，关系社会主义的前途命运，关系国家的长治久安的重大问题，因而也始终是我军建设和发展的首要问题。"

2. 坚持党对军队绝对领导是我军的立军之本

胡锦涛同志关于坚持党对军队绝对领导的重要论述，为我军建军的根本原则赋予了新的时代内涵。胡锦涛同志指出，党对军队的绝对领导，不仅是我军革命化建设的核心和本质，而且是我军战斗力的源泉，是我军无往不胜的法宝。回顾80多年的发展历程，我军之所以能从小到大，由弱到强，克服各种艰难险阻，战胜国内外强大敌人，打出一个人民的天下，究竟靠的是什么？原因固然很多，但根本的一条，就是有党对军队的绝对领导。党的绝对领导，是我军的建军之本、强军之基、力量之源；党对军队的绝对领导，既出凝聚力，又出战斗力。

3. 坚持党对军队的绝对领导是我军永远不变的军魂

胡主席指出："我军作为党领导的人民军队，在巩固党的执政地位、保证社会主义红色江山永不变色、维护人民群众的根本利益中，肩负着神圣使命，具有重要作用。只要我们党紧紧依靠全国人民，牢牢掌握人民军队，国家就出不了什么大的乱子，我们就可以'任凭风浪起，稳坐钓鱼船'。"胡锦涛同志这一重要论述，深刻揭示了坚持党对军队的绝对领导与军队为巩固党的执政地位提供重要的力量保证之间的本质关系。2005年4月，胡锦涛同志在军委扩大会议上指出："高度关注新形势下坚持党对军队绝对领导的问题，不断加强全军部队的军魂教育，强化军魂意识，坚决抵制'军队非党化、非政治化'和'军队国家化'等错误政治观点的影响，确保党从思想上政治上组织上牢牢掌握部队。"这就明确告诉我们，为了更好地坚持党对军队的绝对领导，我们必须坚决反对和批判这三种错误政治观点。党对军队绝对领导是我军最大的政治优势。

4. 保证枪杆子永远掌握在忠于党的可靠的人手里

保证枪杆子真正掌握在忠于党的可靠的人手里，是关系到党和国家生死存亡、兴旺发达的重大问题，是关系人民军队建设的重大政治问题，是坚持党对军队的绝对领导的关键和重心。胡锦涛同志提出，必须加紧培养和造就革命事业的接班人，保证枪杆子永远掌握在忠于党的可靠的人手里，是坚持党的绝对领导的关键和重心。新世纪新阶段，面对执政与相对和平的环境，面对各种利益关系的调整，面对“酒绿灯红”的影响，面对资产阶级腐朽思想文化的侵蚀，建设高素质的干部队伍，确保枪杆子真正掌握在忠于党的可靠的人手里，比我军历史上任何时候都更加紧迫、更加重要。胡锦涛同志多次强调，要以更严的要求、更高的标准执行党对军队绝对领导的根本制度和党的政治纪律，坚决维护其权威性、严肃性，不管形势如何变化，不管军队成员如何更新，不管改革如何发展、体制编制如何调整，都要一以贯之地加以坚持，都要随着历史条件的发展不断加强，而不能有丝毫的动摇和削弱。

（三）军队要强化战斗精神，树立敢打必胜的信心

胡锦涛同志在 2004 年 12 月的一次重要会议上强调：“要在全军深入进行强化战斗精神、提高打赢能力的教育，真正搞清楚为什么要准备打仗、准备打什么样的仗、怎样准备打仗这个重大问题，引导广大官兵牢固树立敢打必胜的坚定信心。”

图 3–7 胡锦涛出席全国人大解放军代表团会议

1. 强化战斗精神是对我军优良传统的继承和发扬

在新的历史阶段，反“台独”军事斗争准备是我军最重要、最现实、最紧迫的战略任务。胡锦涛提出：“要在做好物质技术准备的同时大力加强战斗精神准备。”他明确要求：“要在全军深入进行强化战斗精神、提高打赢能力的教育，引导广大官兵树立敢打必胜的坚定信心。”强烈的战斗精神，是无形的撒手锏，我军战斗精神的优势不能丢。我军历来具有英勇顽强的战斗意志和战斗作风，依靠一不怕苦、二不怕死的革命精神、压倒一切敌人的英雄气概和决不为强大敌人所屈服的必胜信念，依靠胜敌一筹的战争指挥艺术，依靠灵活机动的战略战术，依靠人民战争的法宝，创造了许多以劣势装备打败优势装备的国内外强大敌人的奇迹，在威武雄壮的战争舞台上导演了一幕幕有声有色的战争活剧。这是我军的优良传统和宝贵精神财富，要在新世纪新阶段继续发扬光大。在战略上要敢于藐视和战胜对手，牢固树立敢打必胜的信心；在战术上要重视对手，深入研究和探讨克敌制胜的有效

战法。

2. 强化战斗精神是以劣胜优的必然要求

目前，我军武器装备的现代化水平有了很大改善和提高，但与西方主要发达国家军队武器装备的发展水平相比还有很大差距。对我军来说，还是要以劣抗优、以劣胜优，立足现有装备打仗。要充分发挥我军的优长，充分发挥人的主观能动性，把现有装备的潜力和效能最大限度地发挥出来。全靠新装备打仗是不现实的，要坚持有什么装备打什么仗。其中，强化战斗精神是非常重要的内容。古代剑客们，在与对手狭路相逢时，无论对手有多么强大，就算对方是天下第一剑客，明知不敌，也要亮出自己的宝剑，即使倒在对手的剑下，也虽败犹荣。纵然是敌众我寡，纵然是身陷重围，但是我们敢于亮剑，我们敢于战斗到最后一个人。这就是亮剑精神，这就是战斗精神。

3. 强化战斗精神是谋求战斗力优势的重要途径

人和武器是构成战斗力的两个基本要素，其中人是最活跃、最有决定意义的因素。人的思想觉悟、战斗意志、牺牲精神以及综合素质，直接决定着武器装备效能的发挥，影响着战争的胜负。而人各方面作用的发挥首先依赖于敢打必胜的过硬战斗精神。战斗中，如果贪生怕死，不想打仗，不敢打仗，缺乏必胜的信念，那么就不能发挥武器装备的最佳效能，就不会积极主动地采取灵活的战法打击敌人，就会在敌人心理威慑面前丧失抵抗意志。仗未打，“气”先失，是注定要失败的。所以，为了打赢未来的信息化战争，捍卫国家利益，我军要在努力改善和发展武器装备的同时，要继承和发扬不怕牺牲、不怕疲劳、连续作战、英勇顽强和敢打必胜的光荣传统，进一步强化战斗精神，保持我军在战斗力上的特有优势。

（四）大力倡导和培育当代革命军人核心价值观

2007年底，胡锦涛同志着眼时代发展和形势任务要求，提出了“坚持用中国特色社会主义理论体系指导构建当代革命军人核心价值观”的重大课题。2008年12月，胡主席在中央军委的一次重要的会议上提出要大力倡导和培育当代革命军人“忠诚于党，热爱人民，报效国家，献身使命，崇尚荣誉”的核心价值观。

价值观，是对人生追求什么、怎样追求的总的看法。军人的价值观，与常人有相同的一面，也有特殊的一面。有什么样的价值观，就有什么样的行为标准。军人的核心价值观是对军人职业道德的内在要求，支撑和左右着军人的行为指向和行为准则，从更深层次影响着每个军人的思想方法与行为方式，并构成军队战斗力的主要精神因素。

1. 忠诚于党，是军人的灵魂

忠诚于党，自觉坚持党对军队的绝对领导，高举中国特色社会主义的伟大旗帜，坚定理想信念，任何时候任何情况下都坚决听党指挥。

在胡主席提出的当代军人核心价值观的基本内容里，“忠诚于党”是放在第一位，也就是说，忠诚是前提。这就指出，忠诚于党，是对革命军人的最根本的政治要求，它是当代革命军人核心价值观的灵魂所在。一个人的脊梁，不是骨头，而是精神；一支军队的脊梁，不是武器，而是军魂。对于军人而言，忠诚，不言而喻，“服从命令、听党指挥”是天职。没有忠诚，就不会为“人民军队”的光荣称号而奋斗不止，甚至献出宝贵的生命。

2. 热爱人民，是军人的本色

热爱人民，忠实践行全心全意为人民服务的根本宗旨，视人民的利益高于一切，重于一切，永葆人民子弟兵的政治本色，与人民群众心连心，同呼吸，共命运，为人民无私奉献。

热爱人民是革命军人自觉践行全心全意为人民服务根本宗旨的思想前提和感情基础，从不拿群众一针一线的最朴素的感情做起，军队从来与人民都是同呼吸共命运的，子弟兵以人民的利益高于一切的，挺身而出，冲锋在前。在残酷的战争年代，在如今的和平时期，在无数次的天灾人祸中，一次次的临危请命，一次次的冲锋陷阵。我军是人民的军队，永远是捍卫祖国和人民利益的钢铁长城。

3. 报效国家，是军人的天职

报效国家，大力弘扬爱国主义精神，把个人的前途命运与国家的前途命运紧密联系在一起。坚决捍卫国家主权、安全、领土完整和人民民主专政的国家政权，为建设富强民主文明和谐的社会主义现代化国家贡献力量。

古往今来，军人作为国家的保卫者，从来都是与国家唇齿相依、存亡与共的。在国家的生存和发展利益需要时，挺身而出，为国家建功，为民族赴义，是军人的天职。翻开军史可以发现，每当军队建设与发展处于重要转型期，都要呼唤大批社会优秀青年到军队服役。实践充分证明，军人只有完全融入军队发展建设的大潮之中，把自己的命运与党和军队的事业、国家和人民的利益联系起来，才能最大限度地释放自己的能量，在报效国家的同时实现自我价值。

4. 献身使命，是军人的境界

献身使命，履行革命军人神圣职责，爱军习武，爱岗敬业，不怕牺牲，英勇善战，坚决履行好党和人民赋予的新世纪新阶段军队的历史使命。

对军队来说，使命重于泰山；对军人来说，使命高于生命。新世纪新阶段我军历史使命，体现了我们这支军队在长期的战争和建设中形成的核心价值观，并与当代军人的价值追求紧密相连。

5. 崇尚荣誉，是军人的追求

崇尚荣誉，自觉珍惜和维护国家、军队、军人的荣誉，视荣誉重于生命，自觉践行社会主义荣辱观，弘扬革命英雄主义和集体主义精神，提高素质，全面发展，争创一流，建功立业，贞守革命气节，严守军队纪律。

荣誉，是光辉、亮丽、明媚的字眼，似乎每个行业都有无数的状元、冠军。渴望辉煌，赢得荣光，军人也一样。军人的荣誉从何而来？"见危险就上，见荣誉就让"，这是军人最基本的荣誉观。就是用自己的实际行动捍卫国家的荣誉、人民的荣誉、军队的荣誉，也赢得自己的荣誉，实现美好的人生。

当代军人核心价值观是先进军事文化的灵魂，是当代军事价值观的精髓，集中体现了我军的性质宗旨、优良传统和精神风貌，是我军履行使命任务的必然要求，是当代军人的最高价值追求。当代中国军人核心价值观的构建，就是为了履行好党和人民赋予人民解放军历史使命的一项重要的政治思想建设。一支人民军队要保证拥有高昂的战斗精神和强大的战斗力，就必须懂得其核心价值观是什么。只有大力倡导和培育"忠诚于党，热爱人民，报效国家，献身使命，崇尚荣誉"的核心价值观，才能确保我军始终成为党绝对领导下的人民军队，确保国防和军队建设科学发展，确保有效履行新世纪新阶段我军的历史使命。

（五）军队要认真履行新世纪新阶段的历史使命

着眼于国家利益和军队建设与发展的战略全局，根据军队所处的国际国内环境发生的重大变化，2004 年 11 月，胡锦涛同志从维护国家的发展利益和安全利益出发，以战略家的远见卓识，确立了新世纪新阶段军队的历史使命："军队要为党巩固执政地位提供重要的力量保证，为维护国家发展的重要战略机遇期提供坚强的安全保障，为维护国家利益的拓展提供有力的战略支撑，为维护世界和平和促进共同发展发挥重要作用。"

1. 为党巩固执政地位提供重要的力量保证

为党巩固执政地位提供重要的力量保证，是党赋予我军的核心使命。坚持党对军队的绝对领导，是履行核心使命的根本保证，也是保证社会主义红色江山永不变色、实现人民群众根本利益的保证。当前，我党执政地位面临着许多方面的挑战：一是西方发达国家在经济、科技、军事等方面的优势给我们造成的压力将长期存在。二是西方敌对势力妄图"西化"、"分化"我国的战略图谋也从来没有改变。三是社会转型期的矛盾和问题进一步凸现。四是党对军队绝对领导的根本原则和制度面临着国际思想政治领域的尖锐斗争。我军必须坚持党对军队绝对领导的根本原则和制度，确保我军能够经受住各种斗争任务和各种复杂环境的考验，始终成为党巩固执政地位的中坚力量。

2. 为维护国家发展的重要战略机遇期提供坚强的安全保障

21 世纪头 20 年，对于我们国家来说，是一个必须紧紧抓住并且可以大有作为的重要战略机遇期。所谓战略机遇期，是指某个时间段出现了有利于国家发展的契机、条件和环境，能够对一个国家或地区的历史命运产生全局性、长远性、决定性的影响。“冷战”结束以来，两极格局解体，大规模、大范围的军事对抗大为减少，而代之以综合国力的激烈竞争。战略机遇期是就可能性而言的，是努力排除各种风险赢来的结果。如果主观努力不够，战略机遇期不仅抓不到手，而且还会变成“战略风险期”。把握战略机遇期，关键是要创造一个稳定可靠的安全环境。军队在维护战略机遇期方面必须发挥应有的作用。最重要的就是运用军事实力所产生的威慑作用，遏制或延缓战争的爆发，必要时以果敢的军事行动控制危机、以战止战，时刻做好应对战争、突发事件和各种危机的准备。

3. 为维护国家利益的拓展提供有力的战略支撑

国家利益包括生存利益、经济利益和政治利益，是一个国家和民族的最高利益。维护国家利益，是军队的神圣职责，是军人行为的最高准则。国家把军队作为自己的生存之盾，军队把维护国家利益作为自己的崇高使命，反映了国家与军队不可分离的关系。

胡锦涛同志指出，国家安全逐渐超出传统的领土、领海、领空范围，不断向海洋、太空、电磁空间扩展和延伸。海洋安全、太空安全、电磁空间安全，已经成为国家安全的重要领域。过去，特别是在“冷战”结束以前，我国的国家利益中生存利益是第一位的，安全利益应对外敌大规模的陆地入侵是主要的，发展利益也主要是自己更生、艰苦奋斗的自我封闭的发展利益。当今时代，国家利益的内涵和外延发生了深刻变化。高科技的发展和陆地资源的逐渐减少，将人们的目光引向遥远的未来和更加广阔的空间。世界上没有不以安全为条件的发展，也没有不以发展为目的的安全，这就决定了国家的安全利益必须随国家利益的发展而不断延伸。安全利益中主要是应对新领域、多元化的非传统威胁。为此，要着眼国家发展大局，拓宽安全战略和军事战略视野，加强维护太空安全战略能力建设；加强维护电磁空间安全战略能力建设；加强维护海外利益安全的远洋防卫作战能力建设；加强维护海洋权益的战备能力建设，有力保障国家的安全和发展利益。

4. 为维护世界和平与促进共同发展发挥重要作用

我国要实现和平发展，要维护国家安全和利益，要维护世界和平与促进共同发展，必须有强大的军事实力作后盾。我们要在国家经济不断发展的基础上，努力建设一支同我国安全和发展利益相适应的军事力量，提高应对危机、维护和平、遏制战争、打赢战争的能力，以更好地履行维护国家安全、捍卫国家主权和领土完整的职责，发挥维护世界和平的积极作用。

胡锦涛同志提出的新世纪新阶段我军“三个提供、一个发挥”的历史使命，意味着我军的职能和作用进一步拓展：由维护传统领土、领海和领空安全，延伸到维护海洋、太空、电磁空间等领域的安全；由应对传统安全威胁，延伸到应对非传统安全威胁；由维护国家生存利益，延伸到维护国家发展利益；由维护国家改革发展稳定大局，延伸到在维护世界和平中发挥积极作用。赋予了我军历史使命新的内涵，开阔了国家安全战略和军事战略的视野，进一步拓展了我军的职能使命，明确了国防和军队建设的发展目标，提高了军事斗争准备的标准，充实了军事力量运用的指导原则，科学回答了新世纪新阶段国防和军队建设朝什么方向发展、如何科学发展，如何科学运用军事力量的时代课题。

（六）统筹国防和军队建设，打赢信息化战争

胡锦涛同志指出，坚持在国防和军队建设中贯彻落实科学发展观，首要问题是坚持国防建设和军队建设全面协调可持续发展的方针，要坚持“五个统筹”，即“统筹中国特色军事变革与军事斗争准备，统筹机械化建设与信息化建设，统筹诸军兵种作战能力建设，统筹当前建设与长远发展，统筹主要战略方向与其他战略方向”。

1. 国防和军队建设必须统筹中国特色军事变革与军事斗争准备

推进中国特色军事变革与做好军事斗争准备是新世纪新阶段我军面临的两大战略任务。中国特色军事变革，就是适应世界新军事变革发展趋势，从我国的国情和军情出发，走以信息化带动机械化、以机械化促进信息化的跨越式发展道路。通过深化改革，实现军队建设的整体转型，建设一支能够打得赢未来信息化战争的强大的现代化正规化革命军队。

胡锦涛同志指出：要进一步增强使命感和紧迫感，扎扎实实抓好军事斗争准备。军事斗争准备，是指为了赢得未来战争的胜利而在相对和平时期进行的组织、物质和精神各方面的准备。军事斗争准备作为军事战略方针的一个重要内容，目标更加全面，任务也更加艰巨，客观上要求我们必须把军事斗争准备作为贯彻新时期军事战略方针的一项重要的战略任务来抓。统筹中国特色军事变革与军事斗争准备，两

者既相互统一，又相互区别，要注意正确处理好推进中国特色军事变革与做好军事斗争准备的关系。一是要以军事斗争准备来促进中国特色军事变革，以中国特色军事变革来带动军事斗争准备；二是要紧紧围绕军事斗争准备的现实需要推进中国特色军事变革；三是要把军事斗争准备纳入中国特色军事变革的全局之中；四是要以变革的精神指导军事斗争准备。

2. 国防和军队建设必须统筹机械化建设与信息化建设

机械化与信息化是两个不同的概念和不同的军事形态。从发展和建设的角度来看，机械化和信息化是军队现代化的两个不同的发展阶段。信息化是建立在机械化基础之上的，两者既有各自的规律性，又密切联系。军队机械化，是指建立在工业技术基础之上的工业时代或工业社会军队的基本形态。军队信息化，是信息时代或信息社会军队的基本形态，是在机械化的基础上发展起来的。

目前，我军机械化与信息化建设的基本现状：一是武器装备仍处在机械化半机械化状态，信息化武器装备建设刚刚起步。二是体制编制仍滞留在机械化时代，走向信息化时代的改革尚处于论证和试验阶段。三是具有我军特色的机械化作战理论体系尚不完善，信息化作战理论还处在探索阶段。四是人才队伍的状况还不适应机械化和信息化建设的需要。面对我军目前机械化尚未完成，同时又要努力向信息化过渡的现实，我们必须从国情和军情的实际出发，正确处理好机械化和信息化的关系，努力完成机械化和信息化建设的双重历史任务，实现我军现代化的跨越式发展。

3. 国防和军队建设必须统筹诸军兵种作战能力建设

精干够用的诸军兵种作战力量，既是国家强大的象征，也是维护国家安全、捍卫国家利益、保卫国家稳定与发展的重要保证，同时还是我国维护和促进世界和平与发展的重要物质基础。胡锦涛同志指出：必须下功夫解决军队内部存在的各种问题，进一步优化结构，理顺关系，加强体制建设，提高整体效能，使军队建设与发展在系统筹划、协调发展中前进。目前，我军作战力量的编成、军兵种及其武器装备的结构等，总体上属于陆战型、近战型和本土纵深防御型。这样的力量结构所形成的作战功能与信息化和一体化联合作战是不相适应的。必须把诸军兵种作战力量统筹整合起来，即把全军作为一个大系统，以诸军兵种为系统要素，按照结构决定功能的原理，对各要素进行优化编组，实现系统功能大于要素之和，在整体上形成作战能力的跃升。统筹诸军兵种作战能力建设，一是要进一步优化军兵种总体结构，二是要进一步优化军种内部结构。

4. 国防和军队建设必须统筹当前建设与长远发展

实现国防和军队建设的可持续发展，就是要把国防和军队建设作为一个承前启后的发展过程，统筹当前建设与长远发展，既注重当前建设和做好眼前工作，又要着眼未来，谋求长远发展，避免时断时续或大起大落，以确保国防和军队建设与发展的连续性与持久性。当前建设是指国防和军队建设应对近期可能面临的军事冲突和战争威胁而进行的以军事斗争准备为主要内容的建设活动，具有明显的指向性、目标性和应急性。当前建设的指向，就是对我国安全构成现实威胁的作战对象；当前建设目标由一个完整的指标体系构成，是根据作战对象的特点及其作战能力，通过针对性极强的建设和准备，具备战胜对手的战略能力；当前建设的应急性，主要表现在建设时间的有限性和急迫性，要求军队随时做好作战准备，随时准备打仗。长远发展主要是指为实现国防和军队战略目标而进行的建设活动。国防和军队建设的长远目标是通过完成阶段性任务来实现的。

5. 国防和军队建设必须统筹主要战略方向与其他战略方向

主要战略方向是指对国家安全和战争全局具有决定意义的方向，是敌我双方矛盾斗争的焦点，是作战力量集中使用的重点和战略指导的关键点。战略方向的确定，来源于对国内外政治、经济、军事形势以及面临威胁和挑战的战略判断，并与国家的发展及安全需求相一致。战略方向判断的正确与否，各战略方向关系处理的如何，关乎国家安全，直接影响到国防和军队建设的大局，是一个重要的战略问题。从国家的战略指导上看，战略方向具有明确的指向性，是国防和军队建设及军事斗争准备的主要依据。

正确判断周边安全环境，准确确定和统筹好主要战略方向与其他战略方向，对于保证我国的国家安全，全面建设小康社会具有十分重要的意义。我国是世界上地缘环境最复杂的国家，复杂的地缘关系，决定了我国的战略方向具有多元性。新中国成立后，中国的主要战略方向，就曾随着国际局势、周边安全环境的变化和国家面临的现实威胁作过多次重大调整。统筹主要战略方向和其他战略方向，处理好战略方向之间的关系，必须做到突出重点，兼顾一般，多手准备，有备无患。统筹主要战略方向与其他战略方向需要把握以下几个问题：一是立足全局抓主要战略方向，做到有所为，有所不为。二是根据主要战略方向的相关性，抓好其他战略方向，使其他战略方向起到策应作用。三是加强形势评估，把握不同战略方向地位的变化，防止战略指导失误。

（七）加强军队全面建设，提高信息化作战能力

随着信息时代的到来，世界各国都在加快建设信息化军队的步伐。随着形势的发展变化，特别是我军要加强全面建设、提高信息化作战能力、打赢信息化战争，

胡主席强调首先要解决的一个重要问题就是正确处理革命化、现代化和正规化的关系问题。

1. 革命化是军队信息化建设的根本方向

胡锦涛同志指出，要坚持不懈地用马克思列宁主义、毛泽东思想、邓小平理论和“三个代表”重要思想武装全军，保证军队建设的正确政治方向。坚持毛主席、邓主席、江主席领导我军在长期斗争实践中形成的光荣传统和优良作风。思想政治建设是革命化建设的核心，革命化是军队信息化建设的根本方向。要牢牢地把握住“讲政治”这根弦，坚持以党的旗帜为旗帜，以党的意志为意志，以党的方向为方向，坚决维护党中央和中央军委的权威，在任何时候任何情况下都听党的话、跟党走，确保政令、军令畅通。

2. 现代化是军队信息化建设的本质要求

现代化是军队建设的中心任务，是建设信息化军队的本质要求。要从我国的国情和军情出发，坚持以机械化为基础，以信息化为主导，推进机械化和信息化的复合发展，增强我军信息化条件下的威慑和实战能力，实现军队现代化建设的跨越式发展。实现军队现代化建设跨越式发展的途径主要有四种：一是“舍弃”式跨越，即舍弃机械化建设的“夕阳技术”，避免重复无前途技术的开发和投资，将有限的资源用在“朝阳技术”上。二是“非零点”式跨越，即直接引进利用先进的信息化技术，不必从零开始，从头研制，在较高的起点上起步，加快发展速度。三是“改造”式跨越，即对有价值的机械化平台进行信息化改造，在改旧为新中实现跨越式发展。四是“重点”式跨越，即对带有战略影响的核心技术，要自力更生，合力攻关，力争实现突破，以免受制于人，以局部跃升带动整体发展。

3. 正规化是军队信息化建设的重要保证

正规化是军队建设的重要基础，是军队信息化建设的重要保证。要把从严治军作为全局性、基础性、长期性工作紧抓不放，把依法治军作为正规化建设的基本要求，加强军事法制建设，完善军事法规体系，依照条令条例和规章制度规范军队各项建设和工作，使军队建设进一步走上法制化轨道。

（八）加强军事训练，提高部队应对危机和处置突发事件的能力

1. 重新确立军事训练的战略地位

新世纪新阶段，如何实现军队各项建设的全面科学发展，成为必须回答的时代课题。胡锦涛在继承党的三代领导核心关于军事训练思想的基础上，明确指出：有必要进一步强调把军事训练切实摆到战略地位，作为部队全面建设的切入点。胡锦

涛同志在视察部队时强调："军事训练是军队和平时期最基本的实践活动，是战斗力生成的基本途径。"加强军事训练，不仅是军事斗争准备的重要实践，也是重要的治军方式和管理方式。要充分认识加强军事训练的重要性，切实把军事训练作为部队的经常性中心工作，集中精力，抓紧抓实。要坚持从难从严从实战需要出发，坚持高标准、严要求，改进和创新训练的内容和方式方法。在我军武器装备总体水平还不高的情况下，更要靠高质量的军事训练来弥补技术的差距和不足。胡锦涛同志指出，要进一步增强使命感和紧迫感，从难从严从实战要求出发搞好训练。要着力解决军事训练、战备落实的重点、难点问题，加大落实训练、战备各项计划的力度，切实把各项工作量化、细化、具体化。

2. 提高部队应对危机和处置突发事件的能力

胡锦涛同志强调："要紧贴部队的各项工作，全面提高部队应对危机和处置突发事件的能力。"军队要把国家主权和安全放在第一位，履行好维护国家主权、统一和稳定的神圣职责，为创造一个有利于全面建设小康社会，加快推进社会主义现代化建设的长期安全环境做出应有贡献。要坚决抵御外来侵略，确保我国领海、领空和边境不受侵犯。坚持反对和遏制分裂势力及其活动，严密防范和打击民族分裂主义势力，决不让各种分裂势力和西方敌对势力分化我国、破坏我国主权和领土完整的图谋得逞。要严密防范和坚决打击恐怖主义活动。要密切关注社会形势，积极支持和配合地方党委、政府妥善处理各种社会矛盾和问题，做好维护社会稳定的工作。

（九）推进中国特色军事变革，加快军事创新

推进中国特色的军事变革，关键在于军事领域的创新，创新是军队进步和发展的灵魂。军事创新是军队实现持续发展的动力之源和必要条件，加快军事创新是加速推进中国特色军事变革的内在要求，也是我军履行新的历史使命的客观要求。科学发展观的第一要义是"发展"，没有军事上的不断创新，就难有军队建设上的不断发展和进步。胡锦涛同志要求军队在当前应重点实施军事理论创新、军事组织体制创新、军事技术创新和军事管理创新。突出这四大创新，可谓抓住了军队建设的关键。

1. 军事理论创新

军队的科学发展需要科学的军事理论作指导。军事理论要保持科学性，靠的就是创新，要随着时代的发展而创新。军事理论一旦停滞，就会失去其先进性和指导作用的有效性。在信息社会里，军事理论创新的作用远比以往任何时候都大。从一定意义上说，世界军事领域的竞争首先表现为军事理论创新能力的竞争，谁拥有卓越的军事理论创新能力，谁就能够把握军事斗争的主动权。

我军面临加快军事理论创新的时代性课题。在长期的革命战争中，我军的武器装备不如敌人，但军事理论是先进的，是符合当时实际情况、能与敌军军事理论进行对抗的，因而运用这些理论我军能够以劣胜优并不断发展壮大。进入新世纪新阶段，我军的建设环境、条件都发生了很大变化，使命任务也有新的拓展。新的形势迫切要求我军必须有相应的军事理论作指导，但是，我军的军事理论研究状况与新形势下军队建设和作战的要求以及与美军等发达国家军队的军事理论研究相比，还有较大的差距。新的形势呼唤新的理论，我军必须加快军事理论创新的力度，努力实现军事理论的重大突破。

2. 军事组织体制创新

军事组织体制是影响军队整体效能发挥的关键因素，军队的科学发展需要通过创新军事组织体制来奠定基础，军事组织体制的科学性需要通过不断创新来实现。目前，我军的军事组织体制与未来信息化战争的要求不相适应的矛盾还比较突出。创新军事组织体制，要围绕军队总体结构和重大体制展开。一是要进一步优化总体结构。二是要建立“扁平网状型”的指挥体制。三是要建立和完善三军一体化保障体制。四是要建立多功能、小型化的部队编成体制。

3. 军事技术创新

技术决定战术，军队的发展需要创新的军事技术作支撑。胡锦涛同志指出：“我们只有把科学技术真正置于优先发展的战略地位，真抓实干，急起直追，才能把握先机，赢得发展的主动权”。科技创新是军事变革的源头，既迫切又艰巨，必须加快推进，并逐步扩展领域和提高水平。作为发展中的大国军队，军事领域的高新科技必须靠自主创新。对此，胡锦涛同志指出：“科技力是综合国力的重要内容和基础。自主创新能力是国家竞争力的核心。一个国家、一个民族要真正赢得发展、造福人类，必须注重自主创新。”从19世纪40年代到20世纪40年代中期的100年间，世界上几乎所有帝国主义国家都侵略过中国，除了日本侵华战争之外，均以中国失败、签订丧权辱国条约而告终。其战败的主要原因就是两条，一是社会制度腐朽，二是经济科学技术落后。胡锦涛同志《在纪念中国人民抗日战争暨世界反法西斯战争胜利60周年大会上的讲话》中告诫人们：“落后就要挨打，这是中国人民从近代以来屡遭外来侵略的经历中得出的刻骨铭心的教训。”科学技术是第一生产力，军队现代化的关键也在于提高军事技术水平。科技强军是重大的战略选择，也是艰巨的历史任务。胡锦涛同志指出，我们必须“坚定不移地依靠科技进步和创新来实现全面、协调、可持续发展”。我们只有加快以信息技术为核心的军事技术创新，尽快缩小与发达国家军队在军事技术方面的差距，研制出克敌制胜的“撒手锏”，形成我们独有的优势，切实提高我军的威慑能力和实战能力。

4. 军事管理创新

随着科学技术的发展及其在军事上的广泛应用，特别是在当今信息化条件下，中国军队建设正在由机械化半机械化向信息化转型，迫切需要强化科学管理的思想。在此情况下，胡锦涛强调：要强化质量效益观念，向科学管理要效益，向科学管理要战斗力。军事管理是形成战斗力的关键环节，军事管理创新是提高战斗力、提高国防和军队建设质量效益的重要途径。胡锦涛同志指出，我们要努力适应军队现代化建设的新形势，更新管理观念，加强现代管理知识的学习，大力提高科学管理的能力。要深化管理体制改革，促进资源的有效配置和综合集成，努力实现人力、物力、财力的最佳组合，产生最大效益。要着眼于新的时代特征、履行新的历史使命，加强军事管理思维、军事管理模式和军事管理理论的创新。只有搞好这些重点领域的改革创新，军队的战斗力才能够得到大幅度的提升，才能使军队的全面建设跃上一个新的台阶。

（十）大力弘扬求真务实精神

1. 进一步增强求真务实的自觉性

2004年1月，胡锦涛同志指出："求真务实，是辩证唯物主义和历史唯物主义一以贯之的科学精神，是我们党思想路线的核心内容，也是党的优良传统和共产党人应具备的政治品格。"求真务实是我们党创立科学发展观的思想基础，是马克思主义的内在品质。求真，就是求部队建设规律之真；务实，就是务部队建设成效之实。求真务实是马克思主义的科学精神，体现了理论与实践的统一、认识世界与改造世界的统一，是我们党的思想路线的核心内容。

胡锦涛同志要求各级领导机关和领导干部要进一步端正工作指导思想和工作作风，改进工作方法，坚持战斗力标准，坚决克服形式主义、官僚主义。要进一步增强求真务实的自觉性，进一步振奋革命精神，不辱使命，不负重托，坚持重实际、说实话、干实事、求实效，埋头苦干，锐意进取，努力学习新知识、总结新经验、增长新本领，把工作的着力点真正放在提高部队战斗力上，扎扎实实地抓落实。要认真贯彻科学发展观和树立正确的政绩观，注重部队建设协调发展、全面推进、整体提高，使各项工作真正落到实处，经得起党的检验、实践的检验、历史的检验。

2. 坚持以人为本的建军治军理念

坚持以人为本，是科学发展观的本质和核心。胡锦涛同志指出："坚持以人为本，在军队建设中，必须充分尊重官兵的主体地位和创造精神，心系基层、情系官兵，切实维护官兵的权益，不断改善官兵的物质和文化生活条件。”这深刻表明，在国防和军队建设中坚持以人为本，不是一般的工作方法问题，而是重要的建军治军理念；不是一般的关心人、体贴人、爱护人，而是事关人民军队相信谁、依靠谁、服务谁的根本原则；不是一般的工作要求，而是各级领导干部和领导机关必须担当的政治责任。坚持以人为本，还要以人才为本。军事人才是军队最重要的战略资源，必须重视军事人力资源开发，大力培养能够驾驭信息化战争和联合作战需要的指挥人才、参谋人才和技术人才。

3. 要重视提高军队领导干部的综合素质

胡锦涛同志指出：“军队建设能不能搞好，军事斗争准备能不能真正落到实处，军队能不能完成肩负的历史使命，关键在人，关键在领导干部，关键在各级党委领导班子。”军队领导干部特别是高中级干部是建军治军的中坚力量。军队建设能不能搞好，各项工作能不能真正落到实处，我军能不能履行好肩负的历史使命，高中级干部是关键。要突出抓好高中级干部的思想教育，使他们始终保持共产党人的先进性。要重视提高高中级干部的综合素质，进一步增强政治意识、大局意识和战略意识，积极探索信息化条件下和社会主义市场经济环境中治军带兵的特点规律，努力提高领导部队全面建设和驾驭信息化战争的能力。胡锦涛同志要求军队领导干部要坚持“三学”，即学习马克思主义理论特别是重大理论创新成果、学习现代科学技术知识和现代管理知识。提高“三个素质”，即政治素质、战略素质和科学文化素质。并要求军队各级党委和领导干部要树立现代决策理念，掌握和运用现代决策方法，努力提高科学决策、民主决策、依法决策的水平，建立健全科学决策机制，完善决策规则和程序，重视发挥专家和咨询机构的作用，实行领导决策与专家辅助决策相结合。建立决策监督机制和纠错机制，尽量防止决策失误和降低决策失误带来的损失。要善于利用科学的决策技术、方法和手段，把定性分析和定量分析结合起来，使决策工作建立在科学分析的基础上，克服决策的随意性和片面性。

4. 领导机关和领导干部要转变作风，树立良好形象

联系我军发展壮大的历史，胡锦涛同志语重心长地指出，军队的领导干部特别是高级干部是掌握枪杆子的，肩上有千斤重担，身后有千军万马，位高权重，责任重大，加强高中级干部队伍建设，直接关系到党和军队建设事业的兴衰成败。在这一点上，我们是有深刻的历史教训的。胡锦涛同志提出了领导机关和领导干部要转变工作作风的“四个大力倡导”，即“大力倡导求真务实、真抓实干，坚决反对做表面文章、搞所谓政绩工程；大力倡导讲真话、报实情，坚决反对说假话、报虚情；大力倡导用好的作风选人、选作风好的人，坚决反对用人上的不正之风；大力倡导

严于律己、以身作则，依靠真理的力量、人格的力量，树立良好形象，为部队和基层做好表率”。胡锦涛同志要求军队各级党委和领导干部，要坚持衡量和检验部队各项工作的“三个有利于标准”，即是否有利于部队建设的发展进步、是否有利于部队战斗力的提高、是否有利于解决官兵的实际问题。

（十一）各级党委要高度重视做好抓基层的工作

1. 基层建设是部队全部工作和战斗力的基础

进入新世纪新阶段，胡锦涛同志着眼新形势新使命的要求，以科学发展观为指导，对基层建设做出了一系列重要指示。胡锦涛同志强调：“基层是部队全部工作和战斗力的基础。各级党委要高度重视做好抓基层、打基础的工作，始终把工作重心放在基层，把主要精力用在抓基层、打基础上，按照《军队基层建设纲要》，全面落实‘五句话’总要求，推进基层建设的全面发展和整体提高，使基层建设全面过硬和不断与时俱进。”胡锦涛关于基层建设的重要论述，深刻阐明了新形势下加强基层建设的重要性、必要性和紧迫性。加强基层建设，是由基层建设在整个军队建设中的基础性地位决定的，也是新形势新使命对基层建设提出的新要求，更是解决基层建设存在矛盾和问题的迫切需要。

基层建设在军队建设中处于基础性地位，具有支撑整个军队建设大厦的独特的作用。具体而言，基层是部队全部工作和战斗力的基础，基层官兵是部队建设的主体。党的路线方针政策和上级的决策指示，都要落实到基层；军队的遂行作战任务、搞好各项建设和工作，都要靠基层来完成；保持部队高度稳定和集中统一，必须稳住基层这个大头。基层建设搞不好，部队一切工作都无从谈起。

2. 各级党委和领导机关要坚持把工作重心放在基层

胡锦涛同志强调，各级党委和领导机关要坚持以人为本，面向基层，坚持把工作重心放在基层，把基层党组织建设成坚不可摧的战斗堡垒。努力改善基层官兵的物质文化生活条件，充分调动广大官兵的积极性。军队贯彻落实科学发展观，最终要落实到推进基层的建设和发展上。领导机关和领导干部要进一步端正抓基层的指导思想，作决策要从实际出发，防止只给任务不给条件；抓工作要跟踪问效，防止抓头不抓尾；下基层要帮基层，防止只检查调研不解决问题，始终以基层为镜子反思领导机关的工作成效，坚决反对形式主义、做表面文章。要深入调查研究，掌握全面、真实、具体的第一手材料，把上级的指示要求同本单位的实际结合起来，抓紧抓好经常性、基础性工作的落实，建立健全抓基层建设工作的科学机制，充分考虑基层的实际，满腔热情地为基层办实事、解难题、做好事。坚持把工作重心放在基层，做到心思精力向基层集中，财力物力向基层倾斜，坚持严于律己、以身作则，依靠真理的力量、人格的力量树立良好形象，以自身的表率作用影响和带动基层建设。

3. 要下大力解决基层建设中存在的突出矛盾和问题

2005 年 3 月，胡锦涛同志在十届全国人大三次会议解放军代表团全体会议上的讲话中指出："基层建设是军队全部工作和战斗力的基层。基础不牢，地动山摇。这个道理要反复讲。"胡锦涛同志关于加强基层建设的重要指示，是针对当前基层建设中存在的突出矛盾和问题而提出来。近年来，全军部队认真贯彻"五句话"总要求和《军队基层建设纲要》，坚持不懈地抓基层、打基础，基层建设呈现出与时俱进、协调发展、全面进步的好势头。在充分肯定成绩的同时，应当清醒看到，基层建设与履行新使命，与实现建设信息化军队、打赢信息化战争的战略目标，与加快推进反"台独"军事斗争准备的繁重任务的要求，还有许多不适应的地方，存在着不少薄弱环节。对此，胡锦涛同志强调："各级党委要经常分析基层建设形势，盯着薄弱环节做工作，下大力解决那些长期困扰基层建设的突出矛盾和问题。"

4. 要重点加强基层党支部建设，打牢部队党组织建设的基础

胡锦涛同志非常重视部队基层建设，反复强调加强和改进新时期基层党组织建设的重要意义，指出："红军创建初期提出的'支部建在连上'，是实现和加强党对军队的领导的一条重要原则。"党的基层组织是党在社会基层中的战斗堡垒，是党的全部工作和战斗力的基础。基层连队党支部建设的好坏直接关系到部队战斗力，"现在有的基层单位搞不好，与党支部战斗力不强有直接关系"。只有加强军队基层党组织建设，把党的"一线堡垒"搞坚强，才能强固党的组织根基，才能不断增强党的创造力、凝聚力和战斗力，永葆党的生机和活力。胡锦涛同志强调："我们必须坚持用'三个代表'重要思想指导基层党支部建设，不断增强基层党支部解决自身问题、领导基层全面建设和带领官兵遂行作战任务的能力，真正使党支部充分发挥坚强战斗堡垒作用，带动和促进基层建设全面进步、全面过硬。"基层党支部要教育引导广大党员和官兵深刻理解和准确把握新时期共产党员保持先进性的基本要求，充分发挥基层党支部的战斗堡垒作用和党员的先锋模范作用。

（十二）坚持依法从严治军

1. 依法从严治军是提高军队建设质量和效益的重要保证

胡锦涛同志强调，要适应军队现代化发展的要求，加强依法治军、从严治军，严格按国家的法律法规和军队的条令条例治理军队、管理部队，确保部队的高度稳定和集中统一，建立正规的战备、训练、工作和生活秩序。

军队是一个庞大的组织系统，要确保这一系统高效运行，巩固和生成强大的战斗力，就必须依法从严治军，通过建立正规高效的各项秩序来提高军队建设的质量和效益。坚持依法从严治军：一是要逐步建立适应社会主义市场经济发展要求，符合现代军事发展规律，能够体现我军性质和优良传统的军事法规体系，把国防和军队建设事业纳入法制化的轨道，做到有法可依，有法必依，执法必严，违法必究。二是要从制度上和法律上保证党对军队的绝对领导，使“党指挥枪”的原则更具稳定性、权威性和规范性。三要是把关于国防和军队建设的主张，通过法定程序上升为国家意志，实现领导与依法办事的统一。四是要把治军的成功经验，用法的形式确定下来，促进我军的革命化、现代化和正规化建设。

2. 要把作风纪律建设作为核心内容

胡锦涛同志特别强调：“要把作风纪律作为从严治军的核心内容，加强部队的经常性教育和经常性管理，加强部队的作风培养，强化官兵的纪律意识，严肃政治纪律、军事纪律、组织纪律，确保党中央和中央军委政令军令畅通。”作风纪律是军队的命脉，是部队战斗力的重要因素。军队管理好坏的一个重要标志就是作风优良、纪律严明。我军发展之所以能够由小到大、由弱到强，从胜利走向胜利，很重要的一条原因就是有严明的纪律作保证。治军不严，后患无穷，在新的历史时期，坚决贯彻从严治军方针，必须大力加强军队的纪律建设，有力维护和保证部队的高度集中统一。

3. 要不断提高依法管理的水平

胡锦涛同志特别强调：“要把从严治军与依法治军统一起来，狠抓条令条例和规章制度的落实，坚决做到有法必依、执法必严、违法必究。”从严治军的一个重要方面，就是依法管理。“令严方可以肃兵威，命重始足于整纲纪”。当前，我军在依法从严治军方面还存在着一些明显的问题和不足，严重影响了军队建设效益的提高。坚持依法从严治军，要把从严治军作为一项全局性、基础性、长期性工作紧抓不放。由“单纯管”向“管育结合”转变，打牢从严治军的思想基础。由“治兵”向“治军”转变，提高从严治军的目标层次。在新的形势下，要把提高依法管理的水平摆在突出位置，切实转变工作思路和管理重点。

（十三）坚持国防建设与经济建设协调发展

1. 正确处理经济建设与国防建设的关系

胡锦涛同志指出：“坚持国防建设与经济建设协调发展，建设一支现代化、正规化的革命军队，确保国防安全，是执政党的一项重大战略任务。”2005 年 4 月 1 日，胡锦涛同志在一次会议的讲话中又强调：“坚持在国防和军队建设中贯彻落实科学发展观，首要问题是坚持国防建设与经济建设协调发展的方针。”

保持经济的持续发展，不断提高国家的经济实力，是提高我国国际竞争力，维护国家独立和主权的关键所在，是解决包括国防现代化在内的当代中国所有问题的基础。正确处理经济建设与国防建设的关系，始终是国家发展战略全局的一个重大问题，也是我国社会主义现代化建设的一条重要历史经验。我国是一个发展中国家，处于社会主义初级阶段，我军的现代化建设是在我国特殊国情环境中进行的。由于受国家经济实力所限，我军军费供需矛盾突出的问题不可能在短期内根本解决。我国的国防和军队现代化建设始终面临着双重压力。一方面，我国的军费，无论是绝对数还是占国民生产总值的比重，与世界主要国家相比都是较低的。这么大一支军队，要维持正常运转，还要有所发展，是一件很困难的事。另一方面，如果我们不紧紧跟上世界新军事变革的潮流，不下大力气努力提高国防和军队现代化水平，一旦发生什么事情，就会陷入被动的境地。胡锦涛同志审时度势，提出了经济建设与国防建设，两者兼顾、协调发展的思想。

2. 要把国防建设融入现代化建设全局之中

随着改革开放和社会主义市场经济的发展，必然会给国防和军队现代化建设创造更多更充分的有利条件。胡锦涛同志指出：“21 世纪头 20 年，既是国家经济社会加快发展的重要时机，也是国防和军队现代化建设加快发展的重要时机。我们应该也有可能把国防和军队现代化建设搞得更好。”“统筹好国防建设与经济建设的关系，是贯彻科学发展观的必然要求。坚持国防建设与经济建设协调发展的方针，既是强国之策也是强军之道。我们必须从全面建设小康社会的全局高度，把推进国防和军队现代化建设作为推进社会主义现代化建设的一项重大战略任务抓紧抓实。要依托国家经济社会发展，把国防建设融入现代化建设全局之中，统筹国防资源与经济资源，注重国防经济与社会经济、军用技术和民用技术、军队人才和地方人才的兼容发展，进一步形成国防建设和经济建设相互促进、协调发展的良好局面。”

胡锦涛同志从国际战略全局出发，根据国家经济不断发展的实际，高度重视国防和军队建设。在国家建设全局中思考和筹划军队建设，总的说来，就是要以国家安全环境为前提，摆正军队现代化建设地位；以国家战略利益为根本，确定军队现代化建设目标；以世界军事发展为参照，校正军队现代化建设走向；以基本国情军情为依据，选择军队现代化建设模式；以综合国力为依托，建立军队现代化建设与国家经济建设协调发展的机制。

3. 要建设一支同我国安全和发展利益相适应的军事力量

胡锦涛同志提出，要在国家经济发展的基础上，努力建设一支同我国安全和发展利益相适应的军事力量，确保全面建设小康社会目标的顺利实现。如果把20世纪视为“战争和对抗的世纪”，那么21世纪则是“竞争和淘汰的世纪”。为了防止被“边缘化”，世界各国特别是一些大国，无不把抓住战略机遇期，发展和壮大自己作为首要的战略选择。“机之不至，不可以先；机之已至，不可以后。”战略机遇期具有很强的时效性和挑战性，抓住了就是契机，抓不住就是危机。在人类社会的发展史上，一个国家或民族，因抓住机遇而走向强盛、因丧失机遇而逐渐衰落的事例屡见不鲜。战略机遇期的形成是多种因素相互影响、相互作用的结果，但必须具备安全和发展两个方面的条件。经济发展，并不等于国防自然就强大；国防建设服从经济建设大局，并不意味着等经济搞上去了再抓国防建设。一个巩固的国防，一支强大的军队，始终是国家安全与经济发展的基本保障。

三、胡锦涛国防和军队建设思想的地位与作用

（一）胡锦涛国防和军队建设思想，是当代中国马克思主义的创新军事理论

中国的发展到21世纪跨入了一个战略机遇期，随之出现了许多新情况和新问题。胡锦涛同志以马克思主义者的巨大政治勇气和理论勇气，把毛泽东、邓小平、江泽民国防和军队建设思想创造性地运用于新的实践，用科学发展观指导国防和军队现代化建设，着眼于时代的发展变化，对我国国防建设、军队建设和军事斗争准备的重大课题做出的科学回答，把我们对国防和军队建设的思考和认识引领到一个新境界。把科学发展观作为加强国防和军队建设的重要指导方针，是以胡锦涛为总书记的党中央立足于党和国家事业发展全局、准确把握新世纪新阶段国防和军队建设内在要求、全面总结我军建设发展的基础上提出来的，是历史和时代的必然选择，在我军建设发展史上具有里程碑意义。胡锦涛国防和军队建设思想的精髓突出表现在：解放思想、实事求是、科学发展。是马克思主义军事理论的基本原理同新世纪新阶段国防和军队建设具体实践相结合的产物，是科学发展观重要思想在我国国防和军事领域的集中体现，是科学发展观重要思想的“军事篇”，是当代中国马克思主义的创新军事理论。

（二）胡锦涛国防和军队建设思想，是新世纪新阶段国防和军队建设实践经验的科学总结

胡锦涛同志以深邃的历史眼光、强烈的忧患意识、深远的前瞻思维和战略家的远见卓识，总结历史，放眼未来，筹划和指导国防和军队建设。他始终高度关注世界军

事发展的态势，敏锐洞察20世纪末21世纪初发生的一系列高技术局部战争的新特点，立足于新世纪新阶段国防与军队建设的客观实际，提出国防和军队建设必须跟上世界军事变革和发展的潮流，积极借鉴各国特别是发达国家国防和军队建设的有益经验。胡锦涛同志深入部队，调查研究，总结经验，提出要以时不我待的紧迫感，加快我军由机械化向信息化转变，全面提高我军的威慑和实战能力，为国家的安全统一和全面建设小康社会提供坚强有力的安全保障，深刻地揭示了新世纪新阶段国防建设和建军治军的特点与规律，是新世纪新阶段国防和军队建设实践经验的科学总结。

（三）胡锦涛国防和军队建设思想，是新世纪新阶段国防和军队建设的指导方针

国防和军队建设是一项宏大的系统工程，必须系统思考、整体筹划，有计划，有步骤地重点突破、全面推进。这是胡锦涛同志谋划国防和军队建设的最具特色指导原则和领导艺术。胡锦涛同志明确提出：新世纪新阶段军队建设面临的主要矛盾，是现代化水平与信息化战争需要不相适应的矛盾。胡锦涛同志特别善于抓关键、抓重点、抓枢纽，始终紧紧抓住“用科学发展观统筹国防和军队现代化建设”不放；紧紧抓住“三个提供一个发挥”的历史使命不放；紧紧抓住筑牢党对军队绝对领导的“军魂”意识不放；紧紧抓住军事变革和军事创新不放；紧紧抓住强化战斗精神、打赢信息化战争不放。在系统谋划的基础上，抓住国防和军队建设的主要矛盾、关键环节和重大问题实施重点突破，实现了国防与军队现代化建设的跨越式发展和部队战斗力水平的整体跃升。胡锦涛国防和军队建设思想，是新世纪新阶段加强国防和军队建设的指导方针。

第七节 深入学习习近平主席关于国防和军队建设的重要论述

国防教育警句

国之大务，莫先于戒备。

党的十八大以来，习近平主席着眼坚持和发展中国特色社会主义、实现中华民族伟大复兴中国梦，对加强国防和军队建设做出一系列重要论述，鲜明回答了在世界形势发生深刻复杂变化、我国全面建成小康社会进入决定性阶段新的历史条件下，建设一支听党指挥、能打胜仗、作风优良的人民军队的重大课题。这些重要论述是习近平主席系列重要讲话精神的"军事篇",是对毛泽东军事思想、邓

小平新时期军队建设思想、江泽民国防和军队建设思想、胡锦涛国防和军队建设思想的继承和发展，为在新的历史起点上加快推进国防和军队现代化提供了根本遵循。军队思想政治建设的首要任务，就是深入学习贯彻习近平主席系列重要讲话精神特别是关于国防和军队建设重要论述，切实把全军官兵的思想和行动统一到党中央、中央军委和习近平主席决策指示上来。

一、认清重大意义，增强学习贯彻习近平主席关于国防和军队建设重要论述的自觉性、坚定性

深刻把握时代和实践要求推进军事理论创新并用以指导国防和军队建设，是我们党领导军事工作的根本经验。习近平主席关于国防和军队建设重要论述，深刻阐明了新形势下国防和军队建设的一系列重大理论和现实问题，把我们党对军事力量建设和运用规律的认识提升到新高度。深入学习贯彻习近平主席重要论述，对加快推进国防和军队现代化具有重大而深远的意义。

1. 是用党的意志主张贯注部队，确保军队建设正确方向的迫切需要

我军是执行党的政治任务的武装集团，必须始终以党的旗帜为旗帜、以党的方向为方向。我们党和国家的战略目标，就是实现“两个一百年”奋斗目标、实现中华民族伟大复兴的中国梦。政治决定军事，政略决定战略。习近平主席重要论述，是从国家和民族最高利益出发做出的战略运筹，反映了党的执政使命对军队建设的迫切要求，是党的意志主张在军事领域的具体体现。学习好、贯彻好习近平主席重要论述，才能把国防和军队建设放在实现中国梦这个大目标下来认识和推进，自觉在党和国家事业大局下思考和行动，确保军队建设始终沿着党指引的方向阔步前进。

2. 是用发展着的军事理论指导实践，实现党在新形势下的强军目标的迫切需要

建设巩固国防和强大军队事关中国特色社会主义事业全局。当前，我国发展仍处于可以大有作为的重要战略机遇期，但重要战略机遇期内涵和条件发生新的变化，国际形势和我国安全环境更趋复杂，维护国家安全和发展利益任务艰巨繁重，迫切要求国防和军队建设有一个大的发展。习近平主席重要论述，准确把握世界大势和时代发展脉搏，科学阐明了为什么要强军、强军目标是什么、怎样走中国特色强军之路等重大问题，赋予党的军事指导理论新的时代内涵。学习好、贯彻好习近平主席重要论述，才能拎起军队建设的总纲，牢牢把握听党指挥这个强军之魂，能打仗、打胜仗这个强军之要，依法治军、从严治军这个强军之基，推动实现强军目

军事百科

中国梦

中国梦，是中国共产党召开第十八次全国代表大会以来，习近平总书记所提出的重要指导思想和重要执政理念，正式提出于2012年11月29日。习总书记把“中国梦”定义为“实现中华民族伟大复兴，就是中华民族近代以来最伟大梦想”，并且表示这个梦“一定能实现”。“中国梦”的核心目标也可以概括为“两个一百年”的目标，也就是到2021年中国共产党成立100周年和2049年中华人民共和国成立100周年时，逐步并最终顺利实现中华民族的伟大复兴，具体表现是国家富强、民族振兴、人民幸福，实现途径是走中国特色的社会主义道路、坚持中国特色社会主义理论体系、弘扬民族精神、凝聚中国力量，实施手段是政治、经济、文化、社会、生态文明五位一体建设。

标不断取得实质性进展。

3. 是用改革创新精神开拓前进，深化国防和军队改革的迫切需要

党的十八届三中全会对我国全面深化改革做出战略部署，深化国防和军队改革是紧跟国家全面深化改革步伐、顺应世界新军事革命发展潮流、解决军队建设面临的突出矛盾和问题的内在要求，是实现强军目标的必由之路。习近平主席重要论述，贯穿着勇于探索、大胆创新、开拓前进的理论勇气和政治智慧，提出了深化国防和军队改革的一系列战略举措和要求，为军队改革提供了科学指导。学习好、贯彻好习近平主席重要论述，才能牢固树立进取意识、机遇意识、责任意识，积极拥护改革、坚定支持改革、自觉投身改革，把国防和军队改革推向前进。

4. 是用崇高的价值追求引领官兵，汇聚强军兴军强大正能量的迫切需要

实现强军梦是伟大而艰巨的事业，需要凝聚起全军官兵的意志和力量，坚持不懈地为之奋斗。习近平主席重要论述，反映了全党全军全国人民建设强大人民军队的共同愿望，阐明了中国梦、强军梦和每个官兵梦的有机统一，明确了当代革命军人应有的价值追求，具有巨大的感召力和凝聚力。学习好、贯彻好习近平主席重要论述，才能引导官兵自觉把个人理想抱负融入强军梦，强化使命担当，激发奋斗精神，矢志建功军营，形成同心聚力实现强军梦的生动局面。

二、领会精髓要义，全面深刻学习理解习近平主席关于国防和军队建设重要论述的科学内涵

习近平主席关于国防和军队建设重要论述，内涵丰富、思想深刻，涵盖军队建设各领域各方面，我们既要全面学习理解，又要突出重点，着力把握其科学内涵、精神实质和实践要求。

1. 深入学习领会关于我国国家安全面临的新形势新挑战的重要论述，进一步增强忧患意识、危机意识、使命意识

形势决定任务，安全需求引领军事力量建设。习近平主席指出，当前，国际形势保持总体和平、缓和、稳定的基本态势，但世界依然面临着现实和潜在的战争威胁。世界急剧变化增大了我国安全的不稳定性、不确定性，我国安全面临的现实威胁呈上升趋势，世界新军事革命加速发展对我军提出严峻挑战，维护国家安全和发展利益的任务更加艰巨。这是对国家安全形势的清醒认识和准确判断，为筹划国防和军队建设提供了基本依据。

2. 深入学习领会关于建设高素质干部队伍的重要论述，努力培养造就能够担当强军重任的优秀军事人才

成就强军事业，要在得人。习近平主席指出，要严格按原则、按政策、按规矩、按程序选用干部，坚持五湖四海、任人唯贤，坚持德才兼备、以德为先，树立注重基层的导向、注重实干的导向、注重官兵公认的导向，增强选人用人的科学性、准确性、公信度。要实施人才强军战略，把联合作战指挥人才、新型作战力量人才培养作为重中之重。这抓住了建军治军的决定性因素，明确了加强军事人才队伍建设的目标要求和鲜明导向。

3. 深入学习领会关于按照全面进步的要求抓基层打基础的重要论述，切实打牢实现强军目标的坚实基础

基层是部队全部工作和战斗力的基础。习近平主席指出，要强化强基固本思想，始终把工作重心放在基层，把党支部建设作为基层建设的重点来抓，加强经常性基础性工作，真正关心关爱官兵，组织好下连当兵、蹲连住班，广泛开展尊干爱兵、兵兵友爱活动，把部队基础打得更加牢固，推动贯彻落实强军目标向基层拓展、向末端延伸。这明确了军队建设的基础和重心，为推动基层建设全面发展、全面进步指明了方向。

4. 深入学习领会关于深化国防和军队改革的重要论述，为实现强军目标提供体制机制和政策制度保障

抓住时机加快改革步伐，关系军队发展和未来。习近平主席指出，深化国防和军队改革是一场大考，就是要解决制约国防和军队建设的突出矛盾和问题，构建中国特色现代军事力量体系。加快重要领域和关键环节改革步伐，把领导指挥体制作为重点，优化规模结构，深化政策制度改革，推动军民融合深度发展，进一步解放和发展战斗力，进一步解放和增强军队活力。必须坚持正确政治方向，加强统筹谋划，坚持用战斗力标准衡量和检验改革成效。这进一步明确了国防和军队建设的发展动力，指明了深化改革的目标、重点和指导原则。

军事百科

美军的九条战争法则

它们是集中、经济力量、目标、进攻、机动、统一指挥、安全、突然和轻便。通过细微的修改，世界上其他军队也运用这些法则中的大部分。

5. 深入学习领会关于全面加强军队党的建设的重要论述，为实现强军目标提供坚强思想和组织保证

搞好军队党的建设，关系到党的执政地位，关系到我军性质宗旨，关系到部队战斗力。习近平主席指出，必须始终坚持党对军队的绝对领导，始终坚持以能打仗、打胜仗为根本着眼点，始终坚持党要管党、从严治党方针，始终坚持以改革创新精神加强军队党的建设，不断提高军队党的建设科学化水平。这就明确了军队建设发展的核心问题，为全面加强军队党的建设提供了根本遵循。

三、掌握科学方法，增强学习贯彻习近平主席关于国防和军队建设重要论述的实效

党的十八大以来，全军部队以高度的政治自觉学习贯彻习近平主席系列重要讲话精神特别是关于国防和军队建设重要论述，有力引领了军队建设、改革和军事斗争准备。学习贯彻习近平主席关于国防和军队建设重要论述是一项长期的战略任务，必须作为头等大事紧抓不放，在加深学习理解上求深入，在更新思想观念上求深入，在推动实践转化上求深入，确保取得扎实成效。

1. 坚持全面准确学习、融会贯通理解

学习贯彻习近平主席重要论述，必须注重从整体上、内在联系上理解把握。要坚持原原本本研读，自觉放到习近平主席系列重要讲话精神中来领会，联系习近平

主席领导国防和军队建设的生动实践来感悟，结合学习毛泽东军事思想、邓小平新时期军队建设思想、江泽民国防和军队建设思想、胡锦涛国防和军队建设思想来把握，全面准确、系统深刻地理解习近平主席重要论述的重大意义、基本内涵和实践要求，进一步增强思想认同、政治认同、情感认同。

2. 突出学习贯彻强军目标这个核心之点

实现强军目标是习近平主席建军治军的核心思想，是我军建设的时代主题。学习贯彻习近平主席重要论述，要始终聚焦强军目标，牢牢把握强军目标，深刻领悟党中央、中央军委和习近平主席加快推进国防和军队现代化的战略决策、战略部署、战略意图，切实把意志和力量凝聚到强军兴军的伟大实践上来，使强军目标深入人心、落地生根。

3. 着力把握贯穿其中的立场观点方法

习近平主席重要论述，充分体现了共产党人所具有的政治立场、价值追求和思想风范，体现了马克思主义的世界观和方法论。要深刻把握贯穿其中的坚定信仰追求，自觉做共产主义远大理想和中国特色社会主义共同理想的坚定信仰者、忠实践行者，坚定不移听党的话、永远跟党走。深刻把握贯穿其中的历史担当意识，努力担负起推进国防和军队现代化、坚决维护国家安全和发展利益的重任，努力创造无愧于历史和时代的业绩。深刻把握贯穿其中的真挚为民情怀，始终坚持人民军队的根本宗旨，永远做人

军事百科

创新对中国军事作战思维的推动作用

在信息时代，创新思维是推进军事理论和实践创新的思维支点，成为打开通向成功和制胜之门的“金钥匙”。俄罗斯的军事理论家斯里普琴科有过这样的告诫：“军人的主要任务从来就是对未来战争进行全面的准备，但时常由于种种原因，他们所准备的往往是过去了的战争。”美军在总结越南战争失败的惨痛教训时认为，最根本的一点是没有彻底摆脱以往作战观念的束缚，军事思维上的保守导致了军事理论创新不到位，结果既想打特种战争，又想打空中战争，导致“滚雷”行动持续多年没有成效。我们必须站在军事变革的前沿去把脉军事创新的时代要求和发展路径，跳出“追尾式”、“随众性”的思维方式，用创新思维把握打赢未来战争的制高点，使创新思维成为推进中国特色军事变革的“加速器”。要高度重视提高官兵的创新思维能力，鼓励官兵大胆解放思想，不拘泥于已有的认识和现成的结论，不迷信学术权威和书本答案，不怕提出独到见解而遭非议，积极营造“崇尚创新、宽容失败”的军事文化氛围。

民利益的坚定捍卫者。深刻把握贯穿其中的务实思想作风，做到心无旁骛干事业，追求卓越创一流，一张蓝图干到底，有板有眼抓落实。深刻把握贯穿其中的科学思想方法，努力提高战略思维、辩证思维、系统思维、创新思维、底线思维能力，增强工作的科学性、预见性、主动性。

4. 在联系实际学以致用上下功夫

学习贯彻习近平主席重要论述，必须在武装头脑、指导实践、推动工作上见到实效。要紧密联系官兵思想实际，紧密联系部队建设和工作实际，把学习成果转化为听党指挥的坚定信念和自觉行动，转化为与强军兴军相适应的思想观念和精神境界，转化为建设发展的科学思路和有力举措，转化为履行使命任务的更高标准和素质能力。

5. 进一步强化深入学习贯彻的落实措施

要加大学习教育力度，纳入党委中心组学习、领导干部轮训、部队政治教育、院校教育教学，举办全军高级干部研讨班，抓好团以上领导干部全员轮训和主题教育活动。深化理论研究阐释，搞好重要思想理论观点的深入解读，结合使命任务开展课题研究，做好通俗化大众化工作。加强舆论宣传和典型引导，注重文化熏陶和政治环境建设，形成学习贯彻的强大声势和鲜明导向。各级党委要负起政治责任，精心筹划部署，加强检查督导，领导干部要以身作则、率先垂范，做到真学真懂真信真用，推动部队学习贯彻深入发展。

●思考题

1. 古代军事思想启蒙最早、发展相对完整的是哪几个国家？
2. 中国古代军事思想的形成与发展经历了哪几个阶段？
3. 毛泽东军事思想的核心是什么？
4. 邓小平军队建设思想的地位和作用是什么？
5. 江泽民国防和军队建设思想的“两条主线”是什么？
6. 加强国防和军队建设的“五个统筹”的主要内容是什么？
7. 军事创新的主要内容包括哪几个方面？

第四章 军事高技术

网站链接

◎国防科技信息网

◎中国航天科技信息网

教学目标

了解军事高技术的内涵、分类、发展趋势及对现代战争和军队建设的影响，熟悉高技术在军事上的应用范围及与新军事变革的关系，掌握新军事变革的发展趋势，激发学习科学技术的热情。

第一节 军事高技术概述

科学技术特别是军事高技术的发展，正在军事领域引发一场深刻的变革。从近期几场局部战争中可以看出：现代战争已进入信息时代，战场已经成为高技术武器装备较量的场所，谁拥有军事高技术，谁就能占据更大的战争主动权，为获取战争胜利奠定物质技术基础。只有了解高技术的发展情况，熟悉高技术在军事上的应用，理解高技术武器装备对现代作战所带来的巨大影响，才可能在信息化战争中掌握主动权，进而立于不

国防教育警句

公民当思天下事，国防强弱系安危。

败之地。

一、军事高技术的概念与特征

（一）军事高技术的概念

军事高技术是建立在现代科学技术成就基础上，处于当代科学技术前沿，以信息技术为核心，在军事领域发展和应用的、对国防科技和武器装备的发展起巨大推动作用的那部分科学技术的总称。军事高技术是高技术的重要组成部分，它具有高技术的一般特征，但同时又有其自身的特征。

（二）军事高技术的特征

军事高技术与一般技术相比，具有以下七大特征：一是高智力。高技术是知识密集型技术，其发展和运用都必须依靠创造性的智力劳动，依靠富有创新意识、创新能力的高素质人才，体现了高智力的特性。二是高投资。高技术的研究开发，需要昂贵的设备和较长的研制周期，因而需要投入和耗费巨额资金。三是高竞争。高技术的竞争性，决定了谁先掌握并应用高技术，先研发出新武器装备并抢先用于战场，谁就能占据战争主动权。四是高风险。高技术研究本身蕴含着巨大的风险。高技术竞争的失败，对军事技术而言，则意味着国家利益将受到损害。五是高效益。新型武器装备往往是军事高技术的物化，是军事高技术的综合集成。战争实践证明，军事高技术成果一旦转化为新型武器装备，不仅能够大大提高部队战斗力，而且能够逐步改变作战样式甚至战争形态。六是高保密。

军事百科

深海潜水器

深海潜水器可以分为带缆水下机器人、自主型水下机器人和载人潜水器等。深海潜水器、特别是深海载人潜水器，是海洋开发的前沿与制高点之一，其水平可以体现出一个国家材料、控制、海洋学等领域的综合科技实力。

日本、法国和俄罗斯的深海载人潜水器最大工作深度均未超过 6500 米，经常下潜深度在 5000 米以内。美国“的里雅斯特”号，在 1960 年 1 月 23 日下潜的深度达到 10916 米。2012 年 6 月 24 日，中国研制的深海载人潜水器“蛟龙号”成功下潜至 7020 米，成为世界上第二个下潜到 7000 米以下的国家。

高技术本身具有极强的综合性和技术辐射性，隐含着巨大的潜力，更加强调保密。高技术的保密，对于民用技术来说，保的就是“金钱”；而对于军事技术，保的则是“生命”。七是高速度。高技术产业是目前发达国家经济中最活跃也是增长最快的经济部门。

“好奇号”火星探测车

二、军事高技术的分类与内容

（一）军事高技术的分类

军事高技术的范围十分广泛，分类也有各种各样。从高科技向军事领域自然延伸的角度，军事高技术可分为六大领域：军用信息技术、军事航天技术、军事海洋开发技术、军用生物技术、军用新材料技术、军用新能源技术。从军事高技术与武器装备的关系出发，军事高技术可分为两大类型：一是支撑武器装备发展的共性基础技术，二是直接用于武器装备并使之具有某种特定功能的应用技术。

（二）军事高技术的内容

目前，世界各国军事高技术发展日新月异，比较有代表性的有：

1. 军用微电子技术

微电子技术是军用高技术的基础，对整个军事高技术的发展起着巨大的推动作用，其发展速度和规模已成为衡量一个国家军事高技术进步和武器装备水平的重要标志。微电子技术就是电子元器件及由它组成的电子设计微型化的技术。其核心是集成电路技术，集成电路是衡量微电子技术发展水平高低的重要标志。在单位面积上集成的晶体管越多，集成度就越高；集成度越高，微电子技术发展水平就越高。微电子技术的飞速发展，带动了高技术的腾飞，对经济繁荣、社会进步、国防建设乃至人们的日常生活都产生了巨大影响。概括起来就是“三化”：一是设备小型化，二是机器智能化，三是用途广泛化。在现代高技术武器装备中，衡量装备水平高低在很大程度上就是取决于电子设备的水平，而电子设备的更新换代在很大程度上又取决于其微电子技术的发展水平。

2. 军用电子计算机和人工智能技术

电子计算机是20世纪最辉煌的科技成果之一，标志着现代科学技术发展的又一个重大突破。在军事上，计算机是战略、战役、战术武器系统的信息处理中心，是军队自动化指挥系统的核心，是实施战场指挥管理和武器控制的主要装备。当前，计算机技术竞争的一个重要方面是研制第五代“智能”计算机，它是用计算机部分代替人的思维或决策过程的技术。这一技术的进一步发展，将导致智能机器人和智能武器的出现。

3. 军用信息技术

信息技术是为实现获取、交换、处理、运用信息等功能的所有技术的总称。军用信息技术主要包括信息搜集、信息处理、信息传递、信息储存、信息检索和信息管理等。它的核心技术是计算机、通讯和控制三大要素。随着现代军事的信息量急剧增加，发展军用信息技术已成为夺取现代战争胜利的基本保证。

4. 军用光电子技术

军用光电子技术是以激光、红外和各种先进探测器为基础，由光学技术、电子技术、精密机械技术和计算机技术等密切结合而形成的一项军事高技术。它具有探测精度高、信息传递快、信息容量大、抗干扰和保密性强的优点，目前已广泛应用于侦察、通信、预警、跟踪、制导、火控、导航、识别、显示、信息、隐身和光电子对抗等领域。

5. 军用航天技术

军用航天技术，是指为军事目的而研究、发展和应用的航天技术。它以航天运载器技术、航天器技术和航天测控技术等三大技术为基础，主要包括弹道导弹技术，以及借助于部署在太空的各种遥感器和观测设备、通信设备以及武器系统等，执行侦察、预警、通信、导航、测绘和气象观测等军事任务或作战任务的技术。

6. 军用新材料技术

军用新材料，是指对推动国防科技进步、增强国防实力有重大作用的先进材料。“材料是发明之母”，新型材料是军事高技术发展的物质基础和突破口，谁能更快地开发和应用具有特定功能的材料，谁就拥有更强大的技术潜力。当前，围绕军用新型材料展开的竞争主要集中在高温材料、隐身材料、超导材料和复合材料几个方面。

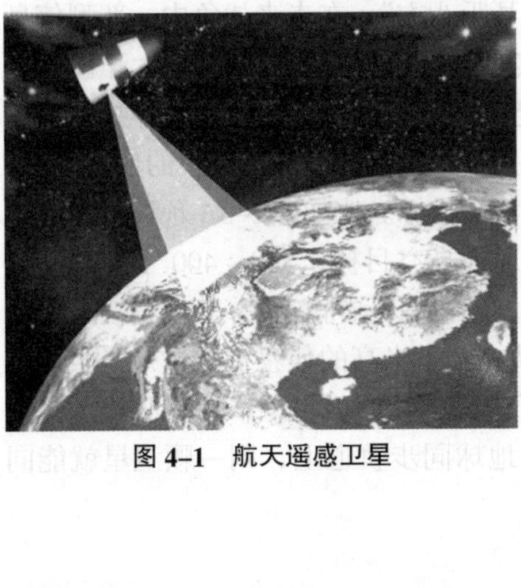

图 4-1 航天遥感卫星

7. 遥感技术

遥感技术，是指探测设备不与探测物体直接接触，在高空、外空或其他远距离处，借助遥感器接收物体辐射或反射的电磁波信息，经过加工处理，从而揭示被探测物体的性质、形状和变化过程的技术。

遥感技术综合了空间技术、光学和电子学等诸多新学科新成就，具备远程侦察功能，从而把军事探测能力扩展到一个新高度、新水平。

8. 军事海洋开发技术

海上作战离不开海洋开发技术，海洋开发技术与海军装备技术有着共同的作用对象，很多技术可以互为利用，互为促进。

9. 军用核技术

军用核技术的重点在于发展核武器。核武器是利用核装料的原子核反应瞬间释放的巨大能量对目标造成杀伤破坏作用的一类武器的总称。核武器通常是指一种武器系统，一般由核战斗部、投射工具和指挥控制系统等部分组成。

10. 军用定向能技术

定向能技术，就是把强激光、高能离子束或强微波等产生的高温、电离或辐射效应集合，产生高温、高压、电离、辐射等综合效应，以束能形式向一定方向发射，借以摧毁或损伤目标的技术。这种技术具有军民兼用的性质。

定向能武器

三、军事高技术对现代军事的影响

（一）军事高技术对现代战争的影响

随着军事高技术的发展及其在军事领域的广泛应用，已经对现代战争和作战行动产生了巨大影响。

1. 侦察立体化

侦察立体化，通俗地讲就是“眼观六路、耳听八方”。在未来战争中，新型信息化装备将使战场更透明，可实现全球感知，实时进行远程指挥控制。从大洋深处到茫茫太空，布满了天罗地网式的侦察监视系统。水下的声呐，能够偷偷寻找军舰和潜艇的踪迹；地面的传感器，能够警惕地注视人员与车辆的动静；空中的侦察飞机，能够同时监视高空、低空、地面、海上的各种活动目标。比如，E–3A 预警机当飞行高度为 9 千米时，可以探测到 500 ~ 650 千米远的高空目标、300 ~ 400 千米远的低空目标和 270 千米远的巡航导弹。间谍卫星，“站得高，看得远”，其侦察效果更加显著。比如同样一架视角为 20 度的照相机，装在 3 千米高的侦察机上，一张照片可以拍摄到 1 平方千米面积的地面；装在 300 千米高的侦察卫星上，一张照片可囊括 1 万平方千米的范围。如果把侦察卫星定位到地球同步轨道上，则一颗卫星就能同时看到太平洋两岸，监视地球表面42%的面积。在未来战争中，“侦察—判断—决策—行动”的回路越来越短，信息化装备的广泛使用，使得争夺信息优势成为信息化战争的首要任务。特别是战略信息战，就如核战争一样具有大规模毁灭性作用，将成为新的威慑手段。美国参联会原副主席欧文斯曾对美伊两军的侦察监视能力做过一番比较，得出的结论是：如果交战的一方“可以一天24小时，仅以30秒钟的延迟、在各种气象条件下、透过云层、在10厘米的误差以内非常精确地看到另一方，而他的对手则不能，他一定会赢”。侦察能力的差异性，决定了交战双方的不对称性。

图4-2 E-3A预警机

2. 指控智能化

现代军事高技术的发展和应用，使武器装备的射程、威力、精度都几乎达到了各自的极限。交战双方的差别，在很大程度上取决于其对作战力量的指挥控制水平上。在战役和战术级，信息战的表现形式是以电子战为核心的指挥控制战，夺取制信息权的核心是使拥有信息密集型武器的部队取得信息能力的优势。未来战争，以计算机为核心的网络将把所有的通信系统、探测装置和武器系统联成一体，作战将从“以平台为中心”转向以“网络为中心”。美海军网络中心战的网络结构由三个互相链接的部分组成，即探测装置网络、交战网络和信息传输网络。网络中心战的体系分为三级：第一级战术级，网络用户数量在24个之内，信息传输时间为零点几秒，信息精度达到武器控制级；第二级为战区级，网络用户数量在500个之内，信息传输时间为秒级，精度达到部队控制所需的要求；第三级为战略级，网络用户数量在1000个之内，信息传输时间为几分钟，精度达到部队协同所需的要求。各级指挥官利用网络交换大量信息，感知整个战场的态势，阐述指挥意图，制定作战计划，解决各种问题。网络中心战的实施极大地提高了部队的指挥速度，建立了对战场空间持续、完备的态势感知。

3. 反应快速化

“兵贵神速”历来是兵家所追求的情形，但传统武器装备因受技术条件限制，常常“欲速不达”。高技术武器装备在现代战争中应用，才使“兵贵神速”成真，现实了机动快、反应快、打击快、转移快。高技术武器从发现目标到攻击目标的反应时间也大为缩短。当前，计算机控制的火控系统，能在96秒内操纵4门火炮摧毁35

个分离的目标，而传统武器，摧毁这些目标需要 2 个小时。在信息化战争中，“被发现就意味着被命中”。对于现代防空系统的反应时间，那更是以秒计时。如美国的“爱国者”、俄罗斯的“C-300”地空导弹系统的反应时间为 15 秒，我国的“红旗”系列地空导弹的反应时间也为 15～20 秒等。在未来战争中，时间因素将变得越来越重要。西方军事家已经把“兵贵神速”赋予了新的含义，即“时间就是一切，时间就是胜利”、“时间是未来战争的第四维战场”，越来越强调战争准备的及时性，战争指挥控制的实时性，战争行动的突然性。战争将从旷日持久向速战速决演变，战争的进程将大大缩短。

图 4-3　红旗-7 近程防空导弹

4. 打击精确化

精确打击武器和精确的信息支援系统有机结合，使得精确打击成为战争的重要样式。作战精度越来越高，攻击距离越来越远。精确打击在现代战争中的地位日益重要。根据推算，就杀伤破坏效果而论，爆炸威力提高 1 倍，杀伤力只能提高 40%；而命中概率提高 1 倍，杀伤力却能提高 400%。当前，1 架次 F-117A 战斗机，投掷 1～2 枚 2000 磅激光制导炸弹的作战效果，相当于过去 B-17 重型轰炸机 10 架、4500 架次，投掷 9000 枚炸弹。统计显示，越南战争中，所用精确制导弹药占总弹药数的比例仅为 0.02%，海湾战争达 8%，科索沃战争为 35%，阿富汗战争为 56%，伊拉克战争达 68%。随着精确制导武器的发展，一种全新的作战样式——“精确战”，悄然登上战争舞台，它要求探测目标精确，攻击目标精确，摧毁目标精确，毁伤评估精确。总之，现代战争仗是越打越“精”了。在求“精”的同时，借助军事高技术特别是智能化技术，未来战争也开始在“巧”字上下功夫。比如，对于人，是打死好还是打伤好；对于物，是打碎好还是打废好。随着时代的发展，人们已经开始重新审视这个古老而又崭新的话题。美国人认为，要想最有效地削弱敌人的战斗力，致死不如致伤，致伤不如使其失能。这里讲的“失能”，既可以指武器，也可以指人员。这样的战争，效费比更高，副作用更小，后遗症更大。

5. 防护综合化

“保存自己，消灭敌人”是一切战争的通则。由于现代侦察、监视和探测手段具有全方位、全频谱、全天候、全时域的特点，进攻一方如果不能有效地保护自己，就可能出现“发难者先遭难”的结局。在这种情况下，防护的地位显得特别重要。

图 4-4 暗夜幽灵“夜鹰”F-117A

海湾战争中，F-117A 飞机大出风头，且无一损伤，其奥妙之处，便是借助于外形设计和表面涂料，有效地实现了隐身要求，其雷达反射面只有 0.1 平方米，和一顶钢盔差不多。除了隐身技术外，先进伪装、预警告警、致盲致眩、施放诱饵、加固装甲、防电磁脉冲等，也都成了现代武器装备的防护手段。对于武器装备处于相对劣势的一方而言，搞好防护和伪装隐蔽，直接关系到胜败与存亡。科索沃战争中，南斯拉夫人民和军队正是因为敢打善藏，才在北约进行的 78 天的空袭轰炸中巧妙地保存了自己的军事实力。

（二）军事高技术对军队建设的影响

军事高技术在对现代战争产生巨大影响的同时，对军队的建设和发展也带来了深刻的影响。

1. 缩小军队规模

由于作战效能的大小主要取决于武器系统的高技术含量和作战人员的军事高技术素质，军队的数量、质量与战斗力之间的关系将发生根本性变化，质量将上升至主导地位，数量将逐渐减少。

2. 优化军队结构

为适应高技术武器系统作战功能一体化的需要，必须优化军队结构，使军、兵种部队比例关系更加合埋，结合更加紧密。部队编成趋向一体化、多能化、小型化，具备的特征有：机动灵活，能够满足遂行各种任务的需要；人、武器、信息达到最佳结合，最大限度地发挥部队的作战效能；便于指挥、控制、协调，便于信息流动和共享。随着新概念武器装备的出现并装备使用，将出现一些新的作战部队，如信息战部队、激光武器部队、数字化的作战部队等。

3. 改善军队人员构成和素质

为适应操纵高技术武器装备的需要，军官、士官、士兵的科学技术水平和操作技能必将相应提高，对军人品格、素质、能力、学历要求将有新的标准。人员比例方面，将提高专业技术兵、技术军官、信息技术保障人员的比例，而对非专业技术兵、其他军官、勤务保障人员的比例要缩减，使现代化军队成为人才密集型群体。

4. 建立快速反应部队

快速反应部队（rapid reaction force，RRF），是指在低强度冲突中能在极短时间范围内作出武力干涉的战斗部队。美军已建立10万人的快速反应部队，三天内可部署到全球任何地方。俄罗斯也建立15万人的应急反应部队，其中有5万人为“立即反应部队”，可以在三天内部署到全球任何地方。欧盟于1999年建立了6万人以上的快速反应部队，以德、英、法三国为主，其他成员国为辅，可在六星期之内派遣执行准战争任务。中国快速反应部队直属于七大战区，分为战略快速反应部队和战区快速反应部队，由空降部队，数个陆军集团军、机械化师等编制而成，具有一定的规模。快速反应部队具备“快速部署、快速支援、快速突袭、快速制敌”的特点，具有较强的整体作战威力，适合应付不同性质的突发事件，能担负战略、战役、战术三个层次的作战任务，是未来战争中一支精锐的作战力量。

第二节　军事高技术与新军事变革

当今世界，在以信息技术为核心的高技术推动下，军事领域正在发生着一场新的军事变革。这场军事变革的实质，是一场以信息化为主要特征的军事信息化革命。其产生的主要动因与高技术的发展密切相关。随着高技术的进一步发展，当前这场新军事变革已进入到一个新的质变阶段，并将发展成为一场遍及全球、涉及所有军事领域的深刻革命，将对世界军事形势、国际战略格局乃至战争形态的演变产生深刻影响。

国防教育警句

祖国利益高于一切，国防安全重于泰山。

一、军事高技术与新军事变革的产生

军事变革，是从英文RMA（Revolution in the Military Affairs）翻译而来，也有人称其为新军事革命。目前，最热衷于这场军事变革的国家主要是美国等西方军事大国。20世纪70年代，美苏等军事强国基于战略需求，基本都实现了军队指挥自动化。越南战争中，美国率先使用精确制导炸弹并产生出巨大的作战威力。此后，各军事大国纷纷投入巨资开始研制并生产这类精确制导武器。随着指挥自动化系统与精确制导武器的研制与发展，为军事变革的孕育提供了最基本的物质技术条件。

在这种历史背景下，1979 年由前苏军总参谋长奥加尔科夫元帅提出“新军事技术革命”的概念。他认为，新兴技术将使军事学说、作战概念、训练、兵力结构、国防工业、研制重点发生革命性变化，即出现新的军事技术革命。

20 世纪 80 年代初，美军领导人提出，目前工业时代正在产生第三次浪潮。这种由信息革命引发的第三次工业浪潮，必将在人类社会各个领域引发根本性变革，从而给军事领域带来一场深刻的革命。1982 年，美军针对前苏军在欧洲战场提出的“大纵深作战”理论，结合自身高技术武器装备的发展现状，提出了“空地一体战”理论，同时开始着手重点发展精确制导武器，调整军队体制编制，以适应第三次浪潮引起的战争形态的变化。1991 年，海湾战争爆发，从而正式拉开了这场世界性军事变革的序幕。1993 年 8 月，时任美国国防部基本评估办公室主任的资深分析家马歇尔以更深邃的目光对“新军事技术革命”概念提出异议，他认为：“对军事革命的含义常有误解，我们打算不用早些时候的军事技术革命这一术语，因为它把重点放在了技术上。技术使得革命有可能出现，但只有制订了新的作战概念，在许多情况下，建立了新的军事组织的时候才会发生革命。”为此，他建议改称“新军事革命”。1994 年 1 月，美国国防部接受了这一提法，并正式组建“军事革命高级指导委员会”进行官方研究。1995 年底，美军在深化理论研究的基础上开始采取实际步骤进行军事变革的一系列实验。

1996 年 5 月，美参联会公布《2010 联合作战构想》（简称《构想》）。在《构想》中提出：“机动制敌、精确打击、全维防护和聚焦保障”，勾画了今后 15 年美国武装力量建设和作战蓝图。同年 12 月，美国国防部又正式颁布《信息作战》纲要。至此，美军开始全面推动军事变革。2003 年 3 月伊拉克战争爆发。美军在这场战争中全面检验了这几年新军事变革的重大成果。从战争结局上看，美军在军事上取得了巨大成功。如果说 1991 年的海湾战争是介于机械化战争和信息化战争之间的话，那么，伊拉克战争则标志着人类战争已经进入到一个新的发展阶段。在这场战争中，美军只用了海湾战争一半的兵力、时间和物资消耗，就达成了推翻萨达姆政权的战略目的。这除了美伊两国巨大的经济差距（美国 GDP 是伊拉克的 260 倍）以及其他政治因素外，主要是因为美国在军事上占据着绝对优势，具体来讲，就是通过不断推进新军事变革，使得美军建立起了一套高度机械化和半信息化的军事体系，而与此相对抗的伊拉克军队，则仍处于机械化半机械化阶段，从而使双方在军事力量的对比上形成了巨大的“时代差”。透过这场战争，人们不仅看到军事变革给当代世界军事领域所带来的巨大冲击。同时，也看到了军事变革所塑造出的信息化军队的作战威力。

通过大力推进新军事变革，美军获得了超强的作战能力，这使世界各主要大国在震惊的同时，更增强了紧迫感和危机感，围绕如何缩小与美国的“时代差”和“技术差”而纷纷制定措施，竞相加快了军事变革的步伐。一些国家结合伊拉克战争的主要做法及前期军事变革的经验教训，出台了一系列新军事变革的新举措，推动军事变革在更高的层次、更广的领域、更大的范围加速发展，从而使世界新军事变革进入一个整体质变的发展阶段。

二、新军事变革的主要动因

新军事变革的发生，有多方面的原因，包括科学技术的突破性发展、军事需求的强力拉动以及军事理论的有力牵引等。其中，科学技术的突破性发展是新军事变革产生的重要因素。

（一）科学技术的突破性发展是新军事变革的强大动因

马克思主义认为，科学技术是最高意义上的革命力量，是推动社会进步和军事变革的强大动力。当代科学技术，特别是以信息技术为核心的高新技术的飞速发展是新军事变革最直接的推动力。以信息技术为核心，以航天技术、生物技术、新材料技术、新能源技术和海洋开发技术等为代表的一大批高新技术和高技术产业蓬勃兴起，在被广泛应用于军事领域后，催生了新军事变革，并不断推动世界新军事变革向深度和广度发展，成为推动世界新军事变革最有力的杠杆。

在当代高技术领域，信息技术是基础，是核心。信息技术在军事领域引发的变化，主要表现在它物化出新一代的信息化武器装备，并使军事理论和军队的体制编制发生革命性的变化。其中，武器装备及其体系的变化是直接的、基础的和革命性的。

一是信息技术的迅猛发展导致武器装备信息化。现代武器装备广泛采用侦察监视、网络通信、导航定位等信息技术，大量装备传感器、计算机、显示器、控制器等先进的电子设备。除此之外，武器装备的信息获取、信息处理、信息传输和信息对抗等信息能力的不断增强，使得战场感知、横向组网、远程精确打击等作战能力取得了长足的发展。信息系统作为现代作战的重要手段，具备攻防兼备的功能，从而使武器化的信息系统在现代战争中发挥着日益重要的作用。

二是信息技术的综合应用导致指挥系统自动化，成为军队战斗力的倍增器。信息技术的不断发展和综合应用，推进了指挥系统的自动化，使得指挥自动化系统的地位作用日益突出。近几场局部战争表明，指挥自动化系统不仅成为装备体系的“黏合剂”，成为指挥决策的“智囊”，而且成为军队战斗力的“倍增器”。

（二）军事需求的强力拉动是新军事变革产生的内在动因

军事变革不是自然发生的客观物质运动，而是对抗主体之间的主观能动行为，是军事需求驱动和军事主体选择的必然结果。因此，在一定物质技术基础上，战略需求和战略主体的选择便成为决定军事变革进程和结局的重要因素。就当前这场新军事变革而言，正是源于“冷战”时代敌对国家、政治集团对抗的需要，特别是美国与苏联之间争夺世界霸权的需要。在“冷战”结束、两极格局解体后，世界形势发生了深刻变化，信息化战争成为新的战争形态，国际恐怖主义成为当今世界的主要威胁，这种新的军事需求使得军事斗争的形式和手段又发生了新的变化，它使“冷战”时期那种建立在机械化战争基础上，准备打大规模战争甚至核战争的军事斗争方式和军队建设模式，难以适应新的安全需求。因此，必须对建立在机械化战争基础上的军队进行彻底改革，以满足新的需要。

（三）军事理论的创新是新军事变革产生与发展的基础和先导

军事理论的创新，对新军事变革的产生与发展起着基础性和先导性的作用。20世纪50年代以来，随着军事理论的不断创新与发展，引导着新军事变革沿着正确的方向顺利进行，从而使新军事变革的进程缩短、速度加快。军事理论的创新促进了军事战略的调整。“冷战”结束后，世界各军事大国和强国的军事战略已经由机械化战争形态下的军事战略向信息化战争形态下的军事战略转变。军队建设理论的创新引导了军队的改革与发展，军队建设的质量特别是高科技含量在不断提高。作战理论的创新推动了作战方式的变革。“空地一体战”理论、“三非作战”理论、信息作战理论、空间作战理论和联合作战理论等相继提出与运用，催生了超视距打击、精确打击等新的作战方式，极大地改变了现代战争的面貌。

三、新军事变革的基本内容

新军事变革的本质与核心是信息化。其目的是建设信息化军队，打赢信息化战争。基本内容包括军事技术变革、体制编制变革、军事理论变革等。

（一）军事技术变革

军事技术变革起源于以信息技术为代表的高新科学技术在国防领域的应用。由于高新科学技术的全面应用，军队成员从过去只是掌握机械化武器、服从指令的经验型军人，提升为运用现代信息技术、能够创新的知识型军人。高新科学技术在军队的普遍应用，将以机械化为主要装备特点的军队改造成了机械化基础上的数字化、信息化军队。这次技术变革与人类历史上的每次技术变革一样，提供了军事技术变革直接的技术基础。它包括了六大技术，即数字信息技术、航天技术、新材料技术、新能源技术、生物技术、海洋技术。其中，数字信息技术是最具主导与核心地位的技术，是这一次新技术变革的标志。数字信息技术在军事领域的运用导致了以制信息权为目的的，具有非接触性、非线性等新特点的现代信息化战争。由于信息化战争的需要诞生了数字化部队。数字化部队以计算机为支撑，以数字通讯技术联网，使各种战斗、战斗支援和战斗保障系统都具备信息的获取、传输、处理功能；将电子技术与光技术结合的光电子技术在军事领域的运用，形成了光电子军事技术系列，其中各种光电探测器为实施大范围的空中侦察创造了条件；电子战系统进行电子侦察、电子进攻、电子防御，降低或破坏敌方电子设备的工作效能，同时保护己方电子设备效能的正常发挥；航天技术在军事领域的应用，产生了天基武器系统，可以在太空部署各种人造卫星、载人航天器，执行空间监视、侦察预警、通讯、导航定位以及反卫星、反弹道导弹等军事任务；基因技术在军事领域的应用，诞生了基因武器，它是一种按照军事需要设计的具有杀灭、攻击、失能等特殊功能的新型生物武器。

（二）体制编制变革

一场军事变革的完成，是以军队组织结构调整的最终实现为标志。调整改革军队的体制编制，是实现人与武器有机结合，是最终完成军事变革的关键。世界各国为适应世界新军事变革的发展，高度重视优化军队的内部结构，使军队的体制编制向着精干、高效、合成的方向发展。总的趋势是：压缩常备军规模，裁减一般部队，增编高技术军兵种部队，使军队向小型化、多能化、一体化方向发展。现阶段，主要是建设便于灵活组合的中小型模块式部队，建立适合信息快速流通的扁平式作战指挥体制。伊拉克战争中，美军在指挥上，改变了以往各军兵种分别独自指挥的方式，由联合作战中心实行一体化指挥；在保障上，改变了以往逐级实施的方式，由后方基地统供，直接投送到前沿作战部队和分队。

(三) 军事理论变革

随着高新技术武器装备的发展，传统的战争理论、作战原则以及战略、战役、战术之间的关系等都随之发生变化，出现了一些建立在新的物质基础之上的军事理论。比如，信息化战争理论、信息战理论、联合作战理论、精确化作战理论、非接触作战理论、非对称作战理论、非线式作战理论、空间作战理论和网络中心战理论等。在伊拉克战争中，美军所使用的“快速决定性作战”理论，就是一种全新的作战理论。它强调作战行动必须充分利用信息化装备优势，采取“远程精确打击＋小规模地面快速突击”的新战法，尽快由有限规模的战役行动达成战略目的。通过实战检验，这一理论得到了充实验证，说明适应信息化战争要求的创新的军事理论是完全必要的。

四、新军事变革的重要影响

当前，新军事变革迅猛发展，促进了世界军事力量的大发展和大调整，将对重建国际军事安全秩序、重建世界军事力量格局、重塑未来战争形态和重建未来型军队等产生决定性影响。

(一) 进一步加剧了世界战略力量对比的失衡态势

在历次军事变革中，尽管霸权主义国家能够实现局部扩张，但没有哪一个帝国能够随心所欲地对全球进行控制。这次新军事变革却截然不同。作为这场新军事变革“领头羊”的美国，拥有当今世界上最雄厚的经济实力、最先进的科学技术和最强大的军事力量，具备了全球投送、全球抵达、全谱作战的能力，加重了其称霸世界的筹码。根据美陆军《目标部队》白皮书，至2020年前，美军可在4天内向全球地区部署1个旅的作战部队，5天内部署1个师，30天内部署5个师。空军可在很短时间内到达全球各地，战略轰炸机经空中加油可连续飞行18000千米以上。这种结果，必将导致世界军事力量的严重失衡，使弱国与强国之间已经存在的差距越拉越大，并由此引发新一轮军备竞赛。

目前，不仅世界大国加快了军事变革的步伐，一些中小国家也积极创造条件进行军事变革，大力推进军事理论、作战思想、武器装备、组织体制、教育训练、后勤保障等各个方面的创新，从而使新军事变革呈现出向广度和深度加速发展的趋势。英、法、德、日等发达国家和俄罗斯，为缩小与美国的差距，正逐步增大军费投入，力争在某些领域谋取优势；许多发展中国家，为避免陷入被动挨打的境地，也在千方百计发展国力，壮大军力，力求防止和消除出现“代差”。这就构成了一种各国竞相发展、全球战略互动的新局面。

（二）进一步推动了世界各国军事战略的全面调整

新军事变革极大地冲击了传统的战争理念，改变了现代战争面貌，促使各国重新审视安全环境和战略策略，依据客观环境和主观需求积极主动地进行战略调整。自20世纪90年代以来，美国出于维护其霸权的需要，先后进行过多次军事战略调整。俄罗斯从苏联解体后到现在也已调整了三次军事战略。英、法、德等欧盟集团，出于集团利益的需要，在反映各成员国战略主张的同时，积极谋求“联盟战略”。日本以建立“合理、高效、精干”军队为目标，对其军事战略进行了全面调整。此外，一些发展中国家基于维护自身安全的考虑，在战略上也做出了必要调整。

（三）进一步拉大了世界各国军队武器装备上的“代差”

在机械化战争时代，武器装备上的“代差”，曾经使法西斯德国军队在二战初期的陆战场上取得了显赫战果，也曾使军国主义日本在海战场上独占鳌头，但与其主要对手的差距往往并不悬殊。而新军事变革中所产生的武器装备和作战能力上的“代差”，却使优劣差距极端明显。一旦存在“代差”的两军在战场上对垒，就会出现“占有优势的一方，可以看到劣势的一方，而劣势的一方却看不到优势的一方；优势的一方可以打到劣势的一方，而劣势的一方却根本打不到优势的一方；优势的一方可做到攻守自如，而劣势的一方则是手足无措”局面。

（四）进一步增强了军事手段维护国家利益的作用

新军事变革的飞速发展，使强国在短时间内变得愈强、弱国变得愈弱，两者之间的差距可能越拉越大，而且这种差距一旦形成，则难以消除，其结果是一方面力量的失衡导致战争的危险性增加；另一方面，由于“代差”的形成，增强了战争的可控性，从而为强国运用军事手段达成政治目的，提供了低风险、高效益、多样化的战略选择。据统计，“冷战”时期发生的局部战争和武装冲突年均为4次，而“冷战”后年均却达10次之多。特别是20世纪90年代以来发生的海湾战争、科索沃战争、阿富汗战争、伊拉克战争，更显示出军事手段在解决争端中的“泛化”趋势。以美国为首的西方发达国家认为，拥有绝对军事优势是处理国际危机的前提。在这种理念支配下，自1990年以来，美国对外出兵达60多次，占二战后对外出兵总数的一半以上。由此可见，新军事变革不仅使军事手段的地位和作用明显上升，而且刺激了新干涉主义进一步抬头，给世界和平与地区安全带来了新的威胁和挑战。

五、新军事变革的发展趋势

信息时代武装力量的神经中枢——C^{4}ISR系统

随着纳米技术、隐形技术和定向能技术的更新突破，将为世界新军事变革提供新的物质技术基础。在可以预测的未来，新军事变革将呈现出以下趋势：

（一）军事科学技术的发展水平将有进一步突破

从20世纪70年代起，属于军事信息化范畴的信息革命便拉开序幕，这场信息革命分为军事传感革命和军事通信革命两个阶段。军事传感革命主要表现为：出现了计算机控制的探测器材以及单个作战平台和武器系统的计算机化，武器的命中精度有了极大提高，单个作战平台的性能成倍地提升。据测算，装有新型传感器的作战平台，其探测距离相当于过去的5倍，探测范围和探测到的信息量是过去的25倍。目前，在成熟探测技术的基础上，人们又大力发展人工智能技术，目的是使探测与智能相结合，从而实现探测的智能化和无人化。现阶段，人工智能技术已经能造出可供实战使用的机器人；新材料技术、遥控技术和遥感技术的不断发展，使无人机变得日趋轻巧灵便，作战效能增强。军事通信革命主要表现为：数字技术广泛应用于军事领域，出现了可以处理大量数据信息的指挥、控制、通信、情报与计算机系统（即C^{4}I系统）。目前，传感器材可搜集超视距信息，卫星可搜集全球信息。如果这些信息只供给单个作战平台使用，目标识别和快速攻击问题就无法解决。为此，美国国防部投入巨资，加速信息网络技术的发展，目前已基本建成全军统一的C^{4}ISR系统，到2025年建成C^{4}IKSR系统，从而实现侦察预警、指挥控制和打击手段的一体化。预计2020年前后，一批更加高效的新型武器将陆续出现，用信息网络技术把它们链接起来，就能为新军事变革提供新的物质技术基础，推动军事信息化变革向高级阶段发展。

（二）武器装备信息化建设将进一步向广度和深度发展

当前，世界各国武器装备发展的大趋势是由机械化逐步向信息化过渡。自海湾战争以来，人们发现，经信息化改造的武器装备都具有较强的综合作战效能，为此，世界各国开始投入巨大的人力、物力和财力来加强武器装备的信息化建设。目前，美国陆军正在研制的“未来战斗系统”，就是一种新型的信息化陆战武器系统。该系统把陆军的各种作战平台和各种作战需求与部队各要素紧密结合起来，使之共享作战信息并最大限度地发挥协同优势，以缔造先发制人、决战决胜的新型陆军。美国空军也在不断加强信息化建设。2005 年 12 月装备的 F-22 与目前已装备的 F-35，将替代 F-15 与 F-16。前者将具有更好的隐身性、更高的机动性，同时还将具备超音速巡航和远程作战能力，届时将使美国空军作战能力大大提高。未来的海上武器装备将充分吸收航空、航天、电子等领域的最新技术成果，并将在机动能力、两栖作战能力、隐身能力、安全性等方面有较大突破，综合作战效能将得到全面提高。

空间武器将逐步由后台走向前台。从发展的角度看，空间作战飞行器和空天飞机将是未来空间作战的威慑和实战力量，其可以在数十千米的高空或数百千米的近地轨道上执行多种作战任务。空天飞机集飞机、运载器、航天器等多种功能于一身，是 21 世纪遂行全球作战乃至控制空间、争夺制天权的“撒手锏”装备。美国已把重点放在发展空间作战飞行器上，把研制空天飞机作为 20 年后的长远目标，近期将推出技术难度比较小的具有空天飞机部分功能的空间作战飞行器。

（三）军事组织体制将向便于信息快速流动与使用的方向发展

新军事变革主要内容之一，就是使军事组织体制实现从工业时代向信息时代的跨时代跃升。这种跃升的实质，是使信息这一主导要素能在军队内部和战场上快速、顺畅、有序地流动，以适应打信息化战争的要求。反映到体制编制上，就是用信息化时代的体制编制改革工业时代机械化的军队形态，从而使信息化武器装备和创新性作战理论所蕴含的作战潜力实现“物化”。因此，军队体制编制改革的总体趋势是向便于信息快速流动和使用的方向发展：一是变纵长形“树”状领导指挥体制为扁平形“网”状领导指挥体制。近期几场局部战争表明，工业时代构建的适用机械化战争要求的领导指挥体制已不再适应信息化战争的要求，在实战中已暴露出信息流程长、信息流动速度慢、抗毁能力差等弊端。为了改变这种情况，世界各国正逐步建立外形扁平、横向联通、纵横一体的网状领导指挥体制。二是进行陆军结构改革。近期高技术局部战争表明，陆军的地位和作用与以往相比在下降，陆、海、空协同作战的理念正日益深入人心。为此，改变陆军结构就成了各国面临的重大军事问题，小型化、轻型化、多能化，是军事强国陆军改革的大方向。三是组建信息战部（分）队。为了实施和打赢信息战，一些国家开始组建信息攻防部（分）队，如建立专门负责实施进攻信息战的航空队，“黑客”与“反黑客”等各种计算机应急反应分队和计算机网络防护分队，等等。这些新型部队的建立，将在未来信息化战争中发挥举足轻重的作用。

（四）作战双方的对抗方式将呈现出以网络为中心的体系对抗

随着以计算机为核心的网络技术的发展，战争中作战双方不再是力量单元之间的较量，而是以网络为纽带、以整体对抗为表现形式的体系与体系之间的对抗。在这种以网络为中心的体系对抗中，作战人员并不像过去那样仅仅依赖单元武器装备，每个作战人员面对的是己方和敌方两大网络化的信息网络系统，一切作战资源，都必须依赖信息网络才能发挥最大的作战效能。双方对抗中，谁先获取信息，并以最快的速度处理信息、分发信息，谁就能夺取制空权和制海权，进而谁就能够掌握战争的主动权。如果从武器装备构成体系上分析，在未来战争中，武器装备的使用将从突出强调利用坦克、飞机、军舰等作战平台的单元作战性能，转到强调综合利用信息化武器装备系统的整体效能上来，突出武器装备系统的体系对抗。目前，美军加紧研制的 C^4IKSR 系统，该系统是将预警、侦察、监视、指挥、控制、通信、计算机和情报系统与精确打击系统联成一体，从而形成一个以网络为中心的庞大的武器装备系统。在未来战争中，计算机网络和通信网络将把信息化作战平台与各种探测系统、指挥控制系统、精确打击系统集合成为一体化的军事信息系统，使武器装备体系的整体性更强、更完善，从而使信息化战争中体系对抗的特征表现得更为鲜明。

（五）战争形态将逐步由机械化战争向信息化战争转变

随着信息化武器装备的大量使用，战争形态正逐渐由机械化战争向信息化战争转变。据统计，海湾战争中，使用的信息化武器装备只占 8%，科索沃战争中则占到了 35%，阿富汗战争中占到了 56%，而到了伊拉克战争，信息化武器装备占到了美军装备总量的 70%。由此可以看出，信息化武器装备在战争中的使用量在不断增加。由于信息化武器装备的大量使用，使得战争双方在信息空间的争夺日趋激烈，继争夺制陆权、制海权和制空权之后，争夺制信息权已成为战争双方争夺的新焦点，并出现诸如信息战、网络战、指挥控制战、心理战等许多新的作战样式，战场空间也从三维地理空间拓展到电磁空间、心理空间、信息空间等多维空间，并形成陆、海、空、天、电以及心理等多维一体的全方位联合作战，战争的形态也开始由机械化战争向信息化战争转变。这些变化，都与信息化武器装备的性质和结构的发展变化有关。可以预测，未来 10 年到 20 年，随着信息化武器装备的大量使用，将有力推进机械化战争向信息化战争的加速转型，并最终实现完全意义上的信息化战争。

第三节 高技术在军事上的应用

新军事变革的出现和不断发展，促进和推动了军事高技术的深入发展，牵引着高技术武器装备的不断更新。

国防教育警句

公民当思天下事，
国防强弱系安危。

一、隐形技术与隐形武器

（一）隐形技术

隐形技术亦称隐身技术，是减弱己方目标辐射和反射的特征信息，使敌方难以用探测系统发现的技术。隐形技术包括有源隐形技术和无源隐形技术两类。由于现代战场上的侦察探测系统主要有雷达、红外、电子、可见光、声波等探测系统，所以目前的隐形技术也相应地分为以下五种：反雷达探测隐形技术、反红外探测隐形技术、反电子探测隐形技术、反可见光探测隐形技术、反声波探测隐形技术。

1. 反雷达探测隐形技术

反雷达探测隐形技术的核心是减小雷达的探测距离。要想缩短雷达的探测距离，就要减小目标的雷达散射截面积。因此，实现反探测的隐形技术即为隐形外形技术。通过合理设计目标外形，来减小其雷达散射截面积。目前研究出的主要措施有：自适应阻抗加载技术；微波传播指示技术；等离子体隐形技术。

2. 反红外探测隐形技术

反红外探测隐形技术除采用红外干扰措施外，主要是抑制武器装备等目标在敌方红外探测系统方向上的红外辐射。目前研究出的抑制目标红外辐射的技术措施主要有：改进发动机结构设计；研制新的燃料；采用吸热、隔热材料和涂料。

3. 反电子探测隐形技术

反电子探测隐形技术主要是抑制武器装备等目标自身的电磁辐射。目前采用的主要技术措施是：减少无线电设备；采用低截获概率技术改进电子设备；减小电缆的电磁辐射；避免电子设备天线的被动反射；对电子设备实施屏蔽。

4. 反可见光探测技术

为了减少目标与背景之间的亮度、色度和运动的对比特征，目前研究提出的反可见光探测的隐形技术措施主要有：改进目标外形的光反射特征；控制目标的亮度和色度，以使目标与背景的亮度和色度匹配；控制目标发动机喷口的火焰和烟迹信号；控制目标照明和信标灯光；控制目标运动构件的闪光信号。

5. 反声波探测隐形技术

为降低目标向周围介质传播的噪声，目前研究的主要技术措施有：发动机和辅助机采用超低噪声设计；采用吸声和阻尼声材料、减振和隔声装置；减小旋漩桨对介质的扰动噪声；合理进行目标整体设计，以避免发生共振现象。

（二）隐形武器

采用隐形技术而不易被敌方发现的武器，称为隐形武器。目前，一些隐形轰炸机、隐形战斗机、隐形侦察机、隐形巡航导弹等已相继研制成功；其他类型的隐形飞机和隐形导弹、隐形坦克、隐形舰艇、隐形火炮等也在加紧研制，使隐形武器向系列化方向发展。

图 4–5　B–2 隐形轰炸机

1. 隐形飞行器

隐形飞行器特别是隐形飞机是隐形武器研制和发展最快、取得成果最多的领域。在这方面美国居世界领先地位，西欧国家、日本次之，俄罗斯落后美国 10 ~ 15 年。

2. 隐形舰船

为了使舰船具有低可探测概率和高生存能力，20 世纪 90 年代以来隐形舰船的研制逐步兴起。舰船的可探测信息特征主要是探测雷达的散射回波、自身的红外辐射和噪声、舰载无线电台和雷达的电磁辐射、舰体的磁场、可见光散射和航迹等。所以，舰船的隐形就是控制舰船上述可探测信息特征，以降低其被探测概率，提高生存能力。

3. 隐形坦克

20 世纪 80 年代中期以来，美国国防高级研究计划局和陆军战车制造部门一直秘密进行隐形坦克技术的研究，技术渐趋成熟，隐形坦克已经问世。

二、夜视技术与夜视武器

(一) 夜视技术

夜视技术是研究在夜间或低亮度的条件下，如何应用光电器材和成像器材，将肉眼不可视的目标转换（或增强）成可视影像的信息采集、处理和显示技术。它能够扩展观察者的视力范围，以实现隐蔽观察，常常被用于夜间侦察、照相、观瞄、驾驶、指挥、识图、制导、野战修理、工程抢险和战地救护等方面。

自然界夜间存在月光、星光和大气辉光等自然光（统称夜天光），这些光线很微弱，所以又叫微光；同时还存在着人眼看不见的红外线。微光、红外线是夜视技术可直接或间接利用的夜间自然光源，也是夜视的基本条件。

夜视技术可分为红外夜视技术和微光夜视技术两大类。红外夜视技术包括红外像转换技术、红外热成像技术、红外照相技术等；微光夜视技术包括微光像增强技术、微光电视技术、微光照相技术等，是应用光学领域的一个新发展。目前，夜视技术正在经历着一个非常活跃的发展时期，发展的重点是进一步提高夜视仪器的探测距离和灵敏度，并使仪器向着小型化和微型化方向发展，特别是固态成像技术，将成为一种主要的夜视装置。现有的夜视技术将不断地发展、完善，并将继续开拓出一些更新型的夜视技术途径。

(二) 夜视武器

1. 主动式红外夜视仪

主动式红外夜视仪于20世纪40年代研制成功。目前生产和装备部队的红外夜视仪约有80多种，如夜视瞄准镜、红外观察仪、红外驾驶仪等。我国已研制和装备部队的红外夜视仪有步兵武器红外瞄准镜、坦克驾驶仪、头盔式红外夜视仪等。

主动式红外夜视仪由红外探照灯、红外变像管、红外光学系统和电源四部分组成。它用本身携带的红外探照灯发出的红外线照射目标，从目标反射回来的红外线被物镜接收并聚集在变像管的光电阴极表面上，形成看得见的红外目标图像；再经过显像管的光—电—光的转换，在变像管的荧光屏上就能看到目标的可见光图像。

2. 微光夜视仪

微光夜视仪本身不需要主动光源，是一种被动式成像系统，因此，客观上克服了主动式红外夜视仪容易自我暴露的缺点，更适合部队夜战使用。微光电视也属于微光夜视器材。它主要由光学物镜系统、像增强与摄像管的组合系统、接收显示系统三大部分组成。因为它是通过接收显示装置（监视器）进行间接的夜间观察，所以更适合部队夜间隐蔽作战应用。

3. 红外热像仪

红外热像仪简称热像仪，它是利用对中、远红外线非常敏感的半导体材料做探测器，将目标与背景以及目标各部之间的热辐射的差别用可见光的图像表示出来，从而达到观察的目的。它是全被动式的，不借助外来光源的照射即可工作。热像仪的特点：不仅可在漆黑的夜间工作，而且还可在雾、雨和雪的条件下工作；观察距离较远，在正常条件下，用于观察和瞄准时，作用距离可达 10 千米，跟踪 20 千米内的飞机；同时，它还有探测灵敏度高（探测出 0.01 摄氏度的红外辐射温度差）和隐蔽性能好的特点。

图 4-6　手持式热成像仪

三、精确制导技术与精确制导武器

（一）制导技术

制导技术是一门按照特定性能（规律）选择飞行路线，控制和引导武器系统对目标攻击的综合性技术。也称精确制导技术。它是利用探测器和敏感装置获取被攻击目标的信息和特征（如目标反射的自然光或夜光，目标反射、散射或辐射的红外线、无线电波或声波等物理现象），对目标进行判断识别，并精确定位和跟踪。

（二）制导分类

1. 寻的制导

寻的制导，又称自寻的制导。主要特点是通过弹上的导引系统（导引头或寻的器）感受目标辐射或反射的能量，自动跟踪目标，导引制导武器飞向目标。

寻的制导

2. 遥控制导

遥控制导是以设在精确制导武器外部的制导站来测定目标和导

弹的相对位置，然后引导精确制导武器飞向目标。

3. 惯性制导

惯性制导是利用惯性测量设备测量导弹运动参数的制导技术。采用此类制导技术的多是中远程导弹，一般用于攻击固定目标，因此制导程序和初始条件是预先输入弹载计算机的。

4. 匹配制导

匹配制导分为地形匹配制导和景象匹配制导两类。前者又称地图匹配制导，后者又称数字景象匹配区域相关制导。

地形匹配制导

5. 卫星定位制导

卫星定位制导又称全球定位系统（GPS）制导。它的工作原理是利用弹上安装的 GPS 接收机接收四颗以上导航卫星播发的信号来修正导弹的飞行路线，使之沿修正的航线飞向目标。这种制导方式可攻击非预定目标，攻击前准备工作简便，所需准备时间短。

6. 复合制导

复合制导是由两种以上的制导方式构成的。它不仅具有较强的抗干扰能力，而且制导精度较高。由于复合制导采用的是两种以上的制导方式，所以制导系统一般比较复杂，体积大、成本高。

（三）制导武器

精确制导导弹是一种依靠自身的动力装置推进。由精确制导系统探测、处理、导引和控制其飞行轨迹，导向并命中目标的武器。精确制导武器包括精确制导导弹和精确制导弹药两大类。精确制导弹药分为末制导弹药和束域弹药两类。前者主要有制导炮弹、制导炸弹和制导地雷等；后者主要是一些反装甲子弹药。前者是依靠自身的动力系统和导引、控制系统飞向目标；后者自身无动力装置，其弹道的初始阶段、中段多需借助火炮、飞机投掷。

1. 反坦克导弹

为抗击坦克集群从正面、多波次的连续进攻，一些国家从 20 世纪 50 年代开始研制反坦克导弹。到目前为止，各国先后研制和装备的型号已有数十种。其发展大体可分成三代。第一代是人工有线指令制导的反坦克导弹，第二代是半自动有线指令制导的反坦克导弹，第三代采用了一些新的制导方式，主要有激光、毫米波、红外成像和光纤制导等，命中率明显提高。采用各种新技术的第三代反坦克导弹，能够有效

反坦克导弹

地对付21世纪以来出现的各种新式坦克和装甲目标。

2. 反舰导弹

反舰导弹是用来攻击水面舰船的导弹。根据发射平台的不同，可分为空舰导弹、舰舰导弹、潜舰导弹和岸舰导弹。到目前为止，世界上已有10多个国家能研制和生产反舰导弹，前后共研制了50余种80多个型号，装备反舰导弹的国家和地区有70多个。目前研制装备部队的导弹的主要特点是：突防能力强，飞行速度高达2倍音速，使敌方防御系统的反应时间大为减少，实现了远程的“发射后不用管”，最大距离可达200千米以上；机动性更高，导弹可按预编程序进行变向飞行，选择不同方向对敌舰进行攻击。反舰导弹的制导技术更先进，抗干扰能力更强，制导精度空前提高。

图4–7　中国海军YJ–83型舰舰导弹

3. 空空导弹

空空导弹是从空中平台发射，攻击空中目标的导弹。至今，成功研制的空空导弹约70余种。新研制的空空导弹的特点有：多数兼具超视距攻击和近距格斗的功能；全天候、全高度、全方向攻击能力进一步提高；制导精度和抗干扰能力增强；对多目标进行攻击，做到“发射后不用管”。

4. 空地导弹

空地导弹是战略轰炸机、歼击轰炸机、强击机、武装直升机的主要进攻武器。空地导弹种类繁多、用途各异，据不完全统计，各国已装备和正在研制的约90余种。其中通用型导弹和反辐射导弹是空地导弹较为常用的导弹。通用型空地导挴是由航空兵在对方防空火力区以外发射，用以攻击地面小型坚固目标的进攻性武器。反辐射空地导弹主要用于攻击警戒雷达网、防空导弹的制导雷达、炮瞄雷达和舰载雷达。

5. 远程巡航导弹

巡航导弹是指在大气层内以巡航速度飞行的带翼导弹，又称飞航式导弹。巡航导弹的优点：射程远，突防能力强，命中精度高，打击效果明显，通用性强，综合效益高。其弱点：飞行速度比较低，只能以亚音速飞行；导弹的使用比较复杂，要积累足够的目标数据，发射前还必须根据选定的飞行路线向导弹的计算机输入信息，战斗准备时间比较长。

6. 精确制导弹药

精确制导弹药主要包括制导炸弹、制导炮弹、制导地雷和末敏弹药等。

制导地雷

图 4–8 美激光制导炮弹

制导炸弹的制导系统同一般空地导弹的导引头相似，有的甚至就是直接移植过来的，因而结构简单，是一种便宜而精确的空地武器。

制导炮弹是用地面火炮发射，弹头带有制导装置的炮弹。制导炮弹同普通炮弹的区别在于弹丸上有小型化的导引头，在弹道末段能自动搜索、捕获目标并进行精确制导，以达到很高的单发命中概率。目前，制导炮弹的种类主要有：激光制导炮弹、毫米波制导炮弹、红外成像制导炮弹和双模式制导炮弹。

制导地雷是一种把自毁破片技术、遥感技术和微处理机结合起来的新型地雷，在普通地雷、水雷上加装制导系统后即成为制导地雷。一般将制导地雷分为三大类：一类是反坦克、反装甲车辆和反直升机的制导地雷；另一类是执行反潜、反舰任务的制导水雷；第三类是执行反卫星任务的太空地雷。制导地雷的出现，使地雷从单纯的防御性武器变成了进攻性和防御性兼备的武器。

末敏弹药是指一些子弹药，又称末端制导子弹头。末敏弹药不能自动跟踪目标，也不能改变飞行弹道，只能在被撒布的范围内利用其自身的探测器（寻的器）探测和攻击目标。由炮弹、炸弹、子弹药撒布器携带至目标制导上空抛撒分散。子弹药被抛撒（投放）后，立即开始工作，用自携带的探测器在小范围内探测目标，发现目标后，沿探测器瞄准的方向发射弹丸，实施攻击。

四、激光技术与激光武器

激光技术是研究激光的产生、变换、传输、探测以及工作物质的相互作用与应用的技术。激光技术在军事领域的研究和应用已经取得许多重大的突破性成果，并成为世界许多国家特别是科技发达国家激烈争夺的一个新的重要"制高点"。

（一）激光技术

激光产生于 20 世纪 60 年代。1961 年氦氖气体激光器问世，1962 年发明了镓砷半导体激光器，1963 年出现了液体激光器，1965 年研制出化学激光器。以后各种激光器像雨后春笋般纷纷问世，目前能产生激光的工作物质已有上千种。由于激光具有许多优异特性，所以出现了激光加工、激光检测、激光通信、激光医学、激光全息和军用激光技术等多方面技术，使激光技术成为现代应用最广的高技术之一。

中国的第一台红宝石激光器于 1961 年 9 月研制成功，经历了 30 多年的发展之后，我国在激光工业应用、激光医学、高功率激光、激光晶体、激光物理、激光化学等分支领域取得了许多优秀的科研成果，有的项目已走在世界前列。激光测距、激光通信、激光模拟训练等已在军事上广泛应用。

要获得激光，就要有能产生激光的装置，这种装置就是激光器。激光器的种类很多，主要介绍以下五种：

1. 固体激光器

固体激光器的工作物质主要是掺杂晶体和掺杂玻璃。目前已发现能用来产生激光的晶体—玻璃有几百种，最常用的是红宝石（掺铬，波长 0.694 微米）、钕玻璃（掺钕，波长 1.054 微米）和钕钇铝石榴石（掺钇，波长 1.064 微米）。世界上第一台激光器是红宝石激光器。固体激光器具有输出功率大、结构紧凑、牢固耐用等优点，常用于激光测距、激光加工、跟踪制导等方面。

2. 气体激光器

气体激光器的工作物质是各种气体或金属蒸汽。除氦氖激光器外，常用的还有氖离子激光器和二氧化碳激光器。气体激光器的单色性和相干性比其他激光器好，而且能长时间稳定工作，常用于精密计量、加工、医疗和通信等方面。

3. 半导体激光器

半导体激光器常用的工作物质有砷化镓、镓铝砷、铟镓砷磷等，其功率一般都不大，从几十毫瓦到几十瓦。半导体激光器的最大优点是体积小、重量轻、效率高、寿命长。半导体激光器可用于通信、测距、射击模拟器和信息存储等。

4. 化学激光器

化学激光器的工作物质多用气体，也有用液体的。它是在化学反应中利用化学能激励，形成粒子束反转而产生激光的，原则上不需要电源、光源等外加的激发源。当化学能直接转换为受激辐射时，就可以获得高能激光。

5. 自由电子激光器

自由电子激光器的工作物质是从电子加速器中获得的高能电子束。这种激光器是一种新型激光器，它的潜在优点较多，如功率大、能量转换效率高、波长可调谐等，在同位素分离、激光核聚变、激光武器等方面，有重要的应用前景。

（二）激光武器装备

1. 激光测距

图 4–9 激光测距仪

激光测距在技术途径上可分为脉冲式激光测距和连续波相位式激光测距。脉冲式激光测距原理与雷达测距原理相似，测距仪向目标发射激光信号，碰到目标就要被反射回来，由于光的传播速度是已知的，所以只要记录下光信号的往返时间，用光速（30 万千米 / 秒）乘以往返时间的二分之一，就是所要测量的距离。利用激光的单色性和相干性好、方向性强等特点，可以实现高精度的计量和检测。

2. 激光通讯

激光是频率单一的电磁波，就像无线电台发射某一个频率的电波一样，可用它作为载波来传递信息。传递信息的方法有两种，一是大气通讯，二是水下激光通讯。激光的频率高达几亿兆赫，用它做载波传送话音信号时，由于每路电话所占的频带宽度为 4000 赫兹，故可容纳上百亿路电话同时通话。大气激光通讯具有保密性强、抗电磁干扰性好、设备轻便、机动性强等优点。主要缺点是受气象条件影响大，不能全天候使用，在恶劣气候条件下可能会造成通信中断。

3. 激光制导

激光制导是继雷达、红外、电视制导之后发展起来的一种精确制导技术。激光制导有制导精度高、抗干扰能力强等优点。它是制导技术领域中的佼佼者，按激光制导的方法已研制出的激光武器有激光制导炸弹、空地导弹、地空导弹、反坦克导弹、炮弹等。激光制导方式可分为寻的制导和波束制导两种类型。

海湾战争光电武器摧毁目标

4. 激光侦察

激光侦察主要用于战略侦察，战略激光侦察分为高空激光侦察和空间激光侦察。高空激光侦察主要完成对敌方的交通要道、机场、仓库及其他军事设施的监视，以及对敌方兵力的调动和大型兵器的部署的侦察。通常使用的仪器有激光测试雷达、激光行扫描摄影机（行扫描传感器）、激光帧扫描传感器等。除战略侦察仪器外，用于战术侦察的仪器有激光夜视设备。

5. 激光对抗

激光对抗由三部分组成，即激光侦察、激光干扰和激光反干扰。在激光对抗中，实现激光干扰必须对敌激光源进行侦察，否则无法对敌实施激光干扰。对激光源的侦察可分为主动式和被动式两种。一般均采用被动式侦察。其方法主要有激光截获、激光报警、红外报警以及磷光体反应等方法。激光干扰是在发现敌激光源之后采取的一种行动，其主要目的是使敌激光器不能正常工作。激光反干扰就是采取各种方法和手段对付和破坏敌方的激光干扰，保护己方激光器效能的正常发挥。

6. 激光武器

激光武器，又叫强光武器或光炮，是一种利用沿一定方向发射的激光束攻击目标的定向能武器，是利用高能激光束摧毁飞机、导弹、卫星等目标或使之失效的武器。激光武器主要由高能光辉器、精密瞄准跟踪系统和光束控制与发射系统组成。激光武器的杀伤破坏效应有烧蚀效应、激波效应和辐射效应等三种。高能激光武器与常规武器相比，高能激光武器具有速度快、机动灵活、精度高、无污染、效费比高以及不受电磁干扰的特点。在光电对抗、防空和战略防御中可发挥独特作用。分为战术激光武器和战略激光武器。

(1) 战术激光武器

战术激光武器是利用激光作为能量，像常规武器那样直接杀伤敌方人员、击毁坦克、飞机等，打击距离一般可达 20 千米。分为激光枪和激光炮两种，主要由激光器、激励器、击发器和枪托四大部分组成。

(2) 战略激光武器

战略激光武器既可攻击数千千米之外的洲际导弹，又可攻击太空中的侦察卫星和通信卫星等。高基高能激光武器是夺取宇宙空间优势的理想武器之一，因此一些军事大国不惜耗费巨资进行开发与研究激光武器。

五、电子对抗技术

(一) 电子对抗技术的发展

电子对抗，又称电子战，是为削弱、破坏敌方电子设备（系统）的使用效能，保护己方电子设备（系统）正常发挥效能而采取的各种措施和行动的统称。

随着电子技术在军事上的广泛应用，电子对抗已成为对抗敌方自动化指挥系统和武器控制系统的重要手段。许多国家军队中，电子对抗部队已得到进一步发展，并在加强空军、海军电子对抗能力的同时，迅速提高陆军的电子对抗能力。电子战的发展大体经历了三个阶段：

第一阶段是 20 世纪初至第二次世界大战结束之前。此间电子战斗争的核心是针对早期的无线电通信、导航和典型的脉冲雷达，发展了电子侦察、噪声干扰及消极干扰设备，奠定了电子战的基本门类。

第二阶段是第二次世界大战后至 20 世纪 70 年代。此间雷达技术迅猛发展，火控雷达和各种导弹的广泛应用，促进了电子对抗技术全面发展。新的综合性电子对抗系统（如反辐射导弹、电子战飞机、投掷式遥控干扰机及光电对抗和水声对抗装备）得到迅猛发展。

第三阶段是 20 世纪 70 年代以后，电子技术特别是数字技术、微型计算机技术等新技术的运用，使电子对抗装备向数字化、自动化、多功能、自适应的综合电子对抗系统发展，除自卫式、被动式电子战装备外，用于主动攻击和硬杀伤型的电子战装备得到进一步发展。

（二）电子对抗的基本内容

电子对抗主要包括电子对抗侦察、电子干扰和电子防御三个基本内容。

电子对抗侦察，是利用电子侦察设备截收敌方电子设备辐射的信号，经过分析、识别，得到敌方电子设备的工作频率、工作方式、信号特征等技术参数以及配置地点和用途等情况。它是电子对抗的基础，所获取的情报是制定电子对抗作战计划、研究电子对抗战术技术对策、发展电子对抗装备的依据，又直接为电子干扰、电子防御、摧毁辐射源以及其他战术行动提供情报保障。

电子干扰，是电子对抗中的进攻手段，是根据电子对抗侦察获得的准确情报，利用电子干扰设备或器材，通过发射干扰电磁波或反射、吸收敌方电子设备辐射的电磁波，对敌方电子设备进行压制和欺骗。

电子防御，是为防止己方电子设备辐射的电磁信号以及战术技术参数被敌方侦悉，消除或削弱敌方电子干扰对己方电子设备的有害影响，避免遭受反辐射导弹的破坏而采取的综合措施。运用反辐射导弹摧毁敌方的辐射源，是一种特殊的电子防御手段。

图 4-10 雷达监视系统

（三）电子对抗的几种类型

1. 雷达对抗

雷达对抗是电子对抗的一个重要组成部分，是为削弱乃至破坏敌方雷达使用效能，保护己方雷达正常发挥效能而采取的各种措施和行动。一方想方设法摸清对方的雷达频谱和工作特性，以进行必要的干扰，使对方雷达迷盲，武器失控；另一方则千方百计隐蔽自己，以免遭对方探测和干扰，从而保证己方雷达始终处于正常工作状态。雷达对抗主要包括雷达侦察和雷达干扰两个部分，其中，雷达侦察是进行雷达对抗的前提。

2. 光电对抗

光电对抗是电子战的一个重要方面，是作战双方在光频波段进行的一种电磁斗争。一方利用各种手段侦察、破坏和削弱对方光电技术装备的效能，另一方则千方百计采取一系列对抗措施消除各种干扰，以保证己方光电技术装备的正常工作。光电对抗包括光电侦察、光电干扰和反光电侦察与干扰三个方面。

3. 光电干扰

光电干扰是指利用各种手段破坏和干扰对方光电设备并使之失效的一种装备。光电干扰分为有源干扰和无源干扰两大类。光电有源干扰主要有压制性干扰和欺骗性干扰两种工作方式，前者包括致盲式干扰等。无源干扰是利用本身不发射电磁波的器材吸收、反射或散射光波，以及人为地改变目标的光学特性等手段，使对方的光电装备效能降低或受骗。

4. 红外干扰

红外干扰是对付红外制导导弹的一种手段，常有红外诱饵等。红外诱饵也称假目标干扰，是一种可从飞机、舰艇、地面发射，通过辐射强大红外能量诱骗来袭导弹的一种欺骗式红外干扰设备。红外诱饵弹分为烟火型诱饵弹、复合型诱饵弹和塑料型诱饵弹等。

5. 激光干扰

激光干扰主要是对激光制导武器进行干扰和欺骗。用一部或多部激光干扰机通过侦察进行频率瞄准，然后发射激光干扰波，利用大气对激光的散射效应，在空间形成许多杂乱的激光散射波，干扰敌激光目标指示器等光电接收设备，使其传感器失灵。

6. 水声对抗

水声对抗亦称声呐对抗，是为削弱、破坏敌方水声设备和声制导武器的使用效能，保护己方水声设备、声制导武器正常发挥效能和水中武器平台安全而采取的各种措施与行动的统称。一方想方设法侦察对方的潜艇、舰艇和声导鱼雷，另一方则千方百计降噪隐身，进行水声对抗，以免遭对方探测和攻击。

六、航天技术与军事航天

（一）航天技术

航天技术，又称空间技术，它是一门解决人类如何飞出大气层、进入宇宙空间并在那里航行的技术。航天技术的兴起及其迅速发展，使人类活动突破了地球大气层的屏障，进入一个新的境界。

阿波罗登月视频

关于空间范围的划分，是随着航空航天事业的发展而逐步延伸到更高的空间层次的。1960 年第 53 届巴塞罗那国际航空联合大会通过决议，规定了地球表面 100 千米以上的空间为航天空间，以下为航空空间。至此，人类便从认识和理论上演讲为航空和航天两个空间概念。目前，人们把空间活动最频繁的空域—大气层上空 200 千米～3000 千米以内的轨道称为近地轨道；再向外延伸其高度大约 35810 千米的轨道，称为地球同步轨道；在近地轨道和同步轨道之间的轨道，称为远地轨道；再向外延伸至月球和地球之间的平均距离 384400 千米，称为地—月空间。

（二）军事航天器

军事航天器是用于军事目的的飞行或在稠密大气以外宇宙空间运行的各类飞行器。主要指军事卫星系统、反卫星系统、军事载人航天系统。

任何一种航天器都需要运载工具，航天运载工具是把任何有效载荷从地面运送到预定轨道或也能把有效载荷带回地面的运输工具，可分为运载器和运输器两类。航天器送入预定轨道后不返回地面的飞行器称为运载器，通常为一次性使用的运载火箭。运输器是由轨道器和推进级组成，主要为在轨道上的航天器运送人员、装备、物资以及进行维修、更换、补给等在轨服务。这种运输器在完成一次运输任务后，能够全部或部分返回地面。

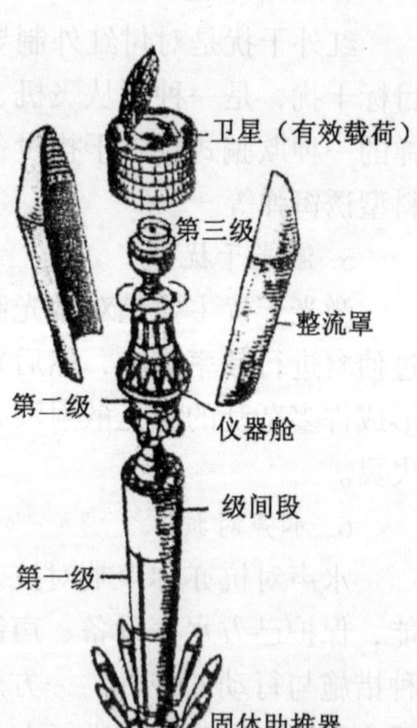

图 4-11　三级运载火箭结构

航天器数量

军事卫星系统包括拦截卫星、侦察卫星、通信卫星、导航卫星、测地卫星、气象卫星和反卫星卫星。

1. 拦截卫星

主要用于攻击敌方低轨道卫星的卫星。拦截卫星装有数台小型火箭发动机，用于实施机动变轨，追赶目标卫星。当距目标只有几十米时，其战斗部的自毁装置便引爆内部的普通化学炸药，产生大量碎片，从而将目标摧毁。

2. 侦察卫星

主要用于侦察对方的各种战略目标，对敌方的领土进行准确测图，侦察对方战略武器系统的数量和质量趋势、地面部队的部署情况和战场情报。

3. 通信卫星

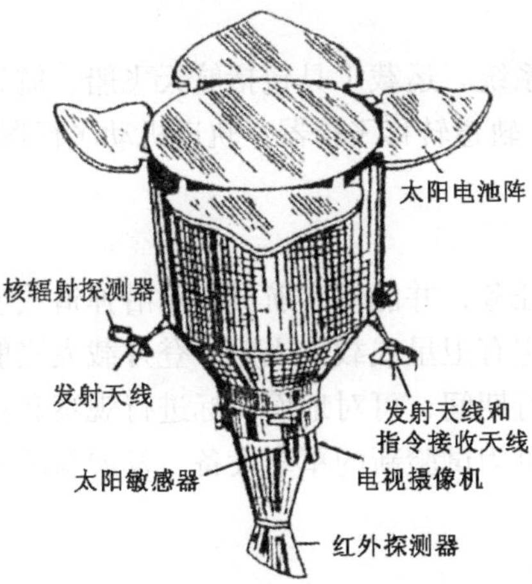

图 4–12　美国综合预警卫星

军用通信卫星可分为战略通信卫星、战术通信卫星和舰队通信卫星。军用通信卫星要求保密、抗干扰，工作可靠，在战争条件下具有较强的生存能力等。在现代技术特别是高技术条件下的局部战争中，后两类通信卫星的作用越来越突出。

4. 导航卫星

导航卫星是为地面、海洋、空中和空间用户导航定位的人造地球卫星。导航卫星属于卫星导航系统的空间部分，它装有专用的无线电导航设备。用户接收卫星发来的无线电导航信号，通过时间测距或多普勒测速分别获得用户相对于卫星的距离或距离变化率等导航参数，并根据卫星发送的时间、轨道参数求出在定位瞬间卫星的实时位置坐标，从而定出用户的地理位置坐标（二维或三维坐标）和速度矢量分量。

5. 测地卫星

测地卫星是用来测定地球重力场分布、地球形状和地球表面上各点的精确地理坐标的卫星。它是大地测量的一种重要而有效的手段。通过对地球形状和重力场分布的测量，为战略武器提供打击目标的地理坐标，提高武器命中的精度。

6. 气象卫星

军用气象卫星和民用气象卫星并没有实质上的区别，唯有在分辨力上要求不同。军用气象卫星要求能对特定的地区拍摄高分辨力的云图，为发射照相侦察卫星探测道路，提供被侦察地区上空的气象情报。此外，军用气象卫星也可为陆、海、空三军等各军兵种的行动提供战术气象情报，为此，有时要进行应急发射。

7. 反卫星卫星

反卫星卫星是一种对敌方的卫星实施摧毁或使其失效的人造地球卫星，也称拦截卫星。它和空间观测网、地面发射监控系统共同组成反卫星武器系统。其作战过程是由空间观测网对敌方各种军用卫星和其他卫星进行不间断的侦察和监视，根据各个目标的轨道参数，判定其性质和用途，在适当时机将反卫星卫星发射到预定轨道上，不断监视目标卫星的运行情况，一旦需要就向反卫星卫星上的自动控制系统发出指令，启动变轨发动机，进行变轨机动，接近目标卫星，将其摧毁。

（三）军事载人航天系统

军事载人航天系统包括运载工具、空间站系统。运载工具包括航天飞船、航天飞机、空天飞机。空间站系统包括载人空间站、轨道转移飞行器、轨道机动飞行器、有人照料自由飞行器。

1. 航天飞船（宇宙飞船）

航天飞船是能保障宇航员在太空执行航天任务，并能使宇航员座舱沿弹道式或升力弹道式路径返回地面垂直着陆的航天器。它有卫星式载人飞船、登月载人飞船和行星载人飞船等类型。航天飞船在绕地球运行期间，可对地面目标进行观察和侦察；可为空间站接送军事航天员及各种物资；可为试验新的军事设备、发展新的军事航天技术和新型军用卫星取得必要的数据。

2. 航天飞机

航天飞机是靠运载器发射入轨的、带翼的、返回时能像滑翔机那样在机场跑道上水平着陆，并可重复使用的载人、运货或二者兼用的航天器，又称轨道器。航天飞机可发射一系列军事航天器；可对轨道上运行的侦察卫星进行检修、补充能源、更换或回收胶卷，并能长期载人进行军事侦察和监视等。若带上战略武器进入轨道当轰炸机用，可对太空的航天器进行检查、拦截、捕获或加以破坏。

航天飞机发射

3. 空天飞机

空天飞机除能完成与航天飞机一样的军事任务外，据称，它可载300~500人在两个小时之内飞抵地球上的任何城市，实施突击；还能向空间站运送人员和物资，从空间站接回人员和产品，将大而重的卫星送入轨道等。

4. 空间站

在空间轨道环境中长期运行并保证所载人员能长时间持续工作、生活、科研的飞行器。永久性空间站实际上是建立在外层空间的军事基地。它可作为空间指挥所；可作为空间武器发射平台，用于部署空间定向能武器和其他空间武器；可进行空间侦察、观测和预警；可进行空间通信；可作为空间后方基地，储备物资、维修航天器等。

国际空间站宇航员的工作与娱乐

我国自1970年4月24日成功发射“东方红一号”人造地球卫星以来，到目前已发射了各类高、中、低轨道的技术试验卫星、返回式卫星、广播通信卫星、气象卫星五十多颗，在国民经济建设、国防建设和人民生活中发挥了重要的作用。全球已经有75%的人可以享受到中国发射的通信卫星提供的服务。我国的航天技术经过四十多年的艰苦奋战，在一些重要领域已跻身于世界的先进行列。其发展经历了掌握发射技术、卫星回收技术、一箭多星技术、发射通讯信星技术、进入国际市场和发射宇宙飞船技术等六个阶段。

图 4–13　中国第一颗人造卫星

1970年4月24日，我国成功地发射了第一颗人造地球卫星，成为世界上第五个自己研制自己发射卫星的国家。1975年11月26日，自我国成功发射第一颗返回式卫星以来，已连续回收成功，无一失败，这是在国际卫星回收史上所没有的。目前，世界上也只有美国、俄罗斯和中国等少数国家掌握了卫星回收技术。1981年9月20日，我国用“风暴一号”运载火箭成功发射了四颗卫星，成为用一枚火箭发射

军事百科

世界性军歌

嫦娥三号卫星是中国国家航天局嫦娥工程第二阶段的登月探测器，2013年12月2日1时30分由长征三号乙运载火箭从西昌卫星发射中心发射。它携带中国的第一艘月球车，并实现了中国首次月面软着陆。

嫦娥三号卫星由着陆器和巡视探测器（即“玉兔号”月球车）组成，进行首次月球软着陆和自动巡视勘察，获取月球内部的物质成分并进行分析，将一期工程的“表面探测”引申至内部探测。其中着陆器定点守候，月球车在月球表面巡游90天，范围可达到5平方千米，并抓取月壤在车内进行分析，得到的数据直接传回地球。

多颗卫星的国家。1984 年 4 月 8 日，我国成功地发射了一颗地球同步轨道通信卫星，成为世界上能独立发射通信卫星的五个国家之一。1990 年 4 月 7 日，我国成功地为亚洲通信卫星组织发射“亚洲一号”通信卫星，使我国的航天技术成为世界上第四个进入国际市场的国家。

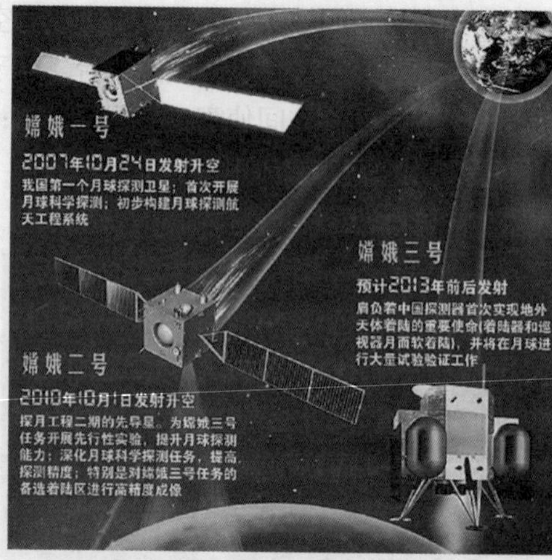

图 4–14　嫦娥探月卫星

1999 年 11 月 20 日至 21 日，我国第一艘“神舟”号试验飞船首飞试验获得成功，标志着我国载人航天技术实现重大突破，使我国成为世界上第三个具备发射载人飞船能力的国家。2002 年 3 月 25 日，我国成功地发射了“神舟”三号飞船。它突破了逃逸救生测控技术，使我国的卫星测探技术达到了世界先进水平。

2004 年 10 月 15 日，我国成功地发射了“神舟”五号载人飞船。这是我国航天发展史上的一座新的里程碑。航天员杨利伟成为中国航天第一人。“神舟”五号的飞行成功，改变了全球只有美国和俄罗斯才能把人类送上太空的格局。

2005 年 10 月 12 日，“神舟”六号飞船成功发射升空。飞船在太空预定轨道绕地球飞行了 77 圈。飞行期间，航天员费俊龙、聂海胜在脱去舱内航天服的状态下，交替从返回舱进入轨道舱，并在两舱内顺利完成了一系列空间科学实验。

2008 年 9 月 25 日 21 时 10 分，“神舟”七号载人飞船在酒泉卫星发射中心发射升空。21 时 19 分 43 秒火箭进入预定轨道，“神舟”七号发射成功。9 月 27 日 16 时 25 分翟志刚的出仓活动是中国航天员走出飞船在太空行走的第一步，是中国航天事业的又一个全新的开始。“神舟”七号飞船于 9 月 28 日 17 点 37 分在内蒙古成功着陆，标志着“神舟”七号载人飞船取得圆满成功。中国再次向世人昭示，中国有能力不断创造非凡的业绩，为推动人类文明进步做出重要的贡献。

图 4–15　中国“神七”发射瞬间

2013 年 6 月 11 日 17 时 38 分，“神舟”十号飞船在酒泉卫星发射中心，由长征二号 F 改进型运载火箭（遥十）“神箭”成功发射。“神舟”十号飞船在轨飞行15 天，并首次开展中国航天员太空授课活动。飞行乘组由男航天员聂海胜、张晓光和女航天员王亚平组成，聂海胜担任指令长；6 月 26 日，神舟十号载人飞船返回舱返回地面。

神舟十号飞船 3D 全程模拟演示

七、指挥系统的自动化

（一）军队指挥自动化系统

军队指挥自动化系统是建立在计算机技术、信息技术和系统工程方法基础之上的，对指挥所需信息的收集、储存、传递和处理具有自动化功能的系统。它把指挥、控制、通信和情报等有机地结合在一起，提高指挥效能。军队指挥自动化系统的设备由计算机、通信网络、终端设备三部分构成，形成一个多功能的系统。

军队指挥自动化系统是一个庞大复杂的系统工程，被广泛应用于作战指挥、武器控制、作战保障、作战模拟、人员训练等方面。其功能具体表现在：

一是在武器控制方面，采用包括武器自动控制系统在内的指挥自动化系统，可以在几秒钟内确定或改变射击诸元和指挥方案，使从观察目标到摧毁目标都实现自动化。二是在作战保障方面，采用了包括侦察系统、收集与处理情报系统、通信系统、气象与天气预报自动化系统和电子对抗自动化系统，实现作战保障的自动化。三是在作战模拟方面，采用数学方法与电子计算机相结合的方法，可以预测战斗趋势及其过程。四是在训练方面，开展自动化训练系统，并将其用于军事院校和训练基地。军队指挥自动化系统还可以应用在军用数据库的检索、军事文献翻译、平时和战时军事管理等方面。

（二）军队战略指挥自动化系统

军队战略指挥自动化系统由战略指挥中心、战略情报收集系统和通信系统三个部分组成。军队战略指挥中心一般由多个领域组成，分设在地面、地下或空中机载，分别能完成各部分战略指挥任务。战略情报收集系统的主要任务是收集战略情报。这些情报主要由大型探测预警系统提供，对其要求是尽早探明来袭目标及有关参数，处理所获得的信息，为国家决策当局和高级军事部门提供战略袭击情况。预警系统的发展主要是伴随着战略进攻武器的更新进行的。通信系统一般由数十个通信网组成。其中最主要的通信系统是国防通信系统、卫星通信系统和最低限度紧急通信网。主要保障国家与军队最高级之间以及与各军种、兵种司令部之间的联络，为固定基地和陆、海、空机动部队提供中枢网络。卫星通信系统主要用于战略和战役、战术指挥自动化，并传递战略指挥信息、情报数据、战略预警信息和特种信息等。

军队战略指挥自动化系统的改进重点和发展方向是：改进和发展情报收集系统；发展机动的国家级指挥中心；建设一个能抗干扰、抗核攻击、抗电磁脉冲的通信系统。

（三）军队战役（术）指挥自动化系统

军队战役（术）指挥自动化系统主要用于战役（术）指挥，保证在战役（术）作战行动的全过程中，不间断地指挥和控制参战的军事力量，采取必要的军事行动，以达到战役（术）目的。它也是由指挥中心、情报收集系统和通信系统三个部分组成。

指挥中心由计算机系统、情报收集终端和通信终端组成。其特点是小巧、机动性强、设置方式多样，如地下坚固式、地面加固式、车载式、机载式和舰载式，方便指挥员依据综合情况的显示不断与各部门、各战斗单位通过技术设备研究分析、快速下达作战命令、指挥控制参战力量、实施有效不间断的指挥。

情报收集系统是利用多种高技术形式对敌情进行大范围的检测和监视的专业机构。实施大范围监视的方法是将大量传感器隐蔽地投放或撒布到敌纵深处或将传感器材安装在飞机或卫星上，从空中和外层空间获取情报。所使用的侦察设备主要有雷达夜视器材、电视侦察器材、激光测距、声测定位装置等。

通信系统是以无线电多路通信为主要手段，通过电话、电信、传真和数据传输的联络，视距以内多采用超短波对讲机，远程通信多采用对流散射方式。远距离通信枢纽以及在复杂地域、水域、空域行动时，主要通过卫星通信联络，使用甚高频、特高频等频段。在大部队展开的地域，通常在中心和交换台，用多路无线电将各个部队联结起来，构成通信网。

军队战役（术）指挥自动化系统的改进重点和发展方向是：必须建设一个适应纵深作战和联合作战需要，立体配置，军、兵种互用，可以联合指挥，减少信息流通环节，完全数字化，有利于提高效率，便于野战机动和组合的多功能指挥自动化系统。

第四节　新概念武器

> **国防教育警句**
> 牢记历史耻辱，铸就现代国防。

新概念武器主要有定向能武器、动能武器、高超声速武器、计算机网络攻防武器、无人作战平台、基因武器和非致命武器等。这些新概念武器为武器装备的发展开辟了崭新的领域，在一定程度上代表了未来武器装备的发展方向。

一、定向能武器

定向能武器也称射束武器，是指能产生和发射精确定向传播、能量高度集中直接摧毁敌方目标的武器，主要包括高功率微波武器、粒子束武器、激光武器（已在第四章第三节四中介绍，略）等。

（一）高功率微波武器

高功率微波武器又叫射频武器，是利用强能量的微波源向目标定向发射高功率脉冲调制的高功率微波极窄波束能量，用来干扰或毁坏目标上的电子设备以及杀伤作战人员，是一种定向能武器装备，主要由初级能源、能量转换装置、脉冲调制装置、高功率微波源和发射天线组成。其中，初级能源可以是电能或化学能；能量转换由加速器或磁通压缩发生器完成；脉冲调制装置的作用是将电脉冲调制成上升前沿、波形和脉宽都较为理想的脉冲，从而有效地激励高功率微波源器件产生高功率微波；最后由高增益的定向发射天线射向目标。高功率微波武器的特点，是以光速对敌人的电子系统进行全天候攻击；利用最少的目标特征信息对目标进行攻击；在特定的作战等级上进行外科手术式的打击（毁伤、中断、性能下降）；没有严重的传输问题；具有方向性，能攻击多个目标，简化瞄准和跟踪；采用电源供电，作战成本低；峰值功率高，也可实现高平均功率，能攻击多种目标。

高功率微波武器主要分为单脉冲式微波弹和多脉冲发射装置两种类型。单脉冲式微波弹分为常规炸药激励和核爆激励两种。是利用炸药爆炸压缩磁通量的方法把炸药能量转换成电磁能，再由微波器件把电子束能量转换为HPM脉冲能量，并由天线发射出去。多脉冲重复发射装置由能源系统、重复频率加速器、高效微波器件和定向能发射系统构成，使用普通电源，可以进行再瞄准，甚至可以能发射系统构成，使用普通电源，可以进行再瞄准，甚至可以多次打击同一目标。

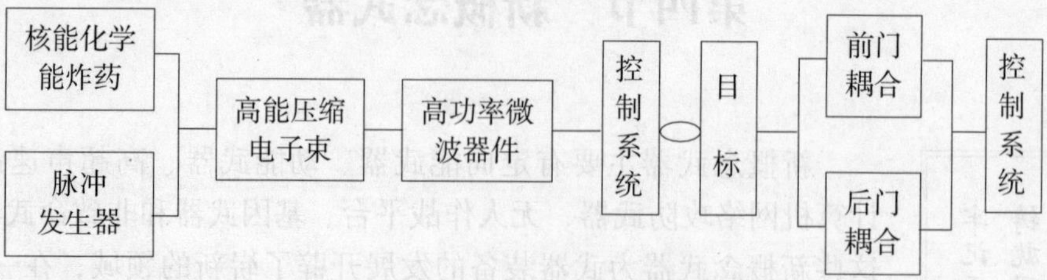

图 4–16　电磁脉冲武器工作原理图

（二）粒子束武器

粒子束武器是用粒子加速器把粒子源产生的粒子加速到接近光速，并用磁场聚焦成密集的束流，直接地或去掉电荷后射向远距离目标，在极短时间内把极多的能量传给目标，以此摧毁目标或对目标造成软破坏。一般由粒子加速器、高能脉冲电源、目标识别与跟踪系统、粒子束精确瞄准定位系统和指挥控制系统等组成。

粒子束武器的毁伤作用表现在：使目标结构汽化或熔化；提前引爆弹头中的引信或破坏弹头的热核材料；使目标中的电子设备失效或被破坏。

二、动能武器

动能武器是指依靠自身足够的动能对攻击的目标造成毁灭性破坏的武器。

（一）电磁炮

电磁炮是利用电磁发射技术制成的一种先进的动能杀伤武器。

电磁炮利用电磁力所做的功作为发射能量，不会产生强大的冲击波和弥漫的烟雾，因而具有良好的隐蔽性。电磁炮可根据目标的性质和距离，调节、选择适当的能量来调整弹丸的射程。电磁炮在军事上的用途：

一是用于天基反导系统。电磁炮由于初速度极高，可用于摧毁空间的低轨道卫星和导弹，还可以拦截由舰只和装甲发射的导弹。因此，在美国的“星球大战”计划中，电磁轨道炮成为一项主要研究的任务。二使用于防空系统。美军认为可用电磁炮代替高射武器和防空导弹遂行防空任务。美国正在研制长 7.5 米、发射速度为 500 发 / 分、射程达几十千米的电磁炮，准备替代舰上的“火神—方阵防空系统”，

图 4-17　电磁炮

用它不仅能打击临空的各种飞机，还能在远距离拦截空对舰导弹，英国也正在积极研制用于装甲车的防空电磁炮。三是用于反装甲武器。美国的打靶试验证明，电磁炮是对付坦克装甲的有效手段。发射质量为 50 克、速度为 3 千米 / 秒的炮弹，可穿透 25.4 毫米厚的装甲，有关资料还报道，用一种电磁炮做试验，完全可以穿透模拟的 T-72、T-80 坦克的装甲厚度。由此可见，电磁炮具有很强的穿透能力，是非常优良的反装甲武器。四是用于改装常规火炮。在普通火炮的炮口加装电磁加速系统，可大大提高火炮的射程，美国利用这一技术，已将火炮射程加大到 150 千米。

（二）电热化学炮

电热化学炮的炮弹由等离子体喷管、化学推进剂和弹丸组成。它是将电能转变为热能使推进剂燃烧，产生高温高压气体推动弹丸高速发射的武器，由电源、脉冲形成网络、炮身、炮架等部分组成。电热化学炮的主要优点是：弹丸的初速度大，最高可达 3 ~ 4 千米 / 秒，射程远，其炮口动能比传统火炮提高约 25%~55%，除发射电热化学炮弹以外，也可发射普通炮弹。电热化学炮技术可应用于坦克炮、野战火炮、防空武器和舰船武器等方面。

（三）电磁轨道炮

电磁轨道炮由两条平行的导轨组成，弹丸夹在两条导轨之间，是依赖电能和电磁力加速弹丸的一种超高速发射装置，其出口速度远远高于其他类型的电磁发射器。在未来机动性更强的战场上，炮弹的飞行时间变得越来越重要，而轨道炮提供的炮弹速度大大缩减了炮弹飞行时间。一门出膛速度达到 7 马赫的轨道炮能将炮弹在 2 分钟之内打出 100 海里的距离。因此，轨道炮将成为未来攻击海上舰船的重要武器之一。

三、高超声速武器

高超声速武器是指有良好气动外形、采用高性能动力推进系统的飞行马赫数达到5~16之间的飞机（含战斗机、轰炸机等）、导弹（包括战术地地导弹、巡航导弹、防空导弹等）以及空天飞机。高超声速武器使战争的节奏加快，高超声速武器的迅速发展及其在战争中广泛使用，将大大加快战争节奏，运用“震撼和威慑”，使战场情况瞬息万变，速度赢得时间，取得战争胜利。

（一）高超声速武器的特点

1. 突防能力强

远程进攻性打击兵器用于攻击敌方国土纵深战略、战役目标，由于在敌方国土上空长时间飞行易受防空导弹拦截，其作战效能及自身安全受到严重威胁。高超声速进攻性武器则可在瞬间跨越巨大时空，使对方拦截兵器没有足够的反应时间和实施拦截的飞行速度，有利于突破对方防空火力拦截，达到出其不意的攻击效果。

2. 杀伤威力大

导弹武器摧毁目标需要足够的精度与能量，高超声速武器以精度代能量，借助高速飞行获取巨大动能，通过直接碰撞杀伤目标。两个高超声目标在太空中相互碰撞，会产生一种超激波，在两个目标尚未完全接触之前，超激波就已把它们粉碎，而且瞬间形成破片云。

3. 空天一体化作战

高超声速武器构成的空间武器系统作为太空劲旅使陆、海、空三军协调一致，大幅度提高其联合作战能力，并联成信息化的整体，使敌方陆海空军暴露在太空武器打击之下而保护己方陆海空军免遭敌方攻击。以夺取制天权为目的、以外层空间为主战场、以高超声速武器为主战兵器的太空战或空间战将成为必然发展趋势。高超声速飞行器的开发，将是军事武器的一次重大变革，是未来的空军脱胎换骨，成为真正的太空部队。因此，高超声速武器将在未来高技术战场上扮演重要角色。

（二）高超声速武器的发展

随着科学技术的不断发展，高超声速武器将成为空袭体系中最活跃的一种武器。

1. 空天飞机

空天飞机又称航空航天飞机，既可在大气层内或大气层边缘飞行，又可在大气层外绕低轨道运行，具有速度大（最大飞行速度马赫数15~25）与机动灵活等特点，可以在普通跑道起降，也可在空中或空间加注燃料。它集飞机、运载器、航天器等多种功能于一身，可用于轰炸、监视、预警、运输、后勤支援、捕获或摧毁敌方卫星，还可作为空间武器发射平台及用于卫星发射、维修和回收。

图 4–18　中国神龙空天飞机

2. 高超声速轰炸机

武器装备的高速运动特性使得未来高技术战场的变化具有时间上的快捷性，而战争节奏加快需要武器装备向高超声速方向发展与之相适应。美国的“太空轰炸攻击计划”正处在概念研究和试验样机研制阶段，最大速度是目前大型轰炸机的 15 倍。太空轰炸机又称轨道轰炸机，平时在近地轨道上巡航，作战使用时可在 100 千米以上高度投弹，可在 90 分钟内打击地球上任何目标后返回基地。

3. 高超声速战术导弹

高超声速是新一代战术导弹武器的主要特点，美国空军自 1995 年开始实施“高超声速技术计划”，验证射程 1400 千米、马赫数为 4 ~ 8 的高超声速导弹，2003 年地面试验验证马赫数为 45 ~ 65，该计划于 2010 年结束，高超音速巡航导弹将是美国 2015 年后有威慑性的进攻性武器。

四、网络战武器

进入信息时代，计算机网络正在以前所未有的速度向全球的各个角落辐射，其触角伸向了社会的各个领域，成为当今和未来信息社会的联结纽带。军事领域也不例外，以计算机为核心的信息网络已经成为现代军队的神经中枢，一种利用计算机及网络技术进行的新的作战样式—计算机网络战正悄然走上战争舞台。

（一）网络战武器的分类

1. 计算机病毒武器

计算机病毒武器是用于军事目的的计算机病毒。计算机病毒的本质是一种计算机程序，它用修改其他程序的方法将自己精确拷贝或者可能演化的形式放入其他程序中，从而感染它们。病毒一旦发作，轻者可干扰系统的正常运行，重则消除磁盘数据、删除文件或更改数据，导致整个计算机系统的瘫痪。

2. 电磁脉冲武器

电磁脉冲武器号称“第二原子弹”，世界军事强国电磁脉冲武器开始走向实用化，对电子信息系统及指挥控制系统及网络等构成极大威胁。电磁脉冲炸弹已经试验成功，而核电磁脉冲炸弹正在研制与开发中。

3. 纳米机器人

“纳米机器人”的研制属于分子仿生学的范畴，它根据分子水平的生物学原理为设计原型，设计制造可对纳米空间进行操作的“功能分子器件”。纳米生物学的近期设想，是在纳米尺度上应用生物学原理，发现新现象，研制可编程的分子机器人，也称纳米机器人。

4. 信息攻击技术

信息战，也叫指挥控制战，决策控制战。旨在以信息为主要武器，打击敌方的认识系统和信息系统，影响制止或改变敌方决策者的决心，以及由此引发的敌对行为。

（二）网络战的主要特点

1. 指挥权限高，政治敏锐性强

战略网络战，将围绕国家战略级的军事指挥控制网络、通信网络、情报网络和各类民用网络系统展开抗争，直接影响国家政治、军事、经济、外交等各个领域。其作战行动敏感性特别强，不可随心所欲地实施攻击；其指挥决策权必须高度集中，由最高统帅部组织实施，使网络战行动围绕统一的目的有计划地进行。

2. 攻击范围广，破坏能力强

网络战可以导致通信阻塞、交通混乱、经济崩溃，使作战指挥不畅、武器失灵等。应当建立完备的信息系统，以防止敌方“黑客”分子和恐怖主义者对国家安全构成威胁。

3. 没有时空限制，隐蔽性强

计算机网络攻击，在陆、海、空、天的多维领域和全天时都可实施。对计算机网络可能的攻击手段，非常隐蔽，有时不留下任何蛛丝马迹。美国防部在 1995 年举行的各种信息战演习中，故意对 3000 台计算机系统进行了信息“入侵”，结果只有 5%的被“入侵”目标探测到了这种“入侵”，其余的则毫无“察觉”。

（三）网络战武器的作用

1. 威 慑

网络战是把敌方的战略目标作为首要攻击对象，如军队的 C^4IKSR 系统，国家的交通枢纽、通信中枢等等。通过对这些战略目标的攻击，直接地影响敌方的战略决策和战略全局，以便迅速地达成战略企图。

2. 侦　察

通过计算机网络窃取重要军事信息已成为获取军事情报的重要手段。一是通过破译网络口令或密码进入重要军事系统，获取情报。二是通过设置截取程序截获数据。利用这种截取程序，攻击者可以轻而易举的获取所攻击计算机及其网络传输的几乎所有的信息。三是通过预设陷阱程序窃取信息。通过这种程序，可以越过对方正常的系统保护而潜入系统，进行信息的窃取和破坏活动。

3. 破　坏

在网络空间遂行的网络破坏主要是利用病毒破坏、黑客攻击、信道干扰等手段，全面破坏敌方的指挥控制网络、通信网络和武器装备的计算机系统等，使其不能正常运行甚至陷入瘫痪。在进行"软摧毁"的同时也可利用传统的硬摧毁方式如利用强电磁脉冲炸弹等武器对网络进行破坏、微机器人攻击等，彻底摧毁敌方计算机网络系统。

4. 欺　骗

利用网络进行军事欺骗，是指通过各种途径把虚拟信息即假情报、假方案、假部署等通过计算机网络传输给敌方，诱敌做出错误的判断，使其采取有利于己方的行为（或根本不采取行动），从而取得战略战术上的有利地位。

5. 防　护

在未来信息化战场上，计算机网络进攻和计算机网络防御是计算机网络战中不可分割的两个部分，单纯的网络进攻和网络防御都不能达成计算机网络战的目的。攻击敌人的计算机网络和保证己方计算机网络的正常运行是相辅相成的。既要注重攻击敌方的计算机网络，也要保证己方计算机网络的正常运行。有效的进攻，可以削弱甚至摧毁敌方的信息战能力，制止敌信息技术手段、装备和系统效能的发挥，从而增强己方计算机网络的防护能力。

（四）网络战武器的发展趋势

1. 网络战部队日趋专业化

世界各国军队都十分重视计算机网络战准备，纷纷成立各种正式或非正式的计算机网络战部队。美国作为世界最大的军事强国和计算机网络的发源地，拥有世界上最庞大的计算机网络系统和最发达的网络技术，网络化水平在世界上遥遥领先。进入 21 世纪以来，从国际互联网上的几起重大网络袭击和黑客对抗事件表明，各国军队对网络战的重视程度不断增强、投入力度不断加大，网络战实战能力在不断提高。

2. 制网络权成为未来战争制胜因素

网络战是一场革命，它对未来战争所产生的影响将是巨大的。正如铁甲战舰的产生导致了制海权思想的产生，飞机的出现导致了制空权理论的形成，各种航天器的出现导致了制天权的发展，计算机网络的高度发展及在军事领域的广泛运用，也导致了制网络权的提出。为在战争中取得主动权，必须能有效地保证己方网络的控制和使用并阻止敌方控制和使用网络的权力，也就是要掌握制网络权。随着网络在军事上的广泛应用，战争中网络控制与争夺将日趋激烈。掌握制网络权，将成为未来战争制胜的重要因素。

五、无人作战平台

无人作战平台（Unmanned Combat Platform），指无人驾驶的、完全按遥控操作或者按预编程序自主运作的、携带进攻性或防御性武器遂行作战任务的一类武器平台，如无人作战飞机、无人潜水器和无人战车等。

世界武器集锦之无人飞机

（一）无人作战飞机

无人作战飞机是在近20年来遥控飞行器（尤其是无人侦察机）迅速发展并取得重大成果的基础上，提出的新概念武器。其优点有：确保战斗人员伤亡降到最低程度；设计时无须考虑人的因素及其相关的设备（如座舱或舱室、生命保障和环境控制设备、手柄、按钮和显示设备等），主要以任务为中心；成本低廉，全寿命费用大为减少；隐身性好。

（二）无人潜水器

无人潜水器被称为海军的力量倍增器，有着广泛而重要的军事用途。被视为潜艇自卫和进攻的手段，无人潜水器可在水下进行监视、探测敌水雷场、跟踪和消灭敌潜艇，还能将敌潜艇诱骗到埋伏区，将之围歼。

（三）无人战车

无人战车，就是指能执行作战任务的军用机器人，是未来陆战战场上的一支生力军。因体积小，不易被发现，在战场上肩负监视和侦察敌方前线信息。既可降低我方作战部队的风险，又可使作战手段多样化，大大增强作战能力和战场指挥官的应变能力。

六、基因武器

基因武器，也被称作遗传工程武器或DNA武器。它运用遗传工程技术，用类似工程设计的办法，按人们的需要重组基因，在一些致病细菌或病毒中“植入”能抵抗普通疫苗或药物的基因，或者在一些本来不会致病的微生物体内接入致病基因而制造成生物武器。

（一）基因武器的种类

1. 微生物基因武器

微生物基因武器主要有：利用微生物基因修饰生产新的生物战剂、改造构建已知生物战剂、利用基因重组方法制备新的病毒战剂；把自然界中致病力强的基因转移，制造出致病力更强的新战剂；把耐药性基因转移，制造出耐药性更强的新战剂。

2. 毒素基因武器

自然毒素是自然生物产生的，通过生物技术可增强其毒性，还能制成自然界所没有的毒性更强的混种族基因武器是当前基因武器库中最具诱惑力的新成员，也是最具威力的一种。

3. 转基因食物

利用基因技术对食物进行处理，制成强化或弱化基因的食品，诱发特定或多种疾病，降低对方的战斗力；研制转基因药物，通过药物诱导或其他控制手段既可削弱对方的战斗力，也可增强己方士兵的作战能力，培育未来的“超级士兵”。

4. 克隆武器

利用基因技术产生极具攻击性和杀伤力的“杀人蜂”、“食人蚁”或“血蛙”、“巨蛙”类新物种，再利用克隆技术复制。

（二）基因武器的特点

1. 使用方法简单，施放手段多样

可以用人工、飞机、导弹或火炮把经过遗传工程改造过的细菌、细菌昆虫和带有致病基因的微生物，投入敌方的河流、城市或交通要道，让病毒自然扩散、繁殖，使人、畜在短时间内患上一种无法治疗的疾病，使其在无形战场上静悄悄地丧失战斗力。

2. 隐蔽性好，不易被发现，防不胜防

因为经过改造的病毒和细菌基因，只有制造者才知道它的遗传“密码”，其他人很难破译和控制。同时，基因武器的杀伤作用过程是在秘密之中进行的，人们一般不能提前发现和采取有效的防护措施。此外，基因武器还有成本低、持续时间长、使用方法简单、多样、不破坏敌方基础设施和武器装备等特点，具有较强的心理威慑作用。

3. 成本低廉，可以大量生产

使用者只需要在临战前将经过基因工程培养的病菌投入敌方，或利用飞机、导弹等将带有致病基因的微生物投入敌方交通要道或城市，让病毒自然扩散、繁殖，使敌方人畜在短时间患一种无法治疗的疾病，从而丧失战斗能力。此外，基因武器可根据需要任意重组基因，可在一些生物中移入损伤人类智力的基因。

4. 难以防治，有抗药性和传染性

一旦感受到伤害，为时已晚，在此之前早已遭到基因病毒的侵袭，很难治疗。

5. 杀伤力大，有强烈的心理威慑作用

一旦基因武器投入战争，战争模式将发生变化。若在战前使用基因武器，使对方人员及生活环境遭到严重破坏，会导致民众丧失生活能力，军队丧失战斗力，甚至在不流血中被征服。

七、非致命性武器

非致命武器是指为达到使人员或装备失去功能而专门设计的武器系统。按作用对象，非致命武器可分为反装备和反人员两大类。目前，国外发展的用于反装备的非致命武器主要有超级润滑剂、材料脆化剂、超级腐蚀剂、超级粘胶以及反人员非致命性武器等。

（一）超级润滑剂

超级润滑剂是采用含油聚合物微球、聚合物微球、表面改性技术、无机润滑剂等做原料复配而成的摩擦系数极小的化学物质。主要用于攻击机场跑道、航母甲板、铁轨、高速公路、桥梁等目标，可有效地阻止飞机起降和列车、军车前进。

（二）材料脆化剂

材料脆化剂是一些能引起金属结构材料、高分子材料、光学视窗材料等迅速解体的特殊化学物质。这类物质可对敌方装备的结构造成严重损伤并使其瘫痪。可以用来破坏敌方的飞机、坦克、车辆、舰艇及铁轨、桥梁等基础设施。

（三）超级腐蚀剂

超级腐蚀剂是一些对特定材料具有超强腐蚀作用的化学物质。坦克和装甲车是采用复合材料组装而成，但在这种腐蚀剂的作用下会变软变形，甚至失去作战能力。

（四）超级粘胶

超级粘胶是一些具有超级强黏结性能的化学物质。国外正在研究将它们用作破坏装备传感装置和使发动机熄火的武器，以及将它们与材料脆化剂、超级腐蚀剂等复配，以提高这些化学武器的作战效能。

（五）反人员非致命性武器

反人员非致命性武器可使敌方战斗减员，给敌方造成沉重的伤员负担。目前国外正在研究的反人员非致命武器主要有化学失能剂、刺激剂、黏性泡沫等。

1. 化学失能剂

化学失能剂分为精神失能剂、躯体失能剂，它能够造成人员的精神障碍、躯体功能失调，从而丧失作战能力。最近，国外又在研究强效镇痛剂与皮肤助渗剂合用，它能迅速渗透皮肤，使人员中毒而失能。严格说来，这也是化学毒气的一种，不过不取人性命而已。

2. 刺激剂

刺激剂是以刺激眼、鼻、喉和皮肤为特征的一类非致命性的暂时失能性药剂。在野外浓度下，人员短时间暴露就会出现中毒症状，脱离接触后几分钟或几小时症状会自动消失，不需要特殊治疗，不留后遗症，长时间大量吸入可造成肺部损伤。

3. 黏性泡沫

黏性泡沫属于一种化学试剂，喷射在人员身上立刻凝固，束缚人员的行动。美军在索马里行动中使用了一种“太妃糖枪”，可以将人员包裹起来并使其失去抵抗能力。它可以作为军警双用途武器使用，目前美国已开发出了第二代肩挂式黏性泡沫发射器。

随着非致命性武器的发展和成熟，一些性能优良的非致命性武器开始逐渐走上战场，并在实践中取得了令人震惊的作战效果。在海湾战争、科索沃战争、阿富汗战争、伊拉克战争中，非致命性武器就显示了巨大的威力。

●思考题

1. 军事高技术有哪些特征？
2. 新军事变革的基本内容有哪些？
3. 军队指挥自动化系统的功能有哪些？
4. 新概念武器包括哪些种类？
5. 网络战武器有哪些作用？
6. 基因武器有哪些特点？

第五章　信息化战争

网站链接

◎北斗网

◎止戈网

教学目标

了解信息化战争的形成、发展趋势和与国防建设的关系，熟悉信息化战争的特征，树立打赢信息化战争的信心。

第一节　信息化战争概述

> **国防教育警句**
>
> 居安思危，思则有备，有备无患。

随着信息技术的飞速发展，人类社会进行战争的方式发生了重大变化，信息化战争作为一种全新的战争形态，开始登上现代战争的舞台。近几年爆发的几场局部战争虽称不上是完整意义上的信息化战争，但它显示了信息化战争的一般特征，也反映出信息化是世界新军事变革的本质和核心。为此，高校学生在接受现代国防教育的过程中，认真学习关于信息化战争方面的知识，正确认识信息化战争在维护国家独立、主权及安全方面的地位和作用，树立正确的信息时代的战争观、国家安全观，增强爱国、卫国、建国的自觉参与意识是十分必要的。

一、信息化战争的概念

单兵装备

信息化战争是指发生在信息时代，以信息为基础并以信息化武器装备为主要战争工具和作战手段，以系统集成和信息控制为主导，在全维空间内通过精确打击、实时控制、信息攻防等方式进行的战争。它是以信息技术为核心，通过信息网络系统，综合运用作战保密、军事欺骗、电子战、心理战和实体摧毁等手段对敌方的信源、信道和信宿实施有效控制，进而瓦解或摧毁敌方战争意志、战争能力、战争潜力的军事活动。其基本内涵：一是信息化战争作为信息时代的产物，是时代生产水平和生产方式在战争领域的客观反映；二是信息化战争必然以信息化军队为主体作战力量，战争双方至少有一方拥有信息化军队才能进行的战争,机械化或半机械化军队之间打不了信息化战争；三是信息化战争的主要作战工具是信息、信息化和智能化武器装备平台，诸作战单元实现了网络化、一体化；四是要在多维战场空间进行，其中在航天空间、信息空间、认知空间和心理空间占相当大的比例；五是在物质、能量和信息等作战诸要素中，信息起主导作用，信息能在战争中表现为火力和机动力的物质能量；六是战争的破坏性和附带性伤亡依然存在，但附带破坏将降至最低限度。

信息化战争与其他战争相区别就是“信息化”。也可以说，信息化是信息时代战争的根本特征和主要标志。不认识和不理解信息化，就难以正确把握信息化战争。

从信息化概念的提出至今，无论是对信息化概念本身，还是对社会信息化、军事信息化或战争信息化，学术界的认识并不完全一致。有观点认为：信息化由“四大要素”构成，也就是数字化、网络化、精确化和智能化。其中，数字化是条件，网络化是基础，精确化是目的，智能化是方向。它的本质就是系统化，就是借助数字和网络，最大限度地发挥信息的“链接”“融合”与“倍增”功能，实现人与武器、人与战场的最完美结合。

二、信息化战争的产生与形成

信息化战争，是人类社会政治、经济、科学技术和战争实践发展到一定阶段的必然产物。

(一) 信息化战争是社会经济形态发展的必然结果

战争形态是人类社会经济形态的产物。因为人们从事战争的工具和手段，是由特定时代的社会经济形态所提供和决定的。

农业时代的手工业生产方式，决定了战争能量的释放形式主要是依靠人的体能，战争所使用的武器主要是冷兵器。因此，这一时代的战争被称为冷兵器战争。这一时代有限的物质条件和效率低下的人力生产工具，以及自给自足的分散式农业生产和作坊式的手工业，使得战争形态的演变十分缓慢。

工业时代的机器大工业生产方式，决定了热能成为战争能量的释放形式，战争所使用的武器为机械化武器。因此，这一时代的战争被称为机械化战争。从17世纪上半叶开始，伴随着蒸汽机的发明和电力、化学等工业的产生，人类进入工业时代。由于人们对能量和物质资源的利用，动力生产工具的使用，导致了社会生产方式的机械化、电气化和规模化。战争物质基础发生的根本性变化，必然推动和要求战争形态发生革命性的变革，使工业时代的战争呈现出空间广阔、规模宏大、人数众多、进程缓慢、消耗和损失巨大的特征。从冷兵器战争演进到机械化战争，完成这场军事革命的进程持续了近300余年。

20世纪中叶以来，由于科学技术的飞速发展和生产力水平的大幅度提高，以计算机技术和信息技术为龙头的高新技术群不断涌现，人类开始进入了信息时代。随着信息技术在军事领域的广泛运用，大量信息化武器装备投入战场，为新一轮战争形态的变革提供了物质基础。在科学技术和战争实践的推动下，一场迄今为止人类军事史上波及范围最广、变化最深刻、发展最迅速的军事革命正在世界范围内蓬勃兴起。一个以使用信息化武器装备为主导，使战争基本方式发生根本变化的信息化战争，开始登上战争舞台。

人类社会和战争历史的发展表明，社会的经济形态是战争形态的母体，有什么样的经济形态，就会孕育出什么样的战争形态。这是不以人的意志为转移的客观规律。

（二）高技术的发展是信息化战争产生的直接动因

战争形态的重大变革，通常发生在技术革命之后；而技术革命又往往是在科学技术水平迅猛发展并发生质的飞跃的情况下出现的。20世纪50年代以来，世界上陆续出现了一大批高新技术群：以微电子技术、电子计算机技术、人工智能技术和通信技术为基础的信息技术；以导弹为代表的精确制导技术；以人造卫星和航天飞机为代表的航天技术；以激光技术为先导的聚能技术；以核聚变为代表的新能源技术；以新材料为基础的隐形技术等。其中，信息技术在高技术群中起主导作用。这些新技术一经出现，便以前所未有的速度向深度和广度发展。

高技术的迅猛发展和运用，必将导致新的技术革命。毛泽东曾经指出："技术上带根本性的、有广泛影响的大的变化，叫作技术革命。蒸汽机的出现是一次技术革命，电力的出现是一次技术革命，太阳能或核能的出现也是一次技术革命。”高技术群的出现，除其本身的发展具有革命性之外，它的影响之深远、波及领域之广阔，是历史上任何一次技术革命都无法比拟的。如今，高新技术群体，尤其是微电子技术和计算机技术已渗透到人类社会活动的各个领域，引发了政治、经济、科技、军事和文化等各个领域的深刻变革，已经产生并将继续产生难以估量的重大影响。

科学技术的进步必将引起军事领域的技术革命，其中起核心作用的技术是军事信息技术。其骨干技术包括：微电子技术、计算机技术、光电子技术和军事航天技术。军事技术革命的出现，必然导致武器装备发生质的变化。以军事信息技术为核心的军事高技术群，使人类进行战争的工具发生了时代性的飞跃，即由机械化武器装备阶段进入了信息化武器装备阶段。这必然引起作战方式、作战理论和军队编制体制的根本性变革。

(三) 近年来局部战争实践是信息化战争产生的基础

20 世纪 90 年代以来先后发生的海湾战争、科索沃战争、阿富汗战争和伊拉克战争，是人类战争史上具有划时代意义、承前启后作用的战争。它们既是工业时代机械化战争的延续，更是孕育信息化战争雏形的“母体”。这几场局部战争几乎都使用了全新的武器和全新的战法，每场战争都给人们以耳目一新的感觉。人们越来越强烈地感悟到，战争形态正在发生深刻变化，机械化战争形态正向信息化战争形态转变，信息化战争已处于萌芽阶段。

海湾战争闪现了新军事革命的影子，世界从此进入一个新的战争时代。信息攻击、远程精确打击、陆海空天电一体化作战，成为主要作战行动。传统的线式作战、梯次攻击、层层剥皮的作战方式已经被摒弃，“零死亡率”的战争已经成为人们追求的目标。几场局部战争的实践，使人们已经深刻感悟到新的战争形态所具有的深刻内涵，战争实践成为推动信息化战争形成和发展的催化剂。它促使人们更加自觉地接受信息化战争，适应信息化战争，更重要的是主动地选择和设计信息化战争。

三、信息化战争的发展过程

信息化战争与人类其他社会活动一样，也要经历一个从萌生、发展到成熟的过程。正确认识信息化战争的发展过程及其规律性，有助于人们把握信息化战争的本质，从而确立军队的发展方向和建设重点，有针对性地推进战争理论的研究和发展。

（一）信息化战争的萌芽期

计算机不仅用于经济，同时也用于国防，推动着战争向信息化发展。20 世纪 50 年代，人类社会开始信息化进程之后，很自然地把军队带入了信息化发展的道路；20 世纪 60 年代，美国军队开始重视信息的作用，只是没有明确提出信息化建设的概念；20 世纪 70 年代中期，美军在信息、空间监视、远程导弹等方面已完成了一系列革新，这标志着信息化战争进程的开始。

（二）信息化战争的雏形期

海湾战争，被普遍视为信息化战争的雏形，也被认定为人类社会刚刚进入信息时代的第一次信息战争。从战争手段及其战争体系特征看，海湾战争仍然是一场由高技术支撑的机械化战争，但它只能归入信息化战争的雏形期，不能称为信息化战争。其主要原因有：从社会信息化背景看，当时只有现代的单项信息技术，网络化程度尚很低；从美军信息化进程看，美军自海湾战争后才真正全面开始数字化方面的建设工作；从信息战理论发展看，当时还没有真正意义上的信息战理论做指导。因为海湾战争前期，美军信息战理论尚处于自发性的学术研究之中，并未形成系统的理论，而是受海湾战争的“刺激”后才开始全面建设军队信息化。

海湾战争美军换伊军芯片

（三）信息化战争的成熟期

20 世纪末，全球社会信息化进入了成熟期。20 世纪 90 年代，一场新的信息化浪潮迅速席卷全球。这场新的信息革命是以数字化多媒体集成和互联网络等技术综合而成的信息化浪潮，网络技术是主要标志，它把全球信息化推向更新、更广、更高的境界。科索沃战争中，信息作战和信息化武器装备发挥了主导作用：一是依托信息优势实施的远程、中程和近程精确打击成为基本手段；二是成功地使用了 C^4ISR 系统实施战区外战役指挥与战区内战术控制相结合的作战指挥；三是交战双方广泛实施信息对抗。科索沃战争被视为世界第一场交战双方都广泛实施信息战的战争，从而使信息化战争走向成熟。

（四）信息化战争的发展

信息化战争作为一个发展过程，是从低级到高级逐步推进、逐步发展的；作为一种标志，它最终要形成以数字化作战单元和数字通信、网络链接和智能支持为一体的战争形态，这是信息化战争的最终形态。在信息化战争发展过程中，信息技术的发展经历了从模拟信息到数字信息的演变过程。从20世纪60年代中期开始，数字自控计算机逐步运用于坦克和飞机，大大提高了武器系统的综合控制能力和射击精度。20世纪80年代初，数字信息技术逐步进入无线电通信领域，数字微波、数字卫星通信、数字移动通信等先后出现，特别是数字技术与通信技术和网络技术进一步结合，产生了综合数字网（ISDN），实现了利用单一的通信网络，就能够以数字信息方式完成包括语音、图像、图形在内的多种信息业务的传送和处理。20世纪80年代末进入了实施阶段，数字技术与神经网络技术和人工智能技术开始广泛结合，使自动控制逐步走向智能化。在军事领域，数字技术在计算机、通信系统、软件系统、传感器系统、定位系统和模拟系统等多方面广泛应用，使战争中武器的控制能力显著增强，反应速度明显加快，精确度大幅度提高，从而把战争推向了精确作战的新时代。海湾战争之后，随着作战体系的日益复杂，数字技术与网络技术进行实质性结合已成为战争实践的迫切需要，在这种背景下，信息化战争被推向网络化的新阶段。

第二节 信息化战争的基本特征

信息化战争是指发生在信息时代，运用信息、信息系统和信息化武器装备进行的战争。与机械化战争等传统战争形态相比，信息化战争具有以下六个方面的特征。

一、战争工具——信息主导

国防教育警句

国防为我，我为国防。

战争工具决定着战争形态，有什么样的战争工具，就会有什么样的战争形态。信息时代的战争工具主要是信息化武器装备，是军队武器装备的信息化、智能化和一体化。

（一）能量结构

能量结构及能量释放方式是决定武器杀伤机理的基本要素。从能量构成要素来看，信息化战争中，战争能量从传统的体能、化学能、电能、电磁能、机械能、核能等物理能量转变为智能。智能是信息化战争中的主导能量，它通过对其他物理能量的控制而产生效能。信息化战争中，机械时代的动力、平台、武器等仍具有重要作用，但能量释放结构产生了变化，电子信息装备由辅助性、保障性装备变为主导型装备，并通过系统方式渗透、融合到动力、平台、武器中去，对能量及能量释放的时机、方式、数量、比例等进行精确控制，从而达到投入最小、效益最高的目的。

（二）效能标准

机械化战争主要表现为人和武器规模和数量的累加，信息化战争则强调质量对效能的控制。传统战争主要通过火力摧毁来达成杀伤破坏的目的。信息化战争中，信息技术除了对多种不同能量和武器装备相互融合外，还可对能量释放效能进行有效控制，控制的结果是更加精确，能够通过较少的能量释放获取极大的作战效果。因此，在战斗毁伤效能方面，不再强调装药量的多少，而是突出精确有效的原则。精确高效的度量指标是效费比。高效费比是指在战争中投入较少、效益较高，通常可达 1∶10 以上。要想达到这样的目的，必须提高武器的命中精度。

二、战争力量——整体凝聚

（一）系统集成

在体系对抗的信息化战争中，作为主要武器装备的 C^4ISR 系统、信息战装备、精确制导武器和信息化作战平台，通过全球信息栅格进行无缝连接之后，将形成全维度、全天候的一体化、实时化作战体系。在这样的作战体系中，武器装备规模、性能不再是提高作战效能的关键性要素，系统集成和横向一体化成为最关键的要素。信息化战场是一体化系统对抗的战场，拥有完善的信息化作战体系的一方能够控制作战手段，灵活选择目标并控制战争进程和节奏。没有相应信息化作战体系的一方，武器数量众多但难以形成作战效能。

（二）信息控制

在力量凝聚的机械化战争中，战争力量主要表现为物质力量。在信息化战争中，智能和知识处于力量凝聚的核心和主导位置，战争力量的凝聚主要依靠信息控制。从力量要素来看，信息化武器装备成为主导性要素，传统的机械化作战平台地位下降。力量的凝聚，必须是在掌握制权优势，尤其是在夺取并控制信息优势和空天优势的前提下进行的。只有这样，才能确保在准确的时间，把所需的力量准确地调整和机动到准确的地点和方向，对目标进行精确打击。在信息化战争中，指挥艺术和军事谋略仍非常重要，但重点偏向两个方面：一是战略层面交战双方的斗智斗勇、战略欺骗和摆兵布势；二是战役战术层面的自动化指挥和控制。

三、战争时空——全维一体

（一）时间加速

在信息化战争中，弹道导弹速度达到 15 马赫，战术导弹速度达到 3～5 马赫。然而，比这个速度更快的是光速和电磁波速度，每秒钟 30 万千米，所见即所得。只要眼睛看见目标，这个目标就意味着立即被击毁。

（二）空间融合

冷兵器战争和热兵器战争都是在平面单维空间内进行的战争，机械化战争不断向空中、海洋、水下、太空和电磁空间拓展。信息化战争仍然需要分别制权，各军兵种仍可继续主宰各自传统的作战空间，所不同的是在时间、空间和力量诸要素之间，必须统一标准，实现互联、互通，最终形成一个相互融合的体系。这样一个横向一体化的网络体系建立起来之后，陆海空天电等相互分离的作战空间将成为一个全维一体的作战空间。在这个全维空间内，战场是流动的，信息是实时的，时间、空间和力量等诸要素是融合的，力量的运用将非常灵活而且可调、可控。

四、战争实施——精确控制

（一）全频谱控制

传统战争中，战争的实施主要依托作战指挥方式和作战手段的运用。信息化战争中，传统的战场概念将不复存在，依托于特定战场和特定军兵种而萌生的作战方式也将自然消亡。届时，精确控制将成为信息化战争的精髓。精确控制主要是全频谱控制战，侧重进行战略信息战和战场信息战，目的是对全维空间、全频谱信息、全部作战力量和战争资源进行有效控制。控制的结果有两个：对己方而言，通过系统集成使力量倍增，作战效能呈指数增加；对敌方而言，通过控制使之处于瘫痪，部队因失去指挥而成为乌合之众，兵力兵器因失去空间将无法机动，因失去时间只能坐失良机、被动挨打。

(二) 精确打击

精确作战从量变到质变经历了半个多世纪，跨越了三个历史阶段。第一，从近距厮杀到火力毁伤。第二，从面杀伤到点摧毁。精确制导武器在战争中的使用比例从越南战争中的 0.2%、海湾战争中的 8%，提升到伊拉克战争中的 70%。第三，从精确摧毁到实时打击。伊拉克战争中使用的精确制导武器，已经具备了三种能力：一是自主攻击能力。发射后不用管，自动寻找并摧毁目标。二是实时攻击能力。从发现目标到打击目标实现一体化，武器反应时间趋于实时。三是防区外发射能力。作战平台可远离威胁区使用武器，既能准确打击目标，又可实现自我防护。

伊拉克战争前美伊军事实力对比

五、战争保障——多维聚焦

(一) 精确保障

从保障对象上来看，冷兵器战争中人是战争中保障的主要对象。热兵器和机械化战争中，作战平台和枪炮弹药等武器成为保障的主要对象。信息化战争中，侧重于智力、知识、信息、网络的综合保障，在此基础上加强对保障要素的融合与控制。由于信息化武器装备与机械化武器装备是相互融合的，所以机械化战争中保障的要素大部分将继续存在下去，但必须用信息化理念、网络和软件加以改造，使所有保障要素融入作战体系中去，从而达到有效控制和精确保障的目的。

(二) 多维保障

传统战争中，战场建设和战争动员是战争力量的重要组成部分。在信息化战争全维保障的情况下，战场建设将更具备军民两用特征，而且平时和战时必须实现快速转换。随着战争持续时间急剧缩短，传统的战争动员模式必须改变，在时间上强调快速动员，在内容上重视信息动员，在方法上突出预储预置，以满足战争对快速保障的需求。

(三) 力量保障

信息化战争中，更加强调质量效能，质量表现为知识，效能表现为控制，数量规模依然重要，但是知识、效能控制数量和规模。战争不再是军人的专利，以计算机和网络为核心的军事装备也不再是军队的专属，最先进的技术可能最先使用于民用装备。因此，保障力量表现为信息化保障，这种性质的保障难以区分军用还是民用。所以，军队专有保障开始向社会化保障发展，专业清晰、分工明确的机械化保障开始向专业模糊、系统集成的信息化保障推进，用来进行实际作战的兵力兵器越来越少、越来越精，而软件设计、网络控制、信息资源、装备维修等保障力量明显增加。

六、战争制胜——人机融合

（一）人机一体

信息化战争中，人的智能与武器的性能融为一体，赋予武器以智慧和灵性。信息化武器不再是傻大黑粗的机器组件，而是具有人工智能、会思考、能判断，可以自动发现、识别和打击目标的机器人，“战斧”巡航导弹，JDAM卫星制导炸弹等都是这样的机器人武器。人的高超智慧、指挥艺术等可先期融入武器系统之中，也可在作战过程中通过对武器的实时控制来提高其作战效能。这样的智能化武器与机械化武器装备最大的不同，就是专属性增强。未来战争需要更高素质的人才，没有知识、没有文化的军队是愚蠢的军队，愚蠢的军队是无法打赢信息化战争的。

（二）自动控制

全球信息栅格建成之后，在战役战术层面将实现自动化实时指挥，人工干预、边想边干的指挥模式越来越少。指挥艺术和军事谋略在很大程度上表现在战前的作战运筹和战中的战略性交战，甚至被融入人机交互系统、专家知识库系统和武器智能制导系统中去。因此，指挥层次越来越少，指挥效能越来越高，呈现实时化、扁平化、一体化特征。指挥员直接指挥到单兵、单舰、单机的现象越来越普遍，战略性战斗将成为信息化战争中的作战样式。

第三节　信息化战争的发展趋势

从世界范围看，战争形态正处在一个从机械化战争向信息化战争过渡的转型期。因此，在当前条件下，要准确地预测信

国防教育警句

家事国事天下事，国防建设是大事。

息化战争的发展趋势还比较困难。然而，历史的发展有其自身的逻辑轨迹。运用历史唯物主义的方法，仍然可以大致地勾画出未来信息化战争的发展趋势。

一、战争的表现形式不断拓展

传统的战争概念，主要指阶级、民族政治集团和国家之间为达到一定的政治和经济目的而进行的武装斗争。而未来的信息化战争将在战争的暴力性、战争的层次以及战争的主体等方面发生重大的变化，从而使传统的战争概念受到冲击，战争的表现形式有了很大的拓展。

（一）战争的破坏性减弱

传统的战争理论认为："战争是流血的政治"，但未来的信息化战争中，由于各种经济活动和社会活动的高度计算机化、信息化和网络化，社会的经济生活和政治生活更多地依赖于各种信息系统。战争则有可能成为不流血或少流血的较量。像支撑社会经济和政治活动的金融系统、能源系统、交通系统、通信系统和新闻媒介系统等，都是以计算机为基础的信息网络系统。信息和信息系统既是武器，也是交战双方攻击的主要目标。而只需通过网络攻击、黑客入侵和利用新闻媒介实施大规模信息心理战等"软"打击的方式，破坏敌方的计算机信息网络，瘫痪敌方指挥系统，瘫痪敌国经济，制造敌方社会动乱，把战争意志强加给对方，以不流血的形式换取最大的政治和经济利益。在使用各种"硬"摧毁手段的作战中，进攻一方也不再以剥夺敌国的生存权利，或完全夺占敌方的领土等作为最终目标，而是注重影响对手的意志，尽可能地减少战争的伤亡，战争暴力性将会减弱。

（二）战争的层次更加模糊

在未来信息化战争中，战争的战略、战役和战术层次会逐渐模糊。一方面，战役或战术行动具有战略意义。由于大量信息化、智能化装备和系统的集中运用，武器装备的作战效能越来越高，精确打击和信息战等作战行动对敌方军事、政治、经济和心理的攻击威力越来越大，因而小规模的作战行动和高效益的信息进攻行动就能有效达成一定的战略目的。这使得战争进程更为短暂，战争与战役甚至战斗在目的和时空上的趋同性更为突出。另一方面，作战行动将主要在战略层展开。信息化战争不再是从战术突破到战役突破再到战略突破，而是战争一开始，打击的对象就将主要集中于关乎敌方政治、经济和军事命脉的重要战略目标。尤其是在信息化战争中起主导作用的战略信息战，它对敌方经济和政治信息系统的攻击，以及对敌方民众和决策者心理的攻击，更具有全纵深和全方位的性质。超视距的非接触作战和大规模的信息进攻将成为未来信息化战争的主要行动样式。先进的信息系统可以保障战略决策也可以直接指挥战术行动，战术行动可以实现战略决策。科索沃战争中，战争主要是由战略性空中打击构成的。这使得空间对战略目标的防卫和屏障作用基本消失，首先遭到攻击的将是战略纵深的重要目标，前沿（战斗地域）、纵深(战役地幅）和战略后方的线式划分已失去原有的意义。

（三）战争的主体多元化

传统的战争主要发生在国家和政治集团之间，战争打击的目标主要是对方的军事力量和战争潜力，战争的主体是军队。而在信息时代，由于信息技术和信息系统高度发展，计算机网络联通了整个世界，使得整个世界的政治、经济、科技和文化的联系日益密切，国家的安全受到来自多方面、多种势力的威胁，表现出易遭攻击的脆弱性。实施信息攻击的主体既可能是军队，也可能是社会团体，还可能包括恐怖组织、贩毒集团和宗教极端分子。这种情况使国家安全面临着严峻的挑战，并使得发动和从事战争的主体呈现出多元化的特征，战争不仅会在国家与国家之间展开，而且也可能会在社会团体与社会团体之间、社会团体与国家之间、少数个人与社会团体之间展开。为了应对这种挑战，仅仅依靠军队力量是不够的，还必须依靠社会的各种力量，进行广泛的全民战争。

二、战争的威力极大提升

人类对武器作战效能的追求，反而使得具有最大杀伤威力的核武器无法在实战中运用。然而人类并没有放弃对武器作战效能的追求，大量信息化武器和新概念武器的出现和运用，将使未来信息化战争具有亚核战争的威力。

（一）信息化时代的军事技术将把常规作战效能推到极致

未来信息化战争的常规作战效能将是建立在军事工程革命、军事探测革命、军事通信革命和军事智能革命已经完成或基本完成的基础之上。军事工程革命已经使传统武器装备跨越空间的距离和速度基本达到物理极限。军事探测革命将使得侦察、探测的空域、时域和频域范围大大扩展，使对作战行动的感知、定位、预警、制导和评估达到几乎实时和精确的极限。军事通信革命将在未来信息化战争中实现军事信息的无缝链接和实时传输，使各指挥机构和部队、各侦察和作战平台之间达到在探测、侦察、跟踪、火控和指挥方面的信息畅通，真正实现实时指挥和控制。军事智能革命将真正实现作战指挥活动和作战行动的自动化和智能化。智能化指挥系统将使指挥控制活动的准确性和时效性大幅度提高。作战平台将集发现、跟踪、识别和自主发射为一体。智能化弹药将具有自动寻的和发射后不管功能，远程打击的精度将达到米级。

（二）新概念武器的使用将使信息化战争的作战效能具有亚核效果

在信息化时代，随着科学技术的进一步发展，大量新概念武器会不断出现和应用于战争。这些新概念武器具有完全不同的杀伤和破坏机理，它不以大规模杀伤对方人员的生命为目标，而是通过使对方的作战人员和武器装备丧失作战功能，或通过改变敌国的生态和自然环境来达成战争目的。新概念武器中具有大面积破坏与毁伤效果的主要有次声波武器、电磁脉冲武器、激光武器和气象武器等。次声波武器具有洲际传送能力，并且可以穿透 10 多米厚的钢筋混凝土，因此作用范围极广。在高空施放的电磁脉冲弹可以在瞬间使大范围的电子设备丧失功能。在信息化战争中，大量新概念武器装备虽然不具备核武器那种大规模、大范围的物理杀伤和破坏作用，但它所拥有的精确摧毁能力、系统集成能力、战场控制能力和高效达成战略目的的能力是核武器所无法相比的。从这个意义上说，信息化战争具备了亚核战争的威力。

三、军队将向小型化、一体化和智能化方向发展

在未来信息化战争中，伴随着新军事革命的步伐，军队的发展趋势，将是高度的小型化、一体化和智能化。

（一）军队的规模将趋向小型化

未来信息化战争中，先进的信息化系统和远距离的投送能力为军队的小型化奠定了基础。由于军队的作战能力将成指数增长，小规模的高度一体化和智能化的军队，即可达成战略目的。因此，未来军队的组织体制在数量规模上将具有两个基本的发展趋向。一是军队的总体规模将大幅度缩小。随着军队的信息化程度和作战能力的不断提升，缩减军队规模将是必然的趋势。二是作战部队的建制规模将更加小型灵巧。未来旅、营或更低级别的战术单位将成为主要的作战建制，并可能出现按作战职能编成的小型作战群或能够同时在陆、海、空等多维空间作战的一体化的小

型联合体。为适应未来信息化战争的需要，一些技术密集、小巧精干的新型兵种作战单元也将相继出现并逐步增多。

（二）军队的编成将高度一体化

未来信息化战争是高度一体化的作战，军队编成的一体化，将主要表现为按照系统集成的观点，建立“超联合”的一体化作战部队。军队组织的编成，将按照侦察监视、指挥控制、精确打击和支援保障四大作战职能，建成四个子系统，即探测预警子系统、指挥控制子系统、作战子系统和支援保障子系统。探测预警子系统将所有天基、空基、陆基和海基侦察监视平台和系统联为一体，完成对作战空间全天候、全方位的实时感知；指挥控制子系统把所有战略级、战役级和战术级指挥控制和通信系统联为一体，对作战空间的感知信息转变为作战决策和控制；支援与保障子系统为作战行动提供实时精确的保障。这四个子系统的功能紧密衔接，有机联系，构成一个一体化作战系统。按照这个思路构建的军队，将从根本上抛弃工业化时代军队建设的模式，革除偏重发挥军种专长的弊端，使作战力量形成“系统的系统”或“系统的集成”，从而能够充分发挥整体威力，实施真正意义上的一体化作战。

（三）军队的指挥与作战手段将高度智能化

信息化发展的高级阶段是智能化，因此信息化战争的发展趋势之一就是实现指挥平台与作战手段的高度智能化。随着纳米技术的发展，军用微型机器人将大量地投放于战场，执行侦察探测、信息传递、破袭敌电子设备和武器系统以及杀伤敌作战人员等任务。

一是指挥控制手段的高度自动化和智能化。其标志是 C^4ISR 系统的高度成熟与发展。未来的 C^4ISR 系统将真正实现侦察监视、情报搜集、通信联络和指挥控制的无缝链接，成为作战指挥与控制的信息高速公路，可以高度自动化地确保指挥员近实时地感知战场，定下决心，协调、控制部队和武器平台的作战与打击行动。计算机是自动化指挥控制系统的核心，是实现智能化作战指挥的基础。随着高技术群体的不断发展，未来将相继出现智能计算机、神经网络计算机、光计算机、高速超导计算机、生物计算机等新概念计算机，将使人工智能技术迈上新的台阶。由运算、存储、传递、执行命令转向思维和推理；由信息处理转向知识处理；由代替和延伸人的手功能转向代替和延伸人的脑功能。从而为作战指挥控制提供更加先进的智能化手段，使作战指挥与控制进入自动化、智能化时代。

二是大量智能化的武器系统和平台将装备军队，投入作战。在未来信息化战争中，具有发射后不管和自动寻的功能的智能化弹药将得到更加广泛的运用；无人驾驶的智能化坦克、飞机和舰船也将规模化投入战场。无人机在阿富汗战争中已经发挥了重要的作用。尤其值得关注的是，众多类型不同、功能各异的机器人将投入战场。特别是随着纳米技术的发展，机器人的概念将发生根本性的变化。大量微型和超微型的机器人，可能在战争中大规模的投放于战场，执行侦察探测、信息传递、破袭敌电子设备和武器系统以及杀伤敌作战人员等任务。

三是许多作战行动将发生在智能化领域。在传统的机械化战争中，虽然在智能化领域也存在着敌我对抗活动，如敌我之间的谋略对抗就是一种思维对抗，但这种对抗是间接的，需要用部队真实的作战行动才能表现出来。然而，在未来的信息化战争中，由于信息战的广泛运用，智能化领域将会发生激烈的对抗。知识、信息和思维这些智能化的范畴，既有可能是作战所使用的手段，也有可能是作战所要打击的目标，因此在智能化领域将会发生大量的直接对抗的作战行动。为了阻止敌方及时制定出正确的作战决心，不仅需要采用谋略行动欺骗敌方，而且更需要采取信息攻击手段，直接打击敌方的 C^4ISR 系统，破坏敌方的决策程序。

第四节　信息化战争与国防建设

国防教育警句

铸剑育魂，
固我长城。

信息化战争的到来，加剧了世界各国战略力量对比的不平衡性，增大了发展中国家战略选择的难度，特别是对我国国防建设与发展提出了严峻挑战。对此，我们必须立足当前，着眼未来，从发展的角度搞好国防和军队的信息化建设，以求在未来信息化战争中立于不败之地。

现代战争向高科技化迈进

一、树立信息化战争的思维

从一定意义上说，战争形态演变是在一定物质技术基础上的创造性的军事实践活动。信息化战争的演变既是战争形态的一种客观物质运动，又是人们按照战争发展规律对其所做的一种主观变革实践。历史表明，每一种战争形态演变都要经历一场新旧思想观念和新旧事物之间的碰撞、冲突和斗争。当前，妨碍创新观念的最大障碍是我们头脑中陈旧的“机械化军事思维”。因为我国仍处于工业时代，我们的军队目前仍处在机械化、半机械化状态，武器装备的主体是机械化、半机械化装备。世界上一些发达国家军队之所以成为信息化战争的“领头雁”，除了它们的社会经济和技术条件外，还因为其及时扬弃了传统观念，摆脱了“机械化军事思维”的束缚，找到了信息时代建设信息化军队的新思路，如“以信息为基础建设军队”，用“系统集成”和“虚拟实践法”建设军队，在装备建设中实行“横向技术一体化”等。观念上的更新是以思想解放为前提的。不从传统军事思想观念的禁锢中解放出来，不从习惯思维方式的束缚中解放出来，就不会有军事思维的更新，就看不清当今的时代特征和军事发展的大趋势。可以这样说，更新观念是信息化战争准备在精神方面的前提条件。

二、创立信息化战争的作战理论

创新理论是创新观念的深化与发展。作战理论的创新是理性的探索与实践，既需要对新事物的敏感和丰富的想象力，更需要科学的方法和认真的态度。在当前新的军事变革条件下，作战理论创新的主攻方向是探索信息作战理论，其内核是信息，目的在于探索打赢高技术条件下信息化战争的制胜之道。因此，我们要紧紧跟踪新的军事变革浪潮，把握信息化战争演进的特点和规律，研究和发展具有我军特色的信息作战理论。要从宏观上认清由于高技术运用而引发的空、天、海、地及电磁空间、心理空间战场的变化，把握信息化战争的发展趋势，研究和发展新的作战形式；要紧密结合作战任务和自身特点，把握不同背景、不同条件下的信息作战样式和信息作战战法；要高度关注存在技术装备差、军事力量非对称条件下的作战问题，把握敌我双方的强点和弱点，研究和发展以低制高、以劣胜优的对策和手段；要坚持人民战争的思想，把握信息时代人民战争的地位和作用，研究和发展新的人民战争的战略战术。

三、构建信息化战争的对抗体系

信息化是体系与体系的对抗。但同传统战争相比，信息时代的武装对抗体系，由于对抗核心是信息与知识的对抗，因而在对抗体系构建上应具有一些新的特点：一是军队规模小型化。军队规模的小型化，是军事技术（特别是信息技术）和武器装备发展的必然结果，也是信息化战争发展的客观要求。二是兵力结构合成化。信息化战争是诸军兵种的联合作战，兵力结构的合成化趋势将进一步加强。首先是合成的范围要广，从原来的兵种合成进一步扩展为军种合成；其次是合成的层次要低，从原来高层的军、师合成降低为低层的旅、营合成；再则是合成的方式要活，从以往的固定合成发展为可变的弹性合成。三是作战功能高效化。一方面要继续增强“硬杀伤”能力，利用信息所具有的力量控制和倍增功能，在较短时间内形成空前巨大的火力和毁伤力。另一方面，要增强软杀伤能力，利用以信息技术为核心的信息武器装备，最大限度地夺取制信息权。四是军队整体信息化。这不仅是信息化战争的基本要求，也是军队发展的一个必然趋势，更是建设一支具有高度信息能力的信息化军队必不可少的步骤。

四、培养信息化战争的新型人才

信息化战争是以人为中心、以信息与知识为主体的战争。在武器装备信息化程度不断提高的条件下，各种信息武器装备作战效能的高低，不仅取决于其物理性能的好坏，更重要的是取决于其信息能力的强弱。而人是信息武器装备发挥作战效能的关键要素，也是信息的直接提供者和使用者。在这种情况下，人与武器装备间的传统关系发生了重大改变。利用信息，使人与装备实现了真正的融合：人不再是单纯的武器装备操作使用者，而是由人和信息武器装备构成的新的人机一体化系统的核心；武器装备也不单是人的体能和技能，而是包括智能在内的延伸和放大。从目前我军所进行的数字化部队建设情况看，“在向数字化、信息化转型过程中，最大的障碍不是技术因素，而是人的素质”。因此，我们应高度重视信息化战争条件下人和武器装备之间相互关系的变化，从原来的以武器装备为中心转变为以人为中心；从以人的体能和技能训练为主转变为以知识和智能训练为主。只有这样，我们才能加快自身的信息化建设步伐。

五、加强武器装备研制，加速我军的信息化建设

武器装备是武装力量战斗力的重要物质基础，信息化战争最突出的特点就是高技术性，反映在人的高素质上和武器装备的高性能上。从未来高技术武器装备的发展来看主要集中在三个方面：

一是保持战略核威慑力量的发展。核力量是信息化时代战略威慑力量的主体。

随着战略形势和军事高新技术的发展，世界主要核国家都在调整战略核力量的结构和规模，重点发展新一代战略导弹核潜艇和潜射弹道导弹。我国应根据自己的国情和战略需求，逐步建设和保持一支与大国地位相适应、陆基海基比例合理的战略核威慑力量。

二是突出关键性高技术的研究与发展，抢占技术优势。抢占高技术优势，保持武器装备发展的潜力，研究重点主要集中在微电子、激光、航天、计算机和新材料等领域，重点是提高部队的C^3I、电子战、隐身和夜战能力。

三是研制新一代高新技术常规武器装备。美军在新一代高新技术常规武器装备的发展中特别强调综合利用信息技术和军事革命的成果，突出发展具有控制信息能力的装备。如航天、航空侦察监视和预警系统，一体化、网络化指挥、控制、通信和情报系统，信息战和非致命武器，以及隐身和夜视系统等；发展具有远程精确打击的武器，如远程对地攻击巡航导弹、中远程防空反导导弹、精确制导弹药等；发展灵活机动的作战平台，如隐身飞机、隐身舰艇、火力突击舰、高性能主战坦克等。单纯用数量多少来度量作战效能的时代已成为过去，提高作战效能的关键还是要强调武器装备的高技术含量和质量优势。要打赢未来信息化战争，拥有高技术武器装备是不可缺少的基本条件。“冷战”后的几场局部战争表明，当武器装备出现“代差”后，落后的一方很难用数量的优势来弥补质量上的劣势。因此，加快发展高技术武器装备，是我们打赢未来信息化战争的必要条件。从总体上看，目前我军的武器装备与发达国家相比在某些方面还存在着一定的差距，这种客观现状也要求我们必须加快高新技术武器装备的发展步伐。

●思考题

1. 什么是信息化战争？
2. 信息化战争的基本特征是什么？
3. 信息化战争的发展趋势是什么？
4. 信息化战争对国防建设提出了哪些要求？

第六章　共同条令与队列训练

网站链接

◎全国青少年国防教育网
◎中国海军网
◎中国空军网

教学目标

了解三大条令的主要内容，掌握队列动作的基本要领，养成良好的军人作风，增强组织纪律观念，培养集体主义精神。

第一节　共同条令简介

国防教育警句

兵为民之卫，民无兵不固。

条令，是中央军委以简明条文规定并通过命令颁布的关于军队战斗、训练、生活、勤务活动的行动准则。中国人民解放军的条令一般分为作战条令和共同条令。作战条令，分别规定战役战斗的准备、组织、部署、实施、指挥、保障等基本原则，以指导训练和作战。共同条令，通常指的是《中国人民解放军内务条令》（以下简称《内务条令》）、《中国人民解放军纪律条令》（以下简称《纪律条令》）和《中国人民解放军队列条令》（以下简称《队列条令》），亦称三大条令。三部条令之间相互补充、共同组合成相对完成的规范体系，是全体军人必须遵守的法规，是从严治军、依法治军的重要依据，是有效维护军队高度集中统一的基本保证。

一、《内务条令》

《内务条令》是规定军人基本职责、军队内部关系和日常生活制度的法规，是军队生活的准则、行政管理的依据。它的主要作用是：建立和维护团结统一的内部关系、紧张有序的生活秩序、严整的军容、优良的作风和严格的组织纪律，以巩固和提高战斗力，保证作战及其他任务顺利进行。

中国人民解放军历来重视内务制度建设。中华人民共和国成立后，为适应军队革命化、现代化、正规化建设的需要，中国人民解放军于1950年重新制定内务条令，并于1951年发布全军试行。经过两年试行，根据军队实行新编制等情况进行了修改，于1953年正式发布全军施行。此后，又分别于1957年、1963年、1975年、1984年、1990年、1997年和2002年7次重新制定内务条令。现行的《内务条令》是2010年由中央军委颁布实施的，共21章420条。其主要内容包括：

（一）中国人民解放军性质和任务

中国人民解放军是中国共产党缔造和领导的，用马克思列宁主义、毛泽东思想和包括邓小平理论、“三个代表”重要思想以及科学发展观等重大战略思想在内的中国特色社会主义理论体系武装起来的人民军队，是中华人民共和国的武装力量，是人民民主专政的坚强柱石，担负着巩固国防，抵抗侵略，保卫祖国，保卫人民的和平劳动，参加国家建设事业的任务。

（二）内务建设的指导思想

中国人民解放军的内务建设，必须以毛泽东军事思想、邓小平新时期军队建设思想、江泽民国防和军队建设思想和胡锦涛关于新形势下国防和军队建设重要论述为指导，贯彻新时期军事战略方针和政治合格、军事过硬、作风优良、纪律严明、保障有力的总要求，努力建设一支强大的现代化、正规化革命军队。

（三）内务建设的地位作用和基本任务

中国人民解放军的内务建设，是军队进行各项建设的基础，是巩固和提高战斗力的重要保证。基本任务是：使每个军人明确和认真履行职责，维护军队良好的内外关系，建立正规的战备、训练、工作、生活秩序，培养优良的作风和严格的纪律，保证军队圆满完成任务。

（四）军人职责

条令按士兵、军官、首长、主管人员分类明确了相应职责。其主要精神是要求广大官兵努力做到服从命令，听从指挥，坚决完成任务；努力学习，提高素质；遵守纪律，执行法规；尊干爱兵，拥政爱民；爱护装备，厉行节约；保守军事秘密；做好安全工作。

（五）军队内部关系

条令对军人相互关系、官兵关系、机关相互关系、部队（分队）相互关系都做了较为具体的规定。强调部属、下级必须服从首长、上级。首长和上级有权对部属下达命令，部属和下级必须坚决执行命令。条令明确规定："中国人民解放军军人，不论职位高低，在政治上一律平等，相互之间是同志关系。""军官、士兵依行政职务和军衔，构成首长和部属、上级和下级及同级关系。"强调官兵要互相尊重，互相爱护，互相帮助，同心协力完成各项任务。

（六）军人的行为举止

军人必须按规定着装，保持军容严整。军人的仪容应当整洁。军人必须举止端庄，谈吐文明，精神振作，姿态良好。军人外出必须遵守公共秩序和交通规则，遵守社会公德，自觉维护军队的声誉；遇到人民生命财产受到严重威胁时，应当见义勇为，积极救助。军人不得参加宗教、迷信活动；不得到地方的酒吧、网吧、发廊、按摩室、桑拿浴室、录像厅、歌舞厅和电子游艺厅等场所消费娱乐；不得涉足不健康场所；不得围观和参与社会游行、示威、静坐等活动，不得传抄、张贴、私藏非法印刷品，不得组织和参与集体上访。文艺工作者扮演中国人民解放军官兵时，必须严格执行军容风纪的规定，维护军队和军人形象。

现行《内务条令》充分体现了从严治军的基本特点和规律，突出了以军事训练为中心、以管理工作为重点、以正规化建设为目标的各项工作，贯彻了建立正规的内务制度和良好的战备、训练、工作、生活秩序，加强装备物资和军事设施的管理，努力提高军队打赢信息化条件下局部战争能力的内务建设原则。它是我军在新的历史条件下，建立维护良好内外关系和正规内务制度，履行职责，进行管理教育，培养优良作风的依据，是军队生活的准则。

二、《纪律条令》

《纪律条令》是中国人民解放军维护纪律、实施奖惩的基本依据，适用于中国人民解放军现役军人和单位，以及参战、支前的预备役人员。它的主要作用在于通过实施奖惩来保障其他军事法规的各项规定得到落实，保障各项军事活动得到正常运转。

中国人民解放军的《纪律条令》是在长期的军事斗争和军队建设实践中逐步形成和完善的。中华人民共和国成立后，先后于1951年、1953年、1957年、1964年、1975年、1984年、1990年、1997年和2002年9次重新制定纪律条令。现行的《纪律条令》是2010年6月由中央军委颁布实施的。该条令分总则，奖励，处分，特殊措施，控告和申诉，首长责任和纪律监察，附则，共7章179条。其主要内容包括：

（一）中国人民解放军纪律的基本内容

执行中国共产党的路线、方针、政策；遵守国家的宪法、法律、法规；执行军队的条令、条例和规章制度；执行上级的命令和指示；执行三大纪律八项注意。

（二）中国人民解放军纪律的基本要求

听从指挥，令行禁止；严守岗位，履行职责；尊干爱兵，团结友爱；军容严整，举止端正；提高警惕，保守秘密；爱护武器装备和公物；廉洁奉公，不谋私利；拥政爱民，保护群众利益；遵守社会公德，讲究文明礼貌；缴获归公，不虐待俘虏。

（三）中国人民解放军纪律的性质和作用

我军的纪律是建立在政治自觉基础上的严格的纪律，是军队战斗力的重要因素，是坚持人民军队的性质、宗旨，团结自己、战胜敌人和完成一切任务的保证。

（四）奖励的目的和原则

目的在于维护纪律，鼓励先进，调动官兵的积极性、创造性，发扬爱国主义和革命英雄主义精神，保证作战、训练和其他各项任务的完成。原则是：严格标准，按级施奖；发扬民主，贯彻群众路线；以精神奖励为主，物质奖励为辅。

（五）处分的目的和原则

目的是严明纪律，教育违纪者和部队，加强集中统一，巩固和提高部队战斗力。

处分的原则是依据事实，惩戒恰当；惩前毖后，治病救人；纪律面前人人平等。

现行的《纪律条令》通篇贯穿了依法治军的思想，规定了中国人民解放军纪律的基本内容和要求，反映了人民军队的本质，既体现了赏罚严明，以教育为主，惩处为辅的原则，又体现了党的十一届三中全会以来的路线、方针、政策，以及国家宪法、法律的有关精神，完全符合新时期部队建设的要求。

三、《队列条令》

《队列条令》是规定队列动作、队列队形和队列指挥的法规，是全军队列训练的依据。它的主要作用在于通过对军人良好的姿态、严整的军容、优良作风的培养，提高部队的组织纪律性，增强凝聚力和战斗力。

中国人民解放军于1951年制定了第一部《队列条令（草案）》，1953年进行了部分修改。1964年12月至2002年3月间，又先后5次重新制定和发布。现行的《队列条令》是2010年6月由中央军委颁布实施的，共有总则，队列指挥，队列队形，单个军人和队列动作，班、排、连、营、团的队列动作，分队乘坐汽车、火车、舰（船）艇和飞机，敬礼，国旗的掌持、升降和军旗的掌持、授予与迎送，阅兵，晋升（授予）军先衔、授枪和纪念仪式，附则等11章71条。这些规定反映了部队队列生活的特点，是加强部队正规化建设的必要形式。

该条令从适应我军优良作风的培养和技术、战术训练的需要出发，对于军队的队列训练和队列生活作了具体规范。它要求全体军人必须参加队列训练，并在日常生活中自觉地严格执行条令的规定，做到队列动作标准化、队列生活正规化。

四、落实共同条令应注意的问题

（一）加强条令学习和教育，提高执行条令的自觉性

通过条令学习和教育，要着重讲清贯彻执行条令的目的、意义和要求，既要懂得为什么要这样做，又要明白应该怎样才能做好，切实从思想、训练和生活中增强贯彻落实条令的自觉性。

（二）贯彻条令要注意培养典型，搞好示范

要以表扬为主，积极开展检查评比活动，充分调动参训人员贯彻执行条令的积

极性。

(三) 抓好养成教育，强化条令意识

把严格落实条令与学生训练的目标和任务相结合，要在认真按条令办事的基础上，真正做到灵活而不死板，正规而不教条，严格而不失标准，用科学的方法和态度，把条令落实与学生的实际紧密结合，从点滴做起，从小事抓起，真正使条令的落实成为全体参训人员的自觉行动。

(四) 教官、教师和学生干部要做执行条令、遵章守纪的楷模

在贯彻执行条令中，教官、教师和学生干部要身体力行做表率，以自己的模范行为去影响部属。

(五) 理论联系实际，培养军地两用人才

参训学生要通过军事技能训练和条令教育，学习解放军优良传统和作风，加强组织纪律性，促进文明居室建设，遵守学校各项规章制度，营造良好的学习、生活环境，使自己成为有理想、有道德、有文化、有纪律的一代新人。

第二节　队列动作训练

队列动作，是对军人或部（分）队所规定的列队训练、队列生活和日常行为的制式动作，也是战斗行动的基础。

队列动作训练的一般要求是：坚决执行命令，做到令行禁止；姿态端正，军容严整，精神振作，严肃认真；按照规定的位置列队，动作迅速、准确、协调一致；保持队列整齐，出入列应报告，经允许方可出、入列。

国防教育警句

世界一日不太平，国防一刻不放松。

一、单个军人的队列动作

单个军人队列动作，是部队训练、队列生活和日常生活的基础动作。主要包括：立正、跨立、稍息、停止间转法。

(一) 立　正

立正是军人的基本姿势，是队列动作的基础。军人在宣誓、接受命令、进见首长和向首长问话、升降国旗和军旗、奏国歌和军歌等庄重的时机和场合，均应当自行立正。

口令：立正。

要领：两脚跟靠拢并齐，两脚尖向外分开约 60° ；两腿挺直；小腹微收，自然挺胸；上体正直，微向前倾；两肩要平，稍向后张；两臂下垂自然伸直，手指并拢自然微曲，拇指尖贴于食指第二关节，中指贴于裤缝；头要正，颈要直，口要闭，下颌微收，两眼向前平视。

携枪（筒）的要领：

1. 肩冲锋枪、自动步枪、40 火箭筒时，右手在右胸前握背带（拇指由内顶住），右大臂轻贴右胁，枪（筒）身垂直，枪口（筒尾）向下。

2. 持班用机枪、狙击步枪、81 式自动步枪（打开枪托）时，左臂自然下垂，左手将背带挑起、拉直，由右手拇指在内压住，余指并拢在外将枪握住，同时左手放下，托底钣（95 式班用机枪托底）全部（81 式自动步枪托前踵）在右脚外侧着地，托后踵同脚尖平齐。

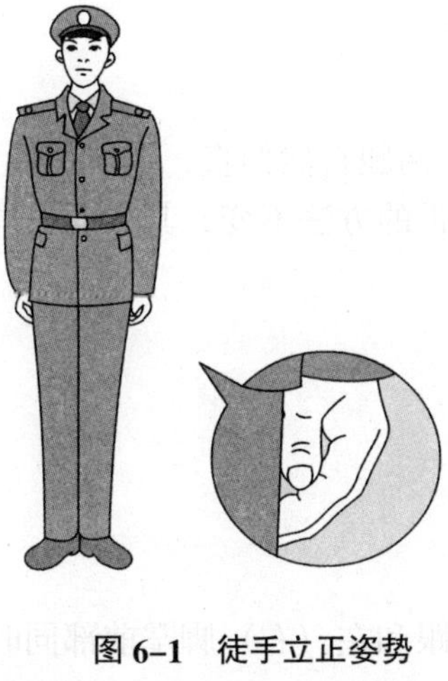

图 6–1　徒手立正姿势

图 6–2　肩枪（筒）立正姿势

(二) 跨立（即跨步站立）

跨立主要用于军体操，执勤和舰艇上分区列队等场合。可以与立正互换。

口令：跨立。

要领：左脚向左跨出约一脚之长，两腿挺直，上体保持立正姿势，身体重心落于两脚之间。两手后背，左手握右手腕，拇指根部与外腰带下沿（内腰带上沿）同高，右手手指并拢自然弯曲，手心向后。携枪时不背手。

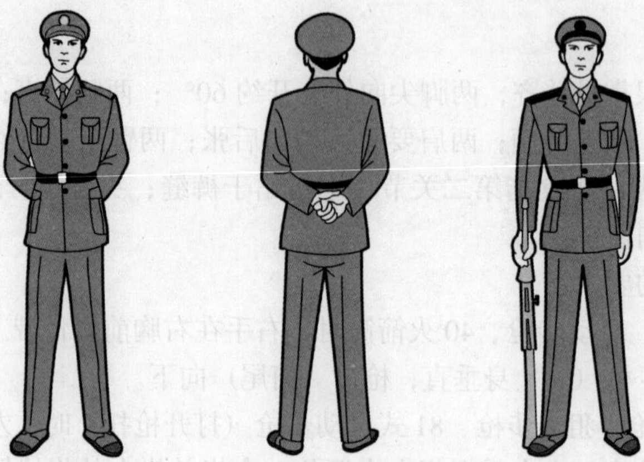

徒走跨立　　背 面　　持枪跨立

图 6–3　跨立姿势

(三) 稍 息

口令：稍息。

要领：左脚顺脚方向伸出约全脚尖的 2/3，两腿自然伸直，上体保持立正姿势，身体重心大部分落于右脚。携枪（筒）时，携带的方法不变，其余动作同徒手。稍息过久，可以自行换脚。

(四) 停止间转法

1. 向右（左）转

口令：向右（左）——转。

半面向右（左）——转。

要领：以右（左）脚跟为轴，右（左）脚跟和左（右）脚掌前部同时用力，使身体协调一致向右（左）转 90°，体重落在右（左）脚，左（右）脚取捷径迅速靠拢右（左）脚，成立正姿势。转动和靠脚时，两腿挺直，上体保持立正姿势。半面向右（左）转，按照向右（左）转的要领转 45°。

2. 后　转

口令：向后——转。

要领：按照向右转的要领向后转 180°　。

持枪转动时，除按照徒手动作要领外，听到预令，将枪稍提起，拇指贴于右胯，使枪随身体平稳转向新方向，托前踵（95 式班用机枪托底）轻轻着地，成持枪立正姿势。

(五) 行　进

行进的基本步法分为齐步、正步和跑步，辅助步法分为便步、踏步和移步。

1. 齐　步

齐步是军人行进的常用步法。

口令：齐步——走。

要领：左脚向正前方迈出约 75 厘米，按照先脚跟后脚掌的顺序着地，同时身体重心前移，右脚照此法动作；上体正直，微向前倾；手指轻轻握拢，拇指贴于食指第二节；两臂前后自然摆动，向前摆臂时，肘部弯曲，小臂自然向里合，手心向内稍向下，拇指根部对正衣扣线，并高于春秋常服最下方衣扣约 5 厘米（着夏常服、水兵服时，高于内腰带扣中央约 5 厘米；着作训服时，与外腰带扣中央同高），离身体约 30 厘米；向后摆臂时，手臂自然伸直，手腕前侧距裤缝线约 30 厘米。行进速度每分钟 116~122 步。

图 6–4　齐　步

2. 正　步

正步主要用于分列式和其他礼节性场合。

口令：正步——走。

要领：左脚向正前方踢出约 75 厘米（腿要绷直，脚尖下压，脚掌与地面约 25 厘米），适当用力使全脚掌着地，同时身体重心前移，右脚照此法动作；上体正直，微向前倾；手指轻轻握拢，拇指伸直贴于食指第二节；向前摆臂时，肘部弯曲，小臂略成水平，手心向内稍向下，手腕下沿摆到高于春秋常服最下方衣扣约 15 厘米处（着夏常服、水兵服时，高于内腰带扣中央约 15 厘米处；着作训服时，高于外腰带扣中央约 10 厘米处），离身体约 10 厘米；向后摆臂时（左手心向右，右手心向左），手腕前侧距裤缝线约 30 厘米。行进速度每分钟 110 ~ 116 步。

3. 跑　步

跑步用于快速行进。

口令：跑步——走。

要令：听到预令，两手迅速握拳（四指蜷握，拇指贴于食指第一节和中指第二节），提到腰际，约与腰带同高，拳心向内，肘部稍向里合。听到动令，上体微向前倾，两腿微弯，同时左脚利用右脚掌的蹬力跃出约 85 厘米，前脚掌先着地，身体重心前移，右脚照此法动作；两臂前后自然摆动，向前摆臂时，大臂略垂直，肘部贴于腰际，小臂略平，稍向里合，两拳内侧各距衣扣线约 5 厘米；向后摆臂时，拳贴于腰际。行进速度每分钟 170～180 步。

4. 便　步

便步用于行军、操练后恢复体力及其他场合。

口令：便步——走。

要领：用适当的步速、步幅行进，两臂自然摆动，上体保持良好姿态。

5. 踏　步

踏步用于调整步伐和整齐。

行进间口令：踏步——走。

停止间口令：踏步。

要领：两脚在原地上下起落（抬起时，脚尖自然下垂，离地面约 15 厘米；落下时，前脚掌先着地），上体保持正直，两臂按照齐步或者跑步摆臂的要领摆动。

图 6–5　正　步

图 6–6　跑　步

图 6–7　踏　步

6. 移步（5 步以内）

移步用于调整队列位置。

(1) 右（左）跨步

口令：右（左）跨×步——走。

要领：上体保持正直，每跨1步并脚一次，其步幅约与肩同宽，跨到指定步数停止。

(2) 向前或向后退

口令：向前（后）× 步——走。

要领：向前移步时，应当按照单数要领进行（双数步变为单数步）。向前1步时，用正步，不摆臂；向前3步、5步时，按照齐步的要领进行。向后退时，从左脚开始，每退1步靠脚一次，不摆臂，退到指定步数停止。

7. 礼　步

礼步用于纪念仪式中礼兵的行进

口令：礼步——走。

要领：左脚向正前方缓慢抬起（腿要绷直，脚尖上翘，与腿约成90°，脚后跟离地面约30厘米），按照脚跟、脚掌顺序缓慢着地，步幅约55厘米，右脚照此法动作；上体正直，两臂下垂自然伸直、轻贴身体（抬祭奠物除外）；手指并拢自然微曲，拇指尖贴于食指第二节，中指贴于裤缝。行进速度每分钟24~30步。

8. 携枪行进

持枪时，听到行进口令的预令，将枪提起，使枪身略直，拇指贴于右胯，使枪身稳固。其余要领同徒手。

背枪、肩枪、挂枪、托枪、提枪时，听到行进口令，保持携枪姿势，其余要领同徒手。

9. 携便携式折叠写字椅行进

携折叠写字椅行进时，左手提握支脚上横扛，左臂下垂自然伸直，写字板面朝外。

(六) 立　定

口令：立——定。

要领：齐步和正步时，听到口令，左脚再向前大半步着地（脚尖向外约30°），两腿挺直，右脚取捷径迅速靠拢左脚，成立正姿势。跑步时，听到口令，再跑2步，然后左脚向前大半步（两拳收于腰际，停止摆动）着地，右脚靠拢左脚，同时将手放下，成立正姿势。踏步时，听到口令，左脚踏1步，右脚靠拢左脚，原地成立正姿势（跑步的踏步，听到口令，继续踏2步，再按上述要领进行）。

持枪立定时，在右脚靠拢左脚步后，迅速将托底钣（95 式班用机枪托底）轻轻着地。其余要领同徒手。

（七）步法变换

步法变换，均从左脚开始。

齐步、正步互换，听到口令，右脚继续走 1 步，即换正步或者齐步行进。

齐步换跑步，听到预令，两手迅速握拳提到腰际，两臂前后自然摆动；听到口令即换跑步行进。

齐步换踏步，听到口令，即换踏步。

跑步换齐步，听到口令，继续跑 2 步，然后，换齐步行进。

跑步换踏步，听到口令，继续跑 2 步，然后换踏步。

踏步换齐步或者跑步，听到“前进”的口令，继续踏 2 步，再换齐步或者跑步行进。

（八）行进间转法

1. 齐步、跑步向右（左）转

口令：向右（左）转——走。

要领：左（右）脚向前半步（跑步时，继续跑 2 步，再向前半步），脚尖向右（左）约 45°，身体向右（左）转 90° 时，左（右）脚不转动，同时出右（左）脚按照原步法向新方向行进。

半面向右（左）转，按照向右（左）转走的要领转动 45°。

2. 齐步、跑步向后转走

口令：向后转——走。

要领：左脚向右脚前迈出约半步（跑步时，继续跑 2 步，再向前半步），脚尖向右约 45°，以两脚的前脚掌为轴，向后转 180°，出左脚按照原步法向新方向行进。

转动时，保持行进时的节奏，两臂自然摆动，不得外张；两腿自然挺直，上体保持正直。

（九）坐下、蹲下、起立

1. 坐　下

(1) 徒手坐下

口令：坐下。

要领：左小腿在右小腿后交叉，迅速坐下（坐凳子时，听到口令，左脚向左分开约一脚之长；女军人着裙服坐凳子时，两腿自然并拢），手指自然并拢放在两膝上，上体保持正直。

⑵ 携枪坐下

口令：枪靠右肩——坐下。

要领：携枪坐下时，两腿按照徒手坐下的要领进行，尔后枪靠右肩（枪面向右），右手自然扶贴护木，左手手指自然并拢，放在左膝上。肩冲锋枪、81 式自动步枪坐下时，听到预令，右手移握护木，使背带从肩上滑下，将枪取下。

携95 式自动步枪坐下时，听到“右手扶枪——坐下”的口令，两腿按照徒手坐下的要领进行，同时将枪置于右小腿前侧，枪身与地面垂直，枪面向后；右手自然扶握上护盖前端，左手手指自然并拢，放在左膝上。肩枪坐下时，听到预令，右手移握下护手前端，使背带从肩上滑下，将枪取下。

⑶ 携 40 火箭筒坐下

口令：筒靠右肩——坐下。

要领：携 40 火箭筒坐下时，两腿按照徒手坐下的要领进行，尔后筒靠右肩（筒面向左），右手自然扶握护板，左手手指自然并拢，放在左膝上。肩筒坐下时，听到预令，用右手腕的旋转力，迅速将筒转到右肩前，同时左手接握护板，右手移握提把，将筒取下。

⑷ 携便携式折叠写字椅坐下

要领：当听到“放凳子”的口令，左手将折叠写字椅提至身前交于右手，右手反握支脚上横杠，左手移握写字板和座板上沿，两手协力将支脚拉开；尔后上体右转，两手将折叠写字椅轻轻置于脚后，写字板扣手朝前，恢复立正姿势；当听到“坐下”的口令，迅速坐在折叠写字椅上。

使用折叠写字椅的靠背或者写字板时，应当按照“打开靠背”或者“打开写字板”的口令，调整折叠写字椅和坐姿；组合使用写字板时，根据需要确定组合方式和动作要领。

⑸ 背背囊（背包）坐下

要领：听到“放背囊（放背包）”的口令，两手协力解开上、下扣环，握背带；取下背囊（背包），上体右转，右手将背囊（背包）横放在脚后，背囊口向右（背包口向左）；按照口令坐在背囊（背包）上。携枪（筒）放背囊（背包）时，先置枪（架枪、筒），后放背囊（背包）。

2. 蹲　下

口令：蹲下。

要领：右脚退半步，前脚掌着地，臀部坐在右脚跟上（膝盖不着地），两腿分开约 60°，手指自然并拢放在两膝上，上体保持正直。蹲下过久，可以自动换脚。

持枪时，右手移握护木（冲锋枪、81 式自动步枪、40 火箭筒和 60 迫击炮的携带方法不变），左手手指自然并拢，放在左膝上。

3. 起　立

口令：起立。

要领：全身协力迅速起立，成立正姿势或者成持枪（炮）、肩枪（筒）立正姿势。

（十）脱帽、戴帽

1. 脱　帽

口令：脱帽。

要领：立姿脱帽时，双手捏帽檐或者帽前端两侧，将帽取下，取捷径置于左小臂，帽徽朝前，掌心向上，四指扶帽檐或者帽墙前端中央处，小臂略成水平，右手放下。

坐姿脱帽时，双手捏帽檐或者帽前端两侧，将帽取下，置于桌（台）面前沿左侧或者膝上（帽顶向上，帽徽朝前），也可以置于桌斗内。

戴贝雷帽脱帽不便放置时，将帽左右向内折叠，左手将左肩袢提起，右手将帽插入左肩袢下，帽顶向上，帽徽朝前。

2. 戴　帽

口令：戴帽。

要领：双手捏帽檐或者帽前端两侧，取捷径将帽迅速戴正。

携枪时，用左手脱、戴帽。

需夹帽时，双手捏帽檐或者帽前端两侧，取捷径将帽取下，左手握帽檐（女军人戴卷檐帽时，将四指并拢，置于下方帽檐与帽墙之间），小臂夹帽自然伸直，帽顶向左，帽徽朝前。

（十一）整理着装

口令：整理着装。

要领：双手（持自动步枪时，将枪夹于两腿间）从帽子开始，自上而下，将着装整理好。必要时，也可以相互整理。整理完毕，自行稍息。听到“停”的口令，恢复立正姿势。

二、敬 礼

敬礼分为举手礼、注目礼和举枪礼。

(一) 敬礼、礼毕

1. 敬　礼

(1) 举手礼

口令：敬礼。

要领：上体正直，右手取捷径迅速抬起，五指并拢自然伸直，中指微接帽檐右角前约 2 厘米处（戴无檐帽或者不戴军帽时微接太阳穴，与眉同高），手心向下，微向外张（约 20°），手腕不得弯曲，右大臂略平，与两肩略成一线，同时注视受礼者。

(2) 注目礼

要领：面向受礼者成立正姿势，同时注视受礼者，并目迎目送（左右转头角度不超过 45°）。

(3) 举枪礼（用于阅兵式或者执行仪仗任务）

口令：向右看——敬礼。

要领：右手将枪提到胸前，枪身垂直并对正衣扣线，枪面向后，离身体约 10 厘米，枪口与眼同高，大臂轻贴右肋同时左手接握表尺上方，小臂略平，大臂轻贴左肋；同时转头向右，注视受礼者，并目迎目送（右、左转头角度不超过 45°）。

2. 礼　毕

口令：礼毕。

要领：行举手礼者，将手放下；行注目礼者，将头转正；行举枪礼者，将头转正，右手将枪放下，使托前踵轻轻着地，同时左手放下，成持枪立正姿势。

(二) 单个军人敬礼

要领：单个军人在距受礼者 5 ~ 7 步处，行举手礼或者注目礼。徒手或者背枪时，停止间，应当面向受礼者立正，行举手礼，待受礼者还礼后礼毕；行进间（跑步时换齐步），转头向受礼者行举手礼（手不随头转动），并继续行进，左臂仍自然摆动，待受礼者还礼后礼毕。携带武器（除背枪）等不便行举手礼时，不论停止间或者行进间均行注目礼，待受礼者还礼后礼毕。

图 6–8　敬　礼

图 6–9　行进间敬礼

（三）分队、部队敬礼

1. 停止间敬礼

要领：当首长进到距本分（部）队适当距离时，指挥员下达“立正”的口令，跑步到首长前 5 ~ 7 步处敬礼。待首长还礼后礼毕，再向首长报告。如：“团长同志，×连正在进行队列训练，全连应到××名，实到××名，请指示，连长×××。”报告完毕，待首长指示后，答“是”，再敬礼。待首长还礼后礼毕，尔后跑步回到原来位置，下达“稍息”口令或者继续操练。

2. 行进间敬礼

要领：由带队指挥员按照单个军人行进间敬礼的规定实施，队列人员按照原步法行进。

三、分队的队列动作

（一）队列队形

队列的基本队形为横队、纵队、并列纵队。需要时可以调整为其他队形。队列人员之间的间隔（两肘之间）通常约 10 厘米，距离（前一名脚跟至后一名脚尖）约 75 厘米。需要时可以调整队列人员之间的间隔和距离。

1. 班的队形

班的基本队形，分为横队和纵队。需要时，可以成二列横队或者二路纵队。

(1) 摩托化步兵班的队形

摩托化步兵班通常按照班长、机枪射手、机枪副射手、自动步枪手或者狙击步枪手、火箭筒射手、火箭筒副射手、副班长的顺序列队，必要时也可以按照身高列队。

(2) 装甲步兵班的队形

装甲步兵班通常按照班长、机枪射手、机枪副射手、自动步枪手、火箭筒射手、火箭筒副射手、驾驶员、副驾驶员或者射手、副班长的顺序列队，必要时也可以按照身高列队。

2. 排的队形

排的基本队形，分为横队和纵队。

(1) 摩托化步兵排的队形、装甲步兵排的队形

排横队，由各班的班横队依次向后排列组成。

排纵队，由各班的班纵队依次向右并列组成。

(2) 排长的列队位置

横队时，在第一列基准兵右侧；纵队时，在队列中央前。

3. 连的队形

连的基本队形，分为横队、纵队和并列纵队。

(1) 摩托化（装甲）步兵连的队形

连横队，由各排的排横队依次向左并列组成。

连纵队，由各排的排纵队依次向后排列组成。

连并列纵队，由各排的排纵队依次向左并列组成。

连部和炊事班等，以二列（路）或者三列（路）组成相应的队形，位于本连队尾。

(2) 连指挥员的列队位置

横队、并列纵队时，位于一排长右侧，前列为连长、副连长，后列为政治指导员、副政治指导员；纵队时，位于一排长前，前列为连长、政治指导员，后列为副连长、副政治指导员（未编有副政治指导员时，后列中央为副连长）。

4. 营的队形

营的基本队形，分为横队、纵队和并列纵队。

(1) 摩托化步兵营的队形、装甲步兵营的队形

营横队，由各连的并列纵队依次向左并列组成。

营纵队，由各连的连纵队依次向后排列组成。

营并列纵队，由各连的连纵队依次向左并列组成。

营部将所属单位人员，编为三列（路）队形，按照编制序列列队。

营属炮兵连或者机枪连，参照摩托化步兵连的基本队形，按照编制序列列队。

(2) 营指挥员的列队位置

横队、并列纵队时，位于营部右侧，前列为营长、副营长，后列为政治教导员（编有副政治教导员时，为政治教导员、副政治教导员）；纵队时，位于营部前，前列为营长、政治教导员，后列中央为副营长（编有副政治教导员时，后列为副营长、副政治教导员）。

5. 团的队形

团的基本队形，分为营横队的团横队、营并列纵队的团横队和团纵队。

(1) 摩托化步兵团的队形、机械化步兵团的队形

营横队的团横队，由各营的营横队依次向左并列组成。

营并列纵队的团横队，由各营的营并列纵队依次向左并列组成。

团纵队，由各营的营纵队依次向后排列组成。

团机关按照司令部、政治处、后勤处、装备处的序列，根据团队形性质，司令部编为三列（路），政治处和后勤处各编为二列（路），装备处编为一列（路）队形列队。

团属炮兵（坦克）营、连和直属各连，应当采用同摩托化（装甲）步兵营、连相应的队形，按照编制序列列队；团后勤分队和装备分队，以建制为基础，根据团队形性质，按照三列（路）队形进行编组，位于本团队尾。

(2) 团指挥员的列队位置

各种队形中，团指挥员成二路。横队时，位于团机关右侧，右路为团长、副团长（编有副政治委员时，为团长、副团长、参谋长），左路为政治委员、参谋长（编有副政治委员时，为政治委员、副政治委员）；纵队时，位于团机关前，左路为团长、副团长（编有副政治委员时，为团长、副团长、参谋长），右路为政治委员、参谋长（编有副政治委员时，为政治委员、副政治委员）。

(二) 集合、离散

1. 集　合

集合是使单个军人、分队、部队按照规范队形聚集起来的一种队列动作。

集合时，指挥员应当先发出预告或者信号，如“全连（或 × 排）注意”，然后，站在预定队形的中央前，面向预定队形成立正姿势，下达“成 × × 队——集合”的口令。所属人员听到预告或信号，原地面向指挥员成立正姿势；听到口令，

跑步到指定位置面向指挥员集合（在指挥员后侧的人员，应当从指挥员右侧绕过），自行对正、看齐，成立正姿势。

(1) 班集合

口令：成班横队（二列横队）——集合。

要领：基准兵迅速到班长左前方适当位置，成立正姿势；其他士兵以基准兵为准，依次向左排列，自行看齐。

成班二列横队时，单数士兵在前，双数士兵在后。

口令：成班纵队（二路纵队）——集合。

要领：基准兵迅速到班长前方适当位置，成立正姿势；其他士兵以基准兵为准，依次向后排列，自行对正。

成班二路纵队时，单数士兵在左，双数士兵在右。

(2) 排集合

口令：成排横队——集合。

要领：基准班在指挥员前方适当位置，成班横队迅速站好；其他班成班横队，以基准班为准，依次向后排列，自行对正、看齐。

口令：成排纵队——集合。

要领：基准班在指挥员右前方适当位置，成班纵队迅速站好；其他班成班纵队以基准班为准，依次向右排列，自行对正、看齐。

(3) 连集合

口令：成连横队——集合。

要领：队列内的连指挥员或者基准排，在指挥员左前方适当位置，成横队迅速站好；各排和连部成横队，以连指挥员或者基准排为准，依次向左排列，自行对正、看齐。

口令：成连纵队——集合。

要领：队列内的连指挥员或者基准排，在指挥员前方适当位置，成纵队迅速站好；各排和连部成纵队，以连指挥员或者基准排为准，依次向后排列，自行对正、看齐。

(4) 营集合

营集合，通常规定集合的时间、地点、方向、队形、基准分队以及应当携带的武器、器材和装具等事项。

各连按照营的规定，由连长整队带往营的集合地点，随即向基准分队取齐，然后，跑步到距主持集合的指挥员 5 ~ 7 步处报告人数。例如：“营长同志，×连应到××名，实到××名，请指示。”

营长以口令指挥集合时，参照集合的有关规定实施。

(5) 团集合，参照营集合的规定实施。

2. 离 散

离散是使队列的单个军人、分队、部队各自离开原队列位置的一种队列动作。

(1) 离 开

口令：各营（连、排、班）带开（带回）。

要领：队列中的各营（连、排、班）指挥员带领本队迅速离开原列队位置。

(2) 解 散

口令：解散。

要领：队列人员迅速离开原队列位置。

(三) 整齐、报数

1. 整 齐

整齐是使队列人员按规定的间隔、距离，保持行、列齐整的一种队列动作。整齐分为向右（左）看齐和向中看齐。

口令：向右（左）看——齐；向前——看。

要领：基准兵不动，其他士兵向右（左）转头（持枪时，听到预令，迅速将枪稍提起，看齐后自行放下），眼睛看右（左）邻士兵腮部，前四名能通视基准兵，自第五名起，以能通视到本人以右（左）第三人为度。后列人员，先向前对正，后向右（左）看齐。听到“向前——看”的口令，迅速将头转正，恢复立正姿势。

口令：以 × × × 为准，向中看——齐；向前——看。

要领：当指挥员指定“以 × × × 为准（或者以第 × 名为准）”时，基准兵答“到”，同时左手握拳高举，大臂前伸与肩略平，小臂垂直举起，拳心向右。听到“向中看——齐”的口令后，其他士兵按照向右（左）看齐的要领实施。听到“向前——看”的口令后，基准兵迅速将手放下，其他士兵迅速将头转正，恢复立正姿势。一路纵队看齐时，可以下达“向前——对正”的口令。

2. 报 数

口令：报数。

要领：横队从右至左（纵队由前向后）依次以短促洪亮的声音转头（纵队向左转头）报数，最后一名不转头。数列横队时，后列最后一名报“满伍”，或“缺 × 名”。连集合时，由指挥员下达“各排报数”的口令，各排长在队列内向指挥员报告人数，如“第 × 排到齐”或者“第 × 排实到 × × 名”。

必要时，连也可以统一报数。

要领：连实施统一报数时，各排不留间隔，要补齐，成临时编组的横队队形。报数前，连指挥员先发出“看齐时，以一排长为准，全连补齐”的预告，尔后下达“向右看——齐”口令，待全连看齐后，再下达“向前——看”和“报数”的口令，报数从一排长开始，后列最后一名报“满伍”或者“缺 × 名”。

(四) 出列、入列

单个军人和分队出、入列通常用跑步（5 步以内用齐步，1 步用正步），或者按照指挥员指定的步法执行；然后，进到指挥员右前侧适当位置或者指定位置，面向指挥员成立正姿势。

1. 单个军人出列、入列

(1) 出　列

口令：× × ×（或者第 × 名），出列。

要领：出列军人听到呼点自己姓名或者序号后应当答“到”，听到“出列”的口令后，应当答“是”。

位于第一列（左路）的军人，按照本条上述规定，取捷径出列。

位于中列（路）的军人，向后（左）转，待后列（左路）同序号的军人向右后退 1 步（左后退 1 步）让出缺口后，按照本条的上述规定从队尾（纵队时从左侧）出列；位于“缺口”位置的军人，待出列军人出列后，即复原位。

位于最后一列（右路）的军人出列，先退 1 步（右跨 1 步），然后，按照本条有关规定从队尾出列。

(2) 入　列

口令：入列。

要领：听到“入列”口令后，应当答“是”，然后，按照出列的相反程序入列。

2. 班（排）出列、入列

(1) 出　列

口令：第 × 班（排），出列。

要领：听到“第 × 班（排）”的口令后，由出列班（排）的指挥员答“到”，听到“出列”的口令后，由出列班（排）的指挥员答“是”，并用口令指挥本班（排），按照本条的有关规定，以纵队形式从队尾（位于第一列的班取捷径）出列。

(2) 入　列

口令：入列。

要领：听到“入列”的口令后，由入列班（排）指挥员答“是”，并用口令指挥本班（排），以纵队形式从队尾（位于第一列的班取捷径）入列。

（五）行进、停止

横队和并列纵队行进以右翼为基准，纵队行进以左翼为基准（一路纵队行进以先头为基准）。

1. 行　进

指挥员应当下达“× 步——走”的口令。听到口令，基准兵向正前方前进，其他士兵向基准翼标齐，保持规定的间隔、距离行进。纵队行进时，排、连通常成三路纵队，也可以成一、二路纵队。行进中，需要时，用“一二一”（调整步伐的口令）、“一二三四”（呼号）或者唱队列歌曲，以保持步伐的整齐和振奋士气。

2. 停　止

指挥员应当下达“立——定”的口令。听到口令，按照立定的要领实施，分队的动作要整齐一致。停止后，听到“稍息”的口令，先自行对正、看齐，再稍息。

（六）队形变换

队形变换是由一种队形变为另一种队形的队列动作。

1. 横队和纵队的互换

（1）横队变纵队

停止间口令：向右——转；行进间口令：向右转——走。

（2）纵队变横队

停止间口令：向左——转；行进间口令：向左转——走。

要领：停止间，按照单个军人向右（左）转的要领实施；行进间，按照单个军人向右（左）转走的要领实施。分队动作要整齐一致。队形变换后，排以上指挥员应当进到规定的列队位置。

2. 停止间班横队和班二列横队，班纵队和二路纵队互换

（1）班横队变班二列横队

口令：成班二列横队——走。

要领：变换前，先报数。听到口令，双数士兵左脚后退 1 步，右脚（不靠拢左脚）向右跨 1 步，左脚向右脚靠拢，站到单数士兵之后，自行对正、看齐。

（2）班二列横队变班横队

口令：间隔 1 步，向左离开；成班横队——走。

要领：听到“间隔1步，向左离开”的口令，取好间隔；听到“成班横队——走”的口令，双数士兵左脚左跨1步，右脚（不靠拢左脚）向前1步，左脚向右脚靠拢，站到单数士兵左侧，自行看齐。

(3) 班纵队变班二路纵队

口令：成班二路纵队——走。

要领：变换前，先报数。听到口令，双数士兵右脚右跨1步，左脚（不靠拢右脚）向前1步，右脚向左脚靠拢，站到单数士兵右侧，自行对正、看齐。

(4) 班二路纵队变班纵队

口令：距离2步，向后离开；成班纵队——走。

要领：听到“距离2步，向后离开”的口令，取好距离；听到“成班纵队——走”口令，双数士兵右脚后退1步，左脚（不靠拢右脚）站到单数士兵之后，自行对正。

3. 连纵队和连并列纵队的互换

(1) 连纵队变连并列纵队

停止间口令：成连并列纵队，齐步——走。

行进间口令：成连并列纵队——走。

要领：连指挥员或者基准排踏步，其他排和连部逐次进到连指挥员或者基准排左侧踏步并取齐，然后，听口令前进或者停止。

连、排指挥员位置的变换方法：听到口令，连长左脚继续踏1步，右脚向右前1步，进到政治指导员前方仍踏步，政治指导员继续踏步，副连长向前2步（未编有副政治指导员时，副连长向左前2步），进到连长左侧，副政治指导员向左前1步，进到政治指导员左侧，排长、司务长进到预定列队位置，继续踏步并取齐。

(2) 连并列纵队变连纵队

停止间口令：成连纵队，齐步——走。

行进间口令：成连纵队——走。

要领：连指挥员或者基准排照直前进，其他排和连部停止间和行进间均踏步，待连指挥员或者基准排离开原位后，各排按照排长、连部和炊事班按照司务长的口令依次跟进。

连、排指挥员位置的变换方法：听到口令，连长向左前1步，进到副连长前方踏步，政治指导员向前2步，进到连长右侧继续踏步，副政治指导员向右前1步，进到副连长右侧继续踏步（未编有副政治指导员时，副连长右跨半步并踏步），排长、司务长进到预定列队位置继续踏步，取齐后照直前进。

4. 营横队（营并列纵队）和营纵队互换

(1) 营横队（营并列纵队）变营纵队

停止间口令：成营纵队，齐步——走。

行进间口令：成营纵队——走。

要领：营指挥员或者营部照直前进，各连按照连长的口令变为连纵队，依次跟进。营并列纵队变为营纵队，营指挥员或者营部照直前进，各连按照连长的口令依次跟进。

(2) 营纵队变营横队（营并列纵队）

停止间口令：成营横队（营并列纵队），齐步——走。

行进间口令：成营横队（营并列纵队）——走。

要领：营指挥员或者营部踏步，各连依次进到营部左侧变为连并列纵队踏步，并向基准分队取齐，然后，听口令前进或者停止。营纵队变为营并列纵队，营指挥员或者营部踏步，各连依次进到营部左侧踏步，并向基准分队取齐，然后，听口令前进或者停止。

(3) 营指挥员位置的变换方法，按照连、排的有关规定实施。

5. 团的队形变换，参照营队形变换的规定实施。

（七）方向变换

方向变换是改变队列面对的方向的一种队列动作。

1. 横队和并列纵队方向变换

停止间，通常是左（右）转弯或者左（右）后转弯，必要时可以向后转。

停止间口令：左（右）转弯，齐（跑）步——走；左（右）后转弯，齐（跑）步——走；向后——转，齐（跑）步——走（当需要向后转走时，应当先下“向后——转”的口令，待方向变换后，再下“齐（跑）步——走”的口令。

行进间口令：左（右）转弯——走；左（右）后转弯——走。

要领：一列横队方向变换时，轴翼士兵踏步，并逐渐向左（右）转动；外翼第一名士兵用大步行进并同相邻士兵动作协调，逐步变换方向（愈接近轴翼者，其步幅愈小），其他士兵用眼睛的余光向外翼取齐，并保持规定的间隔和排面整齐，转到90° 或者180° 时踏步并取齐，听口令前进或者停止。

2. 纵队方向变换

停止间，通常是左（右）后转弯，必要时可以向后转。

停止间口令：左（右）转弯，齐（跑）步——走；左（右）后转弯，齐（跑）步——

走；向后——转，齐（跑）步——走（按照横队和并列纵队向后转走的方法实施）。

行进间口令：左（右）转弯——走，或者左（右）后转弯——走。

要领：一路纵队方向变换时，基准兵在左（右）转弯时，按照单个军人行进间转法（停止间，左转弯走时，左脚先向前一步）的要领实施，在左（右）后转弯时，用小步边行进边变换方向，转到 90° 或者 180° 后，照直前进；其他士兵逐次进到基准兵的转弯处，转向新方向跟进。

数路纵队方向变换时，按照数列横队和并列纵队方向变换的要领实施。

第三节　阅　兵

国防教育警句

珍爱和平，勿忘国防。

一、阅兵权限和阅兵形式

（一）阅兵权限

阅兵，由党和国家领导人，中央军事委员会主席、副主席、委员，以及团以上部队军政主要首长或者被上述人员授权的其他领导和首长实施。通常由 1 人检阅。

（二）阅兵形式

阅兵，分为阅兵式和分列式。通常进行两项，根据需要也可以只进行一项。

二、阅兵程序

阅兵分为上级首长检阅和本级首长检阅。当上级首长检阅时，由本级军事首长任阅兵指挥；当本级军政主要首长检阅时（由 1 人检阅，另 1 名位于阅兵台或者队列中央前方适当位置面向部队），由副部队长或者参谋长任阅兵指挥。步兵团阅兵程序是：

（一）迎军旗

迎军旗在阅兵式开始前进行。基本程序：

将展开的军旗持入队列时，部队应当整队举行迎军旗仪式。摩托化步兵团迎军旗时，通常成营横队的团横队，特殊情况下，可以由机关和指定的分队参加，按照部队首长临时规定队形列队。

摩托化步兵团迎军旗时，主持迎军旗的指挥员下达“立正”“迎军旗”的口令，听到口令后，掌旗员（扛旗）、护旗兵齐步行进，当由正前或者左前方向本团右翼进至距队列40～50步时，主持迎军旗的指挥员下达“向军旗——敬礼——”的口令，听到口令后，位于指挥位置和阅兵台的军官行举手礼，其余人员行注目礼；掌旗员（由扛旗换端旗）、护旗兵换正步，取捷径向本团右翼排头行进，当超过团机关队形时，主持迎军旗的指挥员下达“礼毕”口令，部队礼毕；掌旗员（由端旗换扛旗）、护旗兵换齐步。军旗进至团指挥员右侧3步处时，左后转弯立定，成立正姿势。

（二）阅兵式

团阅兵式的队形，通常为营横队的团横队，或者由团首长临时规定。列队时，各枪手、炮手分别持枪（95式自动步枪手、冲锋枪手挂枪）、持炮，40火箭筒手肩筒。必要时，可以架枪、架炮。阅兵式程序：

1. 阅兵首长接受阅兵指挥报告

当阅兵首长行至本团队列右翼适当距离时或者在阅兵台就位后（当上级首长检阅时，通常由团政治委员陪同入场并陪阅），阅兵指挥在队列中央前下达“立正”的口令，随后跑到距阅兵首长5～7步处敬礼，待阅兵首长还礼后礼毕并报告。如：“师长同志，摩托化步兵第 × 团列队完毕，请您检阅。”报告后，左跨1步，向右转，让首长先走，尔后在其右后侧（当上级首长检阅时，团政治委员在团长右侧）跟随陪阅。

2. 阅兵首长向军旗敬礼

阅兵首长行至距军旗适当位置时，应立正向军旗行举手礼（陪阅人员面向军旗，行注目礼）。

3. 阅兵首长检阅部队

当阅兵首长行至团机关、各营部、各连及后勤分队、装备分队队列右前方时，团机关由副团长或参谋长，各营部由营长，各连由连长，后勤分队和装备分队由团指定的指挥员下达“敬礼”的口令。听到口令后，位于指挥位置的军官行举手礼，其余人员行注目礼，目迎目送首长（左、右转头不超过45°）；阅兵首长应当还礼，陪阅人员行注目礼。当首长问候：“同志们好!”或者“同志们辛苦了!”，队列人员应当齐声洪亮地回答：“首——长——好!”或者“为——人民——服务!”，当首长通过后，指挥员下达“礼毕”的口令，队列人员行礼毕。

4. 阅兵首长上阅兵台

阅兵首长检阅完毕后上阅兵台，阅兵指挥跑步到队列中央前，下达“稍息”口令，队列人员稍息。当上级首长检阅时，团政治委员陪同首长上阅兵台，然后跑步到自己的列队位置。

（三）分列式

团分列式队形由团阅兵式队形调整变换，或者由团首长临时规定。团分列式应当设四个标兵。一、二标兵之间，三、四标兵之间的间隔各为15米，二、三标兵之间的间隔为40米。标兵应携带自动步枪，并在枪上插标兵旗。

班用机枪手、狙击步枪手托枪，81式自动步枪手提枪，95式自动步枪手、冲锋枪手挂枪，40火箭筒手托筒，重机枪手扛枪，迫击炮手、无坐力炮手扛炮（通常成结合状态）。

分列式程序：

1. 标兵就位

分列式开始前，阅兵指挥在队列中央前，下达“立正”、“标兵，就位”的口令。标兵听到口令，成一路纵队持（托）枪跑步到规定的位置，面向部队成持枪立正姿势。

2. 调整部（分）队为分列式队形

标兵就位后，阅兵指挥下达“分列式，开始”的口令，尔后，跑步到自己的列队位置。听到口令后，各分队按规定的方法携带武器（掌旗员扛旗），团、营指挥员分别进到团机关和营部的队列中央前，各分队指挥员进到本分队队列中央前，下达“右转弯，齐步——走”的口令，指挥分队变换成分列式队形。

3. 开始行进

变换成规定的分列式队形后，团机关由副团长或者参谋长下达“齐步——走”口令。听到口令后，团指挥员、团机关人员齐步前进。其余分队依次待前一分队离开约15米时，分别由营、连长及后勤分队、装备分队指挥员下达“齐步——走”的口令，指挥本分队人员前进。

4. 接受首长检阅

各分队行至第一标兵处，将队列调整好；进到第二标兵处，掌旗员下达“正步——走”的口令，并和护旗兵同时由齐步换正步，扛旗换端旗（掌旗员和护旗兵不转头）。此时，阅兵首长和陪阅人员应当向军旗行举手礼。副团长或者参谋长和各分队指挥员分别下达“向右——看”的口令，队列人员听到口令后（可喊“一、二”），按照规定换正步（81式自动步枪手换端枪）行进，并在左脚着地的同时向右转头（位于指挥位置的军官行举手礼，并向右转头，各列右翼第一名不转头）不超过45°注视阅兵首长，此时，阅兵台最高首长行举手礼。

进到第三标兵处，掌旗员下达“齐步——走”的口令，并与护旗兵由正步换齐步，同时换扛旗；其他分队由上述指挥员分别下达“向前——看”的口令，队列人员听到口令后，在左脚着地时礼毕（将头转正），同时换齐步（81式自动步枪手换提枪）行进。

当上级首长检阅时，团长和团政治委员通过第三标兵后，到阅兵首长右侧陪阅。各分队通过第四标兵，换跑步到指定的位置。待最后一个分队通过第四标兵，阅兵指挥兵式下达“标兵，撤回”的口令，标兵按照相反顺序跑步撤至预定位置。

（四）阅兵首长讲话

分列式结束后，阅兵指挥调整好队形，请阅兵首长讲话。讲话完毕，阅兵指挥下达“立正”口令，向阅兵首长报告阅兵结束。当上级首长检阅时，由团政治委员陪同阅兵首长离场。

（五）送军旗

送军旗在阅兵首长讲话后或者分列式结束后进行。

摩托化步兵团送军旗时，主持送军旗的指挥员下达“立正”、“送军旗”的口令。听到口令后，掌旗员（成扛旗姿势）、护旗兵按照迎军旗路线相反方向齐步行进。军旗出列后行至团机关队形右侧前时，主持送军旗的指挥员下达“向军旗——敬礼——”的口令。听到口令后，掌旗员（由扛旗换端旗）、护旗兵换正步，全团按照迎军旗的规定敬礼。当军旗离开距队列正面40～50步时，主持送军旗的指挥员下达“礼毕”的口令，部队礼毕；掌旗员（由端旗换扛旗）、护旗兵换齐步，返回原出发位置。

●思考题

1. 什么是共同条令？
2. 落实共同条令的要求是什么？
3. 队列动作训练的一般要求是什么？

第七章　轻武器射击

网站链接

◎中国武器大全网

◎中国军工网

教学目标

了解武器的战斗性能和基本射击理论，掌握半自动步枪射击的动作要领，完成第一练习实弹射击。

第一节　轻武器常识

国防教育警句

国防连着你我他，平安维系千万家。

轻武器，亦称轻兵器，是指单个士兵携带和使用的武器，是用于近距离内消灭敌人有生力量的工具。现装备的轻武器，可分为手枪、步枪、冲锋枪、机枪、火箭筒和榴弹发射器等。本节主要介绍我军目前最常用的81式自动步枪、56式半自动步枪和56式冲锋枪的基本常识及射击操作方法。

一、性能、构造与自动原理

（一）81 式自动步枪

81 式自动步枪是一种近距离消灭敌人的自动武器，既可对 400 米距离内的单个人员目标实施有效射击，也可集中火力射击 500 米距离内的集团目标，弹头飞行至 1500 米处仍有杀伤力。该枪使用 7.62 毫米的子弹，既可进行半自动射击（打单发），又可进行自动射击（打连发），还可发射枪榴弹。弹匣可装 30 发子弹，当弹匣的最后一发子弹发射出去时，滑机退回到后面挂机。该武器在 100 米距离上，使用 56 式普通子弹，可穿透 6 毫米的钢板、15 厘米厚的砖墙、30 厘米厚的土层或 40 厘米厚的木板。

81 式自动步枪主要由十大部件组成：刺刀（匕首）、枪管、瞄准具、导气装置、机匣、枪机、复进机、击发机、弹匣和枪托，另有一套附品。

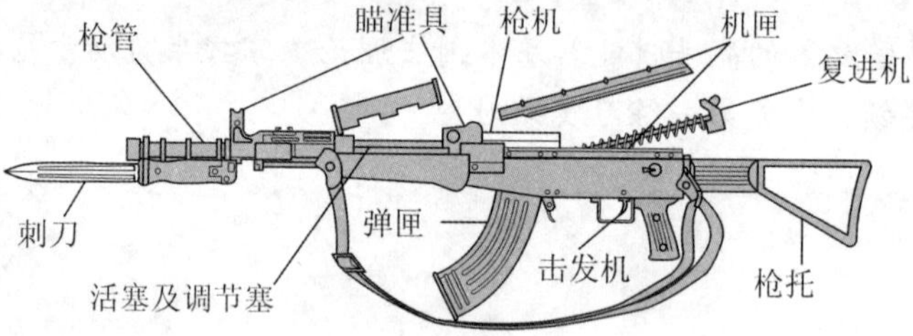

图 7–1　81 式自动步枪十大部件

（二）56 式半自动步枪

56 式半自动步枪是我军步兵分队装备较早的一种半自动轻武器，主要用于对 400 米距离以内的单个目标实施射击，精度较好。该枪使用 7.62 毫米子弹，弹仓（内装 10 发）送弹，每扣动扳机一次，发射一发子弹，不能打连发，当弹仓的最后一发子弹发射出去时，滑机退回至后面挂机。其侵彻力同 81 式自动步枪。该枪由十大部组成，其各部件的名称同 81 式自动步枪。

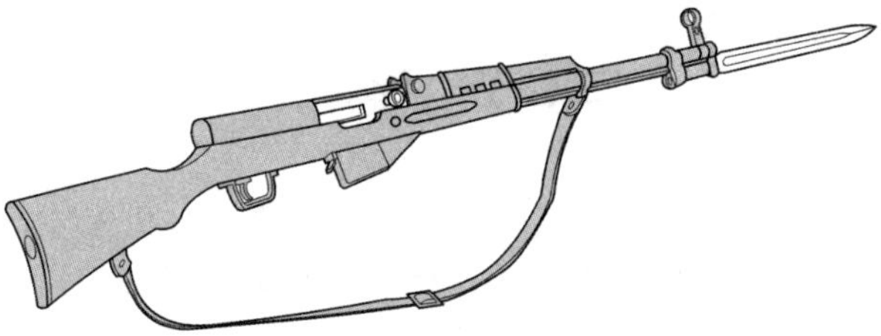

图 7–2　56 式半自动步枪

（三）56 式冲锋枪

56 式冲锋枪是我军装备较早的一种近战消灭敌人的自动武器。对单个目标在 300 米距离内实施点射，在 400 米距离内实施单发射效果最好，必要时也可实施连发射，射弹飞行到 1500 米处仍有杀伤力。该枪使用 7.62 毫米子弹，弹匣（内装 30 发）送弹，子弹射完后不挂机。其侵彻力同 81 式自动步枪。该枪由十大部件组成，其各部件的名称同 81 式自动步枪。

图 7–3　56 式冲锋枪

（四）自动原理

扣扳机后，击锤打击击针，撞击子弹底火，点燃发射药，产生火药气体，推动弹头沿膛线向前运动，弹头一经过导气孔，部分火药气体通过导气孔，涌入导气箍，冲击活塞，推动推杆，使枪机向后压缩复进簧，完成开锁、抛壳，并使击锤成待发状态；枪机退到后方时，由于复进簧的伸张，使枪机向前运动，推送下一发子弹入膛、闭锁；半自动步枪，由于此时击锤已被击发阻铁卡住，不能向前打击击针。若再次发射，必须松开扳机，再扣扳机。冲锋枪（自动步枪）如保险机定在连发位置，扳机未松开，击发阻铁不能卡住击锤，击锤再次打击击针，形成连发；如保险机定在单发位置，击锤被单发阻铁卡住不能向前，若再次发射，必须松开扳机，再扣扳机。

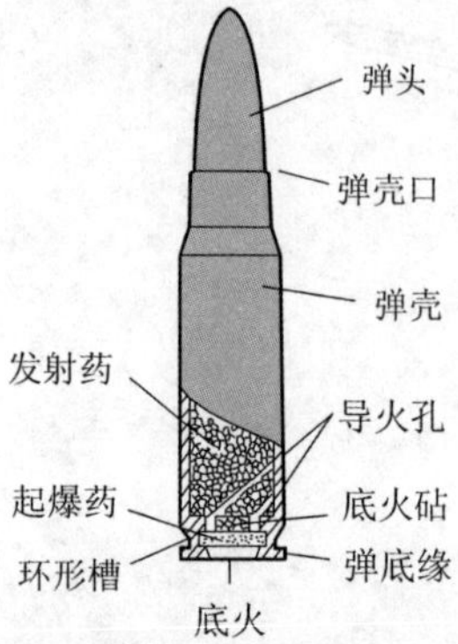

图 7-4 子弹构造

二、子 弹

枪与子弹是不可分离的有机整体，二者互为条件才能发挥作用。子弹，主要由弹头、弹壳、底火和发射药四部分组成。

子弹的种类比较多，常用的有：普通弹，用以杀伤敌人的有生力量；曳光弹，主要用以试射和指示目标以及作信号用，曳光距离可达 800 米，命中干草能起火，弹头头部为绿色；燃烧弹，主要用以引燃易燃物体，弹头头部为红色；穿甲燃烧弹，主要用以射击飞机和轻装甲目标（在 200 米距离上穿甲厚度为 7 毫米），并能在穿透装甲后引燃汽油，弹头头部为黑色并有一道红圈。

除此之外，还有空包弹、教练弹、空炸弹等训练用的辅助弹。

三、保 养

要保养好武器装备必须做到“两勤四不”，即勤检查、勤擦拭，不碰摔、不生锈、不损坏、不丢失。

(一) 检 查

检查武器外部是否有污垢、锈痕和碰伤，尤其是准星和表尺是否弯曲和松动；检查枪膛内是否有污垢、生锈和损伤；检查各机件运行是否灵活，有无锈痕和损坏，要特别检查击针；检查附品是否齐全完好，子弹有无锈蚀、凹陷、裂缝和松动。

(二) 擦 拭

正常情况下，每周至少擦拭一次。实弹射击后应用油布将武器认真擦拭干净并上油，在以后的三四天内应每天擦拭一次，训练、演习后，应用干布和油布进行擦拭。擦拭后，可将武器放在通风干燥处晾干，严禁火烤和暴晒。

擦拭前，应分解武器。分解前必须验枪。按顺序和要领进行，不要强敲硬卸；分解下来的机件应按次序放在干净的物体上；除所规定的分解内容外，不准分解其他机件。其分解步骤是：

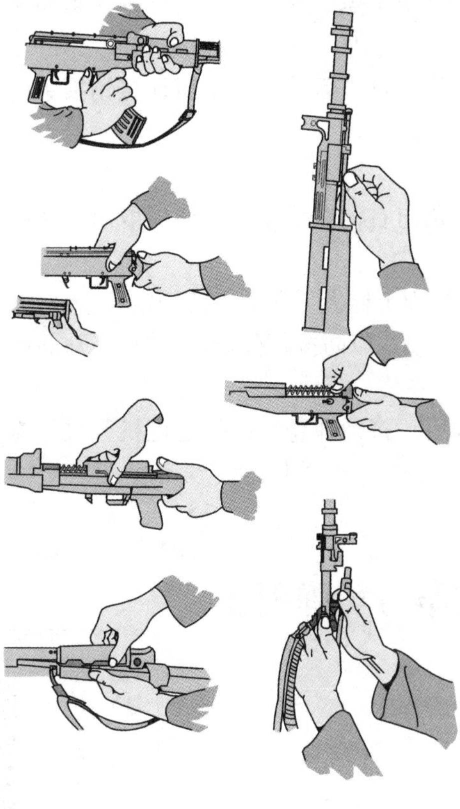

图 7–5　81 式自动步枪（56 式冲锋枪）的分解

1. 81 式自动步枪、56 式冲锋枪分解结合

（1）卸下弹匣。左手握护木，枪面稍向左，右手握弹匣，拇指按压弹匣榫（也可右手掌心向上握弹匣，以手掌的肉厚部分推压卡榫），前推取下。

（2）拔出通条和取出附品筒。左手握护木，右手向外向上拔出通条。然后用食指顶开附品筒巢盖，取出附品筒，并从附品筒内取出附品。

（3）卸下机匣盖。左手握枪颈，以拇指按压机匣盖卡榫，右手将机匣盖上提取下。

（4）抽出复进机。左手握枪颈，右手拇指、食指捏住导管座向前推，使其脱离凹槽，向后抽出复进机。

（5）取出枪机。左手握枪颈，右手打开保险，拉枪机向后到定位，向上取出。左手转压机体向后，使导榫脱离导榫槽，再向前取出机体。

（6）卸下护盖。右手握表尺座下方护木，左手拉出左表尺轮转动，使“0”码和“1”码平面的交接棱边对准表尺座上的定位点，而后移握下护木，右手向上卸下护盖。（56 式冲锋枪卸下活塞筒左手握下护木，右手扳固定栓扳和向上，使固定栓平面垂直，移握上护木后端，向上卸下活塞筒）。

（7）卸下调节塞和活塞。左手握下护木，右手向左（向右）转动调节塞至极限位置，将调节塞向后拉，压缩活塞簧使调节塞从导气箍中脱出，卸下调节塞和活塞，将活塞与活塞簧分开。

结合时，按分解的相反顺序进行。结合后，拉送枪机数次，检查机件结合是否正确。扣扳机，关保险。

2. 56 式半自动步枪分解结合

（1）拔出通条和取出附品筒。左手握护木，右手向下向外拉开枪刺约成 45 度，拔出通条，折回枪刺。然后，用食指顶开附品筒巢盖，取出附品筒，并从附品筒内取出附品。

(2) 卸下机匣盖。左手握枪颈，拇指抵住机匣盖后端，右手扳连接销扳手向上成垂直状态，再向右拉到定位，响后卸下机匣盖。

(3) 抽出复进机。右手向后抽出复进机。

(4) 取下枪机。左手握下护木，使枪面稍向右，右手拉枪机向后取出。然后将机栓和机体分开。

(5) 卸下活塞筒。左手握下护木，右手扳固定栓扳手向上，使固定栓平面垂直，向上卸下活塞筒（将固定栓扳手扳回或保持不动，以防推杆弹出）。然后，从筒内取出活塞。

结合时，按分解的相反顺序进行。结合后，打开弹仓盖，拉送枪机数次，检查机件结合是否正确。关上弹仓盖，打开保险，扣扳机，关保险。

第二节　武器操作与实弹射击

> **国防教育警句**
> 世界一日不太平，国防一刻不放松。

一、验枪及射击准备

(一) 验　枪

验枪就是检查枪的弹膛、弹匣、弹盒和教练弹中有无实弹。在使用武器前后及必要时均应验枪。验枪时，严禁枪口对人。

听到“验枪”口令后，以右脚掌为轴，身体半面向右转，左脚顺势向前迈出一步(两脚约与肩同宽)，同时右手移握护木将枪向前送出（半自动步枪右手将枪向前送出），左手接握下护木，左大臂紧靠左肋，枪托贴于右胯，准星约与肩同高，右手打开保险，卸下弹匣（半自动步枪打开弹仓），交给左手握于护木右侧，弹匣口向后、挂耳向下，右手移握机柄。当指挥员检查时，拉枪机向后，验过后，自行送回枪机，装上弹匣（半自动步枪关上弹仓），扣扳机，关保险，移握枪颈。

听到“验枪完毕”口令后，左手反握护木，将枪倒置于胸前，上背带环约与肩同高，右手挑起背带，身体半面向左转，在右脚靠拢左脚的同时，两手协力将枪送上右肩，恢复背枪姿势（半自动步枪右手握上护木，成持枪立正姿势）。

（二）射击准备

射击准备主要包括向弹匣（夹）内装填子弹和采取各种射击姿势装退子弹。

1. 向弹匣（夹）内装子弹

射击前，应正确地向弹匣（夹）内装子弹。装弹时，左手握弹匣，使弹匣口向上，挂耳向前，右手将子弹放于弹匣口，两手协力将子弹压入弹匣内（半自动步枪向弹夹上装弹）。

2. 卧姿装退子弹

听到“卧姿装子弹”的口令后，右手移握护木，使枪口向前（背带从肩上脱下），左脚向右脚前迈出一大步（也可右脚顺脚尖方向迈出一大步），左臂伸出，稍向内弯，掌心向下（手指稍向右）撑地顺势卧倒，以身体左侧，左肘支持全身。右手将枪向目标方向送出，左手接握下护木，枪面稍向左，枪托着地，右手卸下空弹匣（弹匣口朝后、挂耳向下），交给左手握于护木右侧（半自动步枪右手拉枪机到定位），解开弹袋扣，换上实弹匣，将空弹匣装入弹袋内并扣好（半自动步枪将子弹夹插入弹夹槽，用食指或拇指将子弹压入弹仓，抽出弹夹），拇指打开保险，拉枪机送子弹上膛，关上保险。右手定复表尺，然后移握把（半自动步枪移握枪颈），全身伏地，两脚分开约与肩同宽，目视前方，准备射击。

图 7-6　卧姿装子弹

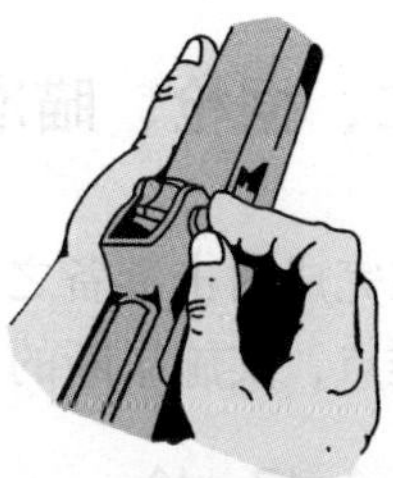

图 7-7　装定表尺

射击完毕，听到“退子弹起立”的口令后，身体稍向左侧，右手卸下实弹匣交给左手（半自动步枪打开弹仓，接住落下的子弹，装入弹袋），打开保险，拇指慢拉枪机向后，余指接住从膛内退出的子弹，送回枪机，将子弹压入弹匣内，解开弹袋扣，换上空弹匣，把实弹匣装入弹袋内并扣好，扣扳机，关保险，表尺分划归“3”，

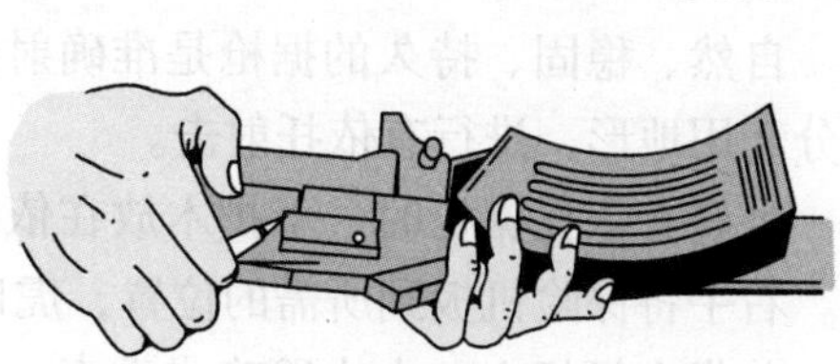

图 7-8　接住退出的子弹

右手移握护木，将枪收回，同时左小臂向里合，屈左腿于右腿下以左手和两脚撑起身体，右脚向前一大步，左脚再向前一步，左手反握护木，将枪倒置于胸前，右手挑起背带，在右脚靠拢左脚的同时，两手协力将枪送上右肩，恢复肩枪姿势。

3. 跪姿装退子弹

听到“跪姿装子弹”的口令后，右手移握上护木，使枪口向前（背带从肩上脱下），左脚向前方迈出一步，右手将枪向目标方向送出，左手接握下护木，同时右膝向右跪下，臀部坐在右脚跟上（或右小腿上），左小腿略垂直，两腿约成 90 度，左小臂放在左大腿上，枪面稍向左，准星约与肩同高。然后，按要领（56 式冲锋枪先打开枪刺）换上实弹匣，打开保险，送子弹上膛，关保险，定表尺，右手握把，目视前方，准备射击。

退子弹起立的要领除身体位置不同，其他动作与卧姿大体相同。

4. 立姿装退子弹

听到“立姿装子弹”的口令后，右手移握上护木，左脚向前方迈出一步，两脚分开约与肩同宽，右手将枪向目标方向送出（背带从肩上脱下）。左手接握下护木，左大臂紧靠左肋，枪托贴于右胯，准星约与肩同高，然后按要领（56 式冲锋枪先打开枪刺）换上实弹匣，打开保险，送子弹上膛，关保险，定表尺，右手握把，目视前方，准备射击。

立姿退子弹的要领除身体位置不同，其他动作与卧姿大体相同。

二、据枪、瞄准、击发

在完成射击准备之后，一旦发现目标，就应正确地据枪，快速构成瞄准线，指向瞄准点，实施果断的击发。

（一）据　枪

1. 有依托据枪

自然、稳固、持久的据枪是准确射击的基础，要想做到稳固和持久，就应尽量充分利用地形，进行有依托射击。

卧姿有依托据枪时，下护木放在依托物上，枪身要正，身体右侧与枪身略成一线。右手将保险机扳到所需的位置，虎口向前紧握握把（半自动步枪握枪颈），食指第一节靠在扳机上，右大臂略成垂直，右肘着地外撑，左手握护木（也可握弹匣），左肘着地外撑，两肘保持稳固，胸部挺起，身体稍前跟（右肘不离地），上体自然下塌，两手用力保持不变，使枪托确实抵于肩窝。头稍前倾，枪托自然贴腮（图7-9）。

图 7-9 卧姿有依托据枪

跪姿有依托据枪时，通常跪左膝，右膝紧靠依托物前崖或右脚向后蹬。也可跪双膝，上体紧靠依托物前崖，两肘抵在臂座上。

立姿有依托据枪时，上体左前侧紧靠依托物前崖，左腿微曲，右脚向右后蹬，两肘抵在臂座上。

2. 无依托据枪

在战场上不可能时时处处都有依托物可利用，因此，我们还应掌握无依托据枪的动作。

卧姿无依托据枪时，左手托握下护木或握弹匣，小臂尽量里合于枪身下方，小臂与大臂约成 90 度角，将枪自然托住。右手握握把（半自动步枪握枪颈），右臂约成垂直，两肘保持稳固，两手正直向后用力，使枪托确实抵于肩窝，自然贴腮。

图 7-10 卧姿无依托据枪

跪姿无依托据枪时，左手移握下护木或弹匣，左肘放于左膝盖上，使枪、左小臂和左小腿略在同一垂直面上，右手握握把，大臂自然下垂，上体稍向前倾，两手正直向后用力，使枪托确实低于肩窝。

立姿无依托据枪时，左手移握弹匣，大臂紧靠左胁。小臂尽量里合于枪身下方，也可左手托下护木，大臂不靠左胁。右手握把，大臂自然抬起，两手正直向后用力，使枪托确实抵于肩窝。

图 7-11 跪姿无依托据枪

（二）瞄 准

图 7–12 立姿无依托据枪

正确的瞄准是整个射击过程的重要环节。其方法是：右眼通视缺口和准星，使准星位于缺口中央，准星尖与缺口上沿平齐，指向瞄准点。此时，正确瞄准景况是，准星与缺口的平正关系看得清楚，而目标看得较模糊。

如果准星与缺口关系不正确，对射弹命中目标影响很大，准星偏哪，弹着偏哪。如准星尖在缺口内偏差 1 毫米，自动步枪弹着点在 100 米距离上的偏差为 32 厘米，距离增加几倍，偏差量就增大几倍；若准星与缺口的关系正确，而瞄准点产生偏差，射弹也会产生偏差；枪面倾斜对命中精度也有一定影响，枪面偏左，射弹偏左下；枪面偏右，射弹偏右下。

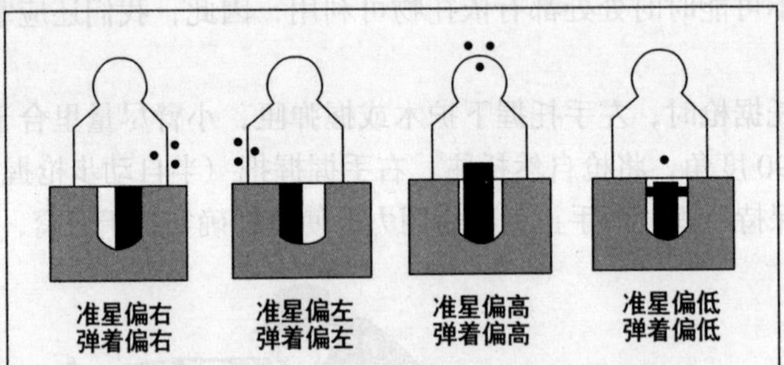

图 7–13 准星与缺口关系不正确对命中的影响

（三）击 发

击发是完成射击的最后一个环节。均匀正直的击发是准确射击的关键，击发动作的正确与否直接关系到射击的效果。因此，必须准确掌握击发的动作要领。

击发时，射手用右手食指第一指节均匀正直地向后扣压扳机（食指内侧与枪机应有一点空隙），余指力量不变。当瞄准线接近瞄准点时，开始预扣扳机，并减缓呼吸。当瞄准线指向瞄准点时，应停止呼吸，继续增加对扳机的压力，直至击发，击发瞬间应保持正确一致的瞄准。若瞄准线偏离瞄准点或不能继续停止呼吸时，应既不增加也不放松对扳机的压力，待修正或换气后，再继续扣压扳机，完成击发。操纵点射时，应稳扣快松，扣到底松开为 2 ~ 3 发。在扣扳机的过程中，应始终保持姿势稳固，操枪力量不变，以提高连发射击的命中率。

三、常犯毛病及纠正方法

(一) 抵肩、贴腮位置不正确

射击时，射手若不能正确地抵肩、贴腮，会使射弹产生偏差。在通常情况下，抵肩过低易打低，抵肩过高易打高。贴腮用力过大易打左高。纠正方法：要反复体会正确的抵肩位置，并通过他人摸、推的方法检查抵肩位置是否正确，强调贴腮要自然。

(二) 两手用力不当

射击时，射手为了命中目标，往往以强力控制枪的晃动，造成肌肉紧张、用力方向不正、姿势不稳，使枪产生角度摆动，增大射弹散布。纠正方法：应强调据枪时正直向后适当用力，使用力与后坐方向一致。

(三) 击发时机掌握不好

无依托射击时，有的射手常为捕捉瞄准点，造成勉强击发或猛扣扳机。纠正方法：应强调首先选择好瞄准点，并指出瞄准线的指向在瞄准点附近轻微晃动时，应达到适时击发；练习时可让射手反复体会在保持准星与缺口平正关系的基础上，自然指向瞄准点的景况；不断摸索枪的晃动规律，掌握击发时机。

(四) 停止呼吸过早

射击时，停止呼吸过早，易造成憋气，使肌肉颤动、据枪不稳或猛扣扳机。纠正方法：应使射手反复体会在瞄准线指向瞄准点附近轻微晃动时自然停止呼吸的要领；在剧烈运动后无法按正常情况停止呼吸时，应进行深呼吸后再停止呼吸。

(五) 耸肩、眨眼和猛扣扳机

射击时，由于射手过多地考虑枪响时机、点射弹数、射击成绩等原因，造成心情紧张，产生耸肩、眨眼和猛扣扳机等错误动作，影响射弹命中。纠正方法：应强调按要领操作，把主要精力、视力集中在准星与缺口的正确关系上，达到自然击发。

(六) 枪面倾斜

瞄准时，如枪面偏左（右），射角减小，枪身轴线指向瞄准点左（右）边，射击时，弹着偏左（右）下。纠正方法：强调射手据枪应保持枪面平正。

四、实弹射击有关规定和安全措施

(一) 实弹射击的一般规定

1. 各种武器对不动目标的实弹射击，可在良好天气条件下实施；其他练习，不受天气条件的限制，应结合担负的任务实施，特别要探讨恶劣气候条件下的射击与射击指挥。

2. 实弹射击时，必须使用手中武器，如因武器机件损坏或射效不合格而又无法矫正，射手需要更换武器时，必须经有关领导批准。

3. 目标设置，除胸环靶纸可留白边外，其他靶型的靶纸一律不准留白边，并不得以胸环靶代替胸靶。

4. 组织实弹射击时，射手进到出发地线后，指挥员令发弹员发弹，并规定射击目标，发出准备射击信号，待靶壕出示红旗或用其他规定的方法发出可以射击的信号后，下达向射击地线前进的口令。射手进入射击地线后，按指挥员的口令做好射击准备。指挥员按规定时间发出开始射击的口令或显示目标的信号，射手即行射击，射击完毕在原地验枪。验枪后，发出报（检）靶信号。

5. 战斗射击，是融技术、战术于一体的射击练习，目标设置要尽量符合战术要求，锻炼射手在近似实战条件下，独立地观察目标、测定距离、装定表尺、选择姿势，迅速准确地消灭各种目标的技能。

6. 凡规定有点射次数的射击，每出现一次单发，算一次点射。超过一次点射，降低成绩一等。凡有时间限制的练习，规定时间一到，指挥员应立即下达停止射击的口令，射手应立即停止射击。

7. 射击中发生故障，如属射手操作原因，应自行排除后继续射击；如属武器、弹药或靶子等原因，扣除排除故障的时间，补发弹药后继续射击，如条件不允许，也可重新射击。

8. 对胸环靶射击时，命中环线算内环。跳弹命中靶子不算成绩。射手打错靶算脱靶。被打错者，如当时能判明打错的弹着，即扣除；如当时不能判明打错的弹着，应扣除超过发射弹数的弹着，如系环靶，扣除环数最少的弹着。

（二）射击场的组织和安全规则

1. 射击场必须具备可靠的靶档和确保安全的靶壕及掩蔽部，并应避开高压线和其他重要设施。

2. 实弹射击前，必须仔细搜索靶场警戒区，派出警戒，设置警戒旗。必要时，应预先将射击开始和结束的时间、危险区域及射击场有关信号，通知当地有关单位。

3. 射击前后必须验枪。无论枪内有无子弹，射手都不得将枪口对人。严禁将装有实弹的武器随意放置或交给他人。严禁将实弹和教练弹混在一起。没有指挥员的命令，射手不得装弹。报靶时，严禁在射击地线摆弄武器或向靶区瞄准。

4. 射击前，应向全体人员明确规定开始射击、停止射击、报靶和射击终止等各种信号。

5. 射击场应标示出发地线和射击地线，无关人员不得越过出发地线。

6. 发出准备射击信号后，示靶人员应迅速隐蔽并出示红旗，未经射击场指挥员的许可，不得下令射击。靶壕内若发生特殊情况需立即停止射击时，应出示白旗或用其他规定的方法向指挥员报告。射手看到白旗或听到停止射击的口令，应立即停止射击，并关保险。

●思考题

1. 81 式自动步枪有哪些性能？由哪些部件组成？

2. 保养、检查和擦拭武器应注意什么？

第八章　综合训练

网站链接

◎人民网军事

◎新华军网

教学目标

了解行军、宿营的基本程序和方法，培养野外生存能力。

第一节　行　军

国防教育警句

增强国防观念，履行国防义务。

一、行军的目的与要求

行军是军队徒步或乘坐建制内和配属的车辆沿一定路线进行的有组织的移动。目的是为了争取主动，转移兵力，造成有利态势。

行军，有常行军和强行军。行军的速度，应根据任务、道路状况、天候季节而定。常行军，是按正常的日行程和时速实施的行军，通常徒步每小时 4 ~ 5 千米，每日行程 25 ~ 35 千米；强行军是加快行进速度和延长行进时间的行军，通常在奔袭、追击、迂回或摆脱敌人时采用，要求徒步日行程50千米以上，乘车日行程300千米以上。

二、行军的组织与准备

充分地进行行军的组织与准备是完成行军任务的重要环节。受领行军任务后，应当在规定时限内迅速做好行军准备，保证准时出发。组织与准备的主要内容包括：认真研究敌情、任务、地形、道路、天气、社情、疫情等情况，拟定行军方案，绘制行军路线要图，建立单位责任制，进行行军动员，下达行军命令，组织后勤保障和装备保障，妥善安置不能随队行动的人员。单位组织行军时，还应当组织道路侦察组（设营组）和收容组。

（一）受领任务，研究情况

受领任务时应当明确：简要的敌情、行军路线、序列、时间及目的地，可能时还应明确途中道路情况及通行程度。

受领任务后，指挥员应当结合本分队的实际，认真研究情况，以便制定切实可行的方案，保证完成行军任务。

（二）确定行军部署

行军部署是行军时对兵力所做的区分和配属，应根据敌情、任务、地形和行军方式确定。要便于指挥，便于迅速隐蔽行进和展开，便于对抗敌人地面和空中的袭击，便于实施技术和物资保障。确定行军部署，通常应明确前卫、本队、后卫和尖兵。

前卫是行军时担负前方警戒任务的部队。担任前方警戒任务的部队，应根据情况向前方、侧方派出。

本队是行军纵队的主力。由一至数个梯队组成，在敌情顾虑较大情况下，本队往往是敌袭击的重点。因此，行军本队要特别注意隐蔽防护。

后卫是行军时担负后方警戒任务的部队，后卫部队应视情况向后方、侧方派出尖兵，加强警戒。

尖兵是指担负行军警戒任务的连以下分队。派出的方向和兵力依情况而定，通常有前方尖兵、侧方尖兵、后方尖兵，兵力由一个班至一个连担任。

行军队形的编成，应保障能迅速展开成战斗队形，通常成一路或两路纵队。单独行军时，应根据敌军的方向派出尖兵班。向敌军行军时，指挥员应率领必要的反坦克火器、机枪手位于本队先头。背向敌军时，行军序列与向敌行军时相反。

（三）下达行军命令，进行行军动员

指挥员应适时向所属人员下达行军命令，主要内容有：简要的敌我情况，本分队的任务；行军路线和行程，行军队形及序列编程；出发点、调整点及本分队通过的时间，行军速度和车间、连间的距离，途中休息的地点及休息时间；宿营（集结）地域及到达的时间，行军中指挥员的位置，通信联络的方法和信（记）号规定；遭敌各种袭击时的行动；与地面、空降之敌遭遇时的行动方案，完成行军准备的时限。

行军动员时，应讲清行军的任务、目的和意义；介绍有关敌情、道路、气候等情况；传达行军方案，分析完成任务时的利弊条件，并提出克服困难的措施；进行防冻、防暑、防病等知识教育。要求全体人员发扬我军不怕疲劳和连续作战的优良作风，严格遵守行军纪律和规定，并对各级人员分别提出具体要求，以保证行军的安全和顺利。行军动员还要注重进行政治动员，发挥党组织的作用和互助骨干的作用，积极开展群众性的宣传鼓动工作，鼓舞士气，保证顺利完成行军任务。

（四）进行物资、技术准备

1. 领取物资

按规定的携行量标准领取物资，包括给养和医药品等，并做好伤病员救治与卫生防疫的准备工作。根据气候、季节、地形和道路情况准备必要的绳索、三角木、军辙板、防滑链等运动保障器材。

2. 技术准备

行军前，以营为单位建立技术保障组，应组织对车辆、器材等装备的技术状况进行认真检查，对分队解决不了的问题，应当及时上报。

（五）组织好行军保障

为保障部队安全、顺畅、按时到达预定地域，应根据敌情、地形，周密地组织行军的各种保障。行军保障主要包括行军警戒，运动保障，警备调整，对空防御和对核、化学、生物武器的防护，以及组织先遣队、设营队、收容队等。

三、行军的管理与指挥

（一）遵守行军规定

1. 遵守行军时间

分队在上级的行军纵队编成内行军时，应准时到达出发点，加入上级规定的行军序列。单独行军时，应当按时出发。行军中，要准时通过各调整点，按时到达目的地。

2. 保持规定的行军速度、距离和序列

行军中，由于情况的变化，延误了行军时间或不能保持平均时速时，应当适时调整行军速度，保证按时到达目的地。要加强前后联络，当与前车车距过大或失去目视联络时，不要急于追赶。要适当加快速度，逐步赶上，不得随意超车和停车，以保持规定的行军序列。

3. 严格遵守行军纪律和交通规则，未经上级允许不得随意改变行军路线

通过桥梁、渡口、隘口、岔路口或者与友邻分队相遇，车辆拥挤、道路堵塞时，不得争先抢行，应按照上级规定的顺序和调整哨的指挥迅速通过。如无专人负责调整、指挥时，指挥员应当及时查明原因，并与友邻取得联系，协商解决，妥善处理，尽快恢复行军。发生严重事故的车辆，应停靠在道路的右侧路边抢修，修好后继续行军，及时归队。

（二）正确掌握行军路线

行军中，分队指挥员应当根据行军路线要图（地图）和汽车上的里程表，以及行军时不断查看沿途的标志点及路标，随时判明所到位置，正确掌握行军路线。当通过交叉路口时，应当弄清楚所要前进的方向和道路。当对行军路线产生怀疑时，应当立即停止行军，利用地图仔细与现地对照，或询问居民、友邻，待明确所在点和行军方向后继续前进，必要时可请向导带路行进，以防走错路。

（三）适时组织休息

行军中的休息，通常由行军纵队的指挥员统一掌握，按行军方案组织实施。小休息，一般在开始行军 30 分钟后进行，其时间为 15 分钟，以后约为 50 分钟休息一次，每次 10 分钟。大休息，通常在完成当日行程一半以上进行，应离开道路，以营

(连）为单位，进入指定地域，疏散隐蔽地配置人员，必要时给车辆加油、加水，派出观察、警卫哨，组织人员休息和用餐，使人员保持饱满的战斗情绪，做好迅速转入行军和战斗的准备。

休息时，人员不准随意离队。出发前，应当撤回警戒人员，清点人数，并消除易暴露部队行动的痕迹。

（四）果断处置各种情况

遇敌空袭时，应指挥分队迅速向道路的一侧或两侧疏散隐蔽（乘车时要下车），并指定火器射击低飞敌机。如果空袭情况不严重或行军任务紧迫时，分队则应以疏散队形，增大距离，加快速度前进。

遭敌核、化学武器袭击时，应指挥车辆就近利用地形防护，人员迅速穿戴防护衣罩，下车就近隐蔽防护。

通过受染地段时，指挥分队尽量绕过受染区。当时间紧迫又无法迂回时，应增大距离，以最快的速度通过，通过人员除穿戴好防护衣罩外，还应对武器和携带物品进行防护。通过后，车辆应及时洗消检查，人员口服抗辐射药物，喝足开水，排除大小便。

四、夜间、特殊条件下的行军

（一）夜间行军

夜间行军，应当加强行军的侦察、警戒和通信联络；预先研究和熟记行军道路及两侧地形特征，行进间可适当缩小行军长径，注意掌握行进方向，随时判明所到位置。必要时，可请向导带路行进，严格控制灯火，保持肃静。夜间行军通常不进行大休息，可以适当增加小休息的次数。

（二）山地行军

山地地形复杂，道路路面窄、坡陡且弯多，气象多变，常有低云浓雾，对行军的指挥、观察、通信联络均有一定的影响。在组织行军时，要注意加强侦察，遇有危险地段和大雾时，应放缓行军速度，派人引导前进。

(三) 严寒地区和高原地区行军

严寒和高原地区空气稀薄、气温低、风雪多、江河冻结、交通不便、物资缺乏。雪大时，道路不易辨认、易暴露，车辆不易发动、易打滑，行驶困难，影响行军速度，人员易被冻伤。行军前，要查明道路和积雪情况，组织好道路保障，采取防冻、防滑、防雪盲和保暖措施。

行军中，途中通常不组织大休息，可适当增加小休息的次数，且休息时间不宜过长，一般不超过 10 分钟。休息时，应当选择避风、向阳的位置。

(四) 热带山岳丛林地行军

热带山岳丛林地山高坡陡，河（溪）多且水流急，应当加强道路的侦察。炎热潮湿，多雨多雾，昼夜温差大，毒虫多，瘟疫流行，暑季采取防暑、防虫害和防疫措施，雨季还应当采取防洪、防滑、防塌方和防雷电措施，尽可能利用日出或日落凉爽时间行军。

行军前，应当带足饮水和消毒防暑药品，并适当增加小休息的次数或者延长休息时间；休息位置应当尽量靠近水源。

(五) 水网稻田地行军

水网稻田地河流、沟渠纵横交错，稻田泥泞，道路少、路面窄，不便行驶。行军中，应当特别注意加强道路和渡河保障，做好连续克服河流、沟渠和泥泞地等障碍的准备工作。

(六) 荒漠、草原地行军

荒漠、草原地区地形开阔，明显标志的方位和物体少，易迷失方向，不易伪装，气候干燥，变化大，常有暴风沙，物资水源缺乏。

行军前，应当做好在高温和无道路条件下行驶的准备工作，增大给养和水的携带量，并规定用水标准。

行军中，注意查看路线，准确掌握行军方向，保持顺畅的通信联络，加强伪装，根据气象的变化，采取防寒（暑）和防风沙的措施。休息时，应当尽量靠近水源并节约用水，避免在暑气停滞地段停留。遇有沙暴时，应当立即停止行军。

第二节 宿营

一、宿营地的选择与管理

> **国防教育警句**
> 淡忘国防的民族，是没有希望的民族！

（一）宿营地的选择

宿营地的选择，应根据敌情、地形、任务和行军编成而定。既要能保证分队安全休息，又要便于迅速投入战斗。平时组织野营训练应以能够达到训练目的为标准。通常应符合下列条件：1. 避开大的集镇，交通枢纽等明显目标；2. 避开疫区、传染病流行村落；3. 要方便生活，尽量靠近水源的地方；4. 有通畅的进出道路，便于疏散、隐蔽，便于机动和迅速投入战斗；5. 有适当的地幅，通常师、团、营的宿营面积分别为600平方千米、60平方千米、6平方千米；6. 适宜的露营地域。

（二）宿营管理

宿营的管理工作是保证野营训练顺利实施所不可忽视的问题，也是野营训练的内容之一。

1. 坚持一日生活制度

宿营期间，部队通常应自觉坚持《内务条令》规定的一日生活制度，注重一日生活制度管理的落实，并从实际出发，根据宿营地区的地理环境、风俗民情、季节特点和部队实际训练情况、课题难易程度、居住范围等制定相应的具体规定。

2. 搞好生活管理

宿营中应注意饮食卫生，从客观条件出发改善伙食，保证部队吃饱、吃好，有水喝。分队要组织好野炊工作，指挥员应明确野炊的位置、方式、隐蔽伪装的措施、时间、要求及注意事项。部（分）队离开宿营地区时，要清扫驻地，掩埋厕所，检查群众纪律，征求群众意见，并向人民群众道谢。

3. 组织对空防御

宿营时要组织对空防御，在敌人可能空降的地区，应拟订反空降战斗方案。遭敌空袭时，要立即发出警报，迅速进入指定疏散地区隐蔽，组织火器对空射击。空袭后，应抢救伤员、灭火、消除沾染（消毒），根据情况继续宿营或按上级指示转移宿营地。

二、各种复杂地形、气候条件下的露营

所谓复杂条件下露营，是指在无居民及农作物可利用的山岳、丛林、沙滩、戈壁、草原、沼泽等环境设营。

（一）山地露营

山地露营时，应把露营地选择在避风、防洪、避开山崩、塌方的山坡地段上或者谷地、峡谷的高坡上，并且要考虑到尽量靠近水源，冬季要避开有雪崩危险的地段。因山区水源不足，应特别注意保持环境卫生和防止水源污染。

在一般山区露营，通常用制式器材和就便器材架设帐篷或搭草棚。搭草棚时，通常以班为单位，也可以组或个人为单位，但不得砍伐树木，破坏天然伪装。帐篷、草棚周围要挖排水沟。

在高山区，特别是在有可能吹倒帐篷的暴风雪季节，最好构筑地窖式简易掩蔽部。

（二）沙漠、戈壁、草原的露营

沙漠、戈壁、草原的露营应尽量选择在绿洲或具有水源的地区。

在沙漠、戈壁、草原露营时，以制式器材和就便器材架设帐篷和搭草棚为主，结合垒石墙、挖土壕（坑）设置露营地点。搭设帐篷时，应避开风口，避开迎面风，帐篷应尽量低下，多设固定钢杆和拉索，用沙土或雪尽量将帐篷布角埋设压紧，以防被风吹拔。根据不同的地形和季节，注意防洪水、防暴风沙（雪）、防泥石流等，并注意节约燃料和用水。

（三）酷暑条件下露营

酷暑条件下露营时，可采用搭遮棚或吊床的方法。搭遮棚时，位置应选择在干燥、通风的缓坡上，要避开大树、陡崖峭壁，以防雷击塌方。遮棚周围要挖排水沟，铲除杂草，必要时，撒些草木灰，以防毒蛇、毒虫。就地取材时，应注意不要成片砍伐草木，以保护天然伪装。

(四) 严寒条件下露营

高寒地区露营时，人员应减少在外停留时间，防止冻伤。通常采用搭帐篷、草棚、挖雪洞、堆雪墙、堆雪房等方法。有条件时还可以在棚舍中燃火取暖，但必须时刻有防火员值班，以防火灾和一氧化碳中毒。宿营时，应尽量吃热食、喝热汤以增加热量。睡觉前应多用雨布（衣）、干草等隔潮材料铺设地铺。睡觉时，应注意避风和保暖，可采用两人合睡的方法，同盖大衣、棉被，相互依靠取暖。

三、简易帐篷及吊床的架设

(一) 简易帐篷

夏季，使用简易帐篷在野外露营，其样式较多，可用雨衣、塑料薄膜、盖布、军毯、帆布等，搭设成屋脊形、一面坡形、长方形、拱形等简易帐篷。简易帐篷的大小和形状，可根据装备和就便器材数量及露营人数灵活确定。比如，可以将方形雨布连接起来，将绳子或背包带在两树之间连接起来可搭设成屋顶帐篷、单面帐篷等形状。

图 8-1

图 8-2

(二) 临时遮棚

临时遮棚一般是在夏季，有树林、蒿草、高稞农作物秆的地方，充分利用自然条件搭设的各种树枝（草）遮棚。例如：利用木杆为支架搭设屋脊型草棚，利用断崖断面以木杆搭设斜坡型草棚，利用蒿草、树枝搭设偏厦等。在冬季，棚围应用雨衣、篷布、柴草等围盖，棚顶和周围空隙用草堵实，再加盖一层积雪或草皮，以便保暖和伪装（图 8–3）。

（三）吊　床

搭设吊床的方法是，将雨布、床单、苫布及伪装网等用绳（草）系住两头，并系在树干上，人员即可躺在上面休息。夏季，还可在上面架设蚊帐，防蚊虫叮咬。下雨时，可在上面再拉一根绳子，搭上方块雨布，四角用绳子系牢，便形成防水帐篷。

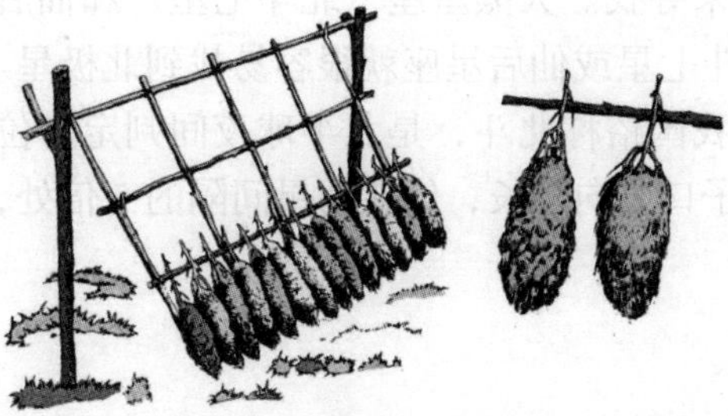

图 8–3

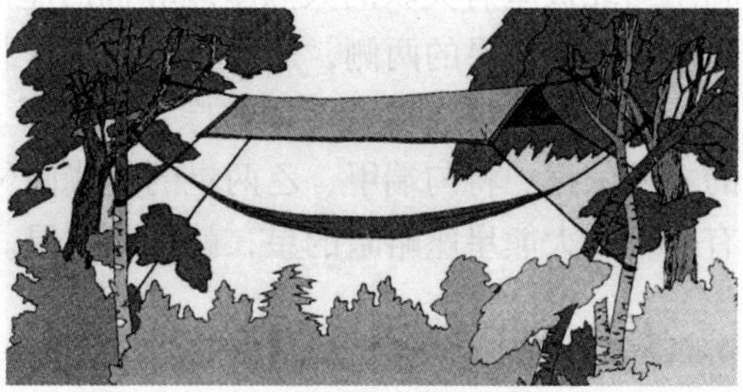

图 8–4

第三节　野外生存

国防教育警句

警钟长鸣耳边，
国防牢记心间。

野外生存，即人在食宿无着的山野丛林中求生。深入敌后的特种部队、侦察兵、空降兵、海军陆战队以及在战斗中与部队失去联系的战士和失事的空勤人员等，都需要野外生存的本领。在当代，无论是军人还是学生，在非作战的特殊情况下，如进行旅游、探险等活动时，有时也迷途于荒岛、丛林、大漠，作为单个人陷入困境，野外生存知识掌握越多，生存概率越大。因此，即使没有战争，掌握一些野外生存知识也是十分必要的。

野外生存主要有两种情况：一是预有准备，一般是为从事某项活动，提前数月或数天进行有目的的准备，然后有计划、有步骤地开展野外生存活动；二是毫无准备的、在意外情况下的野外生存活动。无计划、无准备的野外生存活动是对一个人意志和知识的考验。这里简单介绍后一种情况下的一些野外生存知识。

一、利用自然特征判定方向

(一) 利用北极星判定

北极星是正北天空一颗较亮的恒星，位于小熊星座的尾端，距北天极约 1 度，肉眼看来，北极星在正北方。夜间找到北极星，就找到了正北方向。寻找的方法是：利用与北极星有关联的大熊星座和仙后星座来寻找。大熊星座（北斗七星）和仙后星座位于北极星的两侧，遥遥相对。根据北斗七星或仙后星座就很容易找到北极星。大熊星座，主要亮星有 7 颗，像一把勺子，我国俗称北斗，是北半球夜间判定方位的主要依据。将勺端甲、乙两星的连线向勺子口方向延长，约在两星间隔的 5 倍处，有一颗比大熊星座略暗的星，就是北极星。

(二) 利用太阳和时表判定

一般说来，在当地时间 6 时左右，太阳在东方，12 时在正南方，18 时左右在西方。根据这一规律，便可利用时表根据太阳概略判定方位。方法是将时表放平，以时针所指时数（每日 24 小时计时制）折半的位置对准太阳，“2”所指的方向就是北方。如在当地时间上午 9 时，应以折半的位置“4”与“5”之间对准太阳；下午 2 时（14 时）40 分，应以 7 时 20 分对准太阳。为便于判定，可在时数折半的位置垂直竖一细棍或细针，使其阴影通过表盘中心。判定时，应以当地时间为准。我国大部分地区使用北京时间，即东经 120 度经线时间。由于经度不同，在同一北京时间内，各地所见太阳的位置也不同，应适时增减。

(三) 利用自然特征判定

有些地物由于受阳光、气候等自然条件的影响，形成了某种特征，可用来概略地判定方位。独立大树，通常南面的枝叶较茂密，树皮较光滑，北面的枝叶稀疏，树皮粗糙；独立树砍伐后，树桩上的年轮，通常北面间隔小，南面间隔大。突出地面的地物，如土堆、田埂、土堤和建筑物等，通常南面干燥，北面潮湿，易生青苔；南面积雪融化快，北面积雪融化慢。土坑、沟渠和林中空地则相反。北方平原地区较大庙宇、宝塔的正门和农村住房的门窗多数朝南开。

在野外迷失方向时，切勿惊慌失措，要立即停下来，冷静地回忆一下所走过的道路，想方设法按一切可能利用的标志重新判定方向，然后再寻找道路。最可靠的方法就是"迷途知返"返回至原地。

在山地迷失方向后，应先登高远望，判定应该向什么方向走。通常应向地势低的方向走，这样容易碰到水源，顺流而行最为保险。这一点在森林中尤为重要，因为道路、居民点常常是濒水临河而筑的。

如果遇到岔路口、道路多而令人无所适从时，首先要明确要去的方向，然后选择正确的道路。若几条道路的方向大致相同，无法判定时，则应先走中间的那条路。这样可以"左右逢源"，即使走错了路，也不会偏差太远。

二、复杂地形行进方法

在山地行进，为避免迷失方向，节省体力，提高行进速度，应力求有道路不穿林翻山，有大路不走小路。如果没有道路，可选择在纵向的山梁、山脊、山腰、河流、小溪边缘，以及树高林稀、空隙大、草丛低疏的地形上行进。要力求走梁不走沟，走纵不走横。

攀岩石时，应对岩石进行细致的观察，慎重地识别岩石的质量和风化程度，确定攀登的方向和路线。攀登岩石的基本方法是"三点固定"法，即两手一脚或两脚一手固定后，再移动剩余的一手或一脚，使身体重心上移。手脚要很好地配合，避免两点同时移动，一定要稳、轻、快。根据自己的情况选择最合适的距离和最稳固的支点，不要跨大步和抓、蹬过远的点。

攀登30度以下的山坡可沿直线上升。攀登时，身体稍向前倾，全脚掌着地，两膝弯曲，两脚呈"外八字形"，迈步不要过大过快。坡度大于30度时，一般采取"之"字形攀登线。攀登时，腿微曲，上体前倾，内侧脚尖向前，全脚掌着地，外侧脚尖稍向外撇。在行进中，不小心滑倒时，应立即面向山坡，张开两臂，伸直两脚，脚尖翘起，使身体尽量上移，以减低滑行的速度。这样，就可设法在滑行中来找攀引石和支撑物。千万不要朝外坐，因为那样不但会滑得更快，而且在较陡的斜坡上还容易翻滚。

河流是山区和平原地区经常遇到的障碍，遇到河流不要草率入水，应仔细观察后再确定渡河的地点和方法。山区河流通常水流湍急、水温低、河床坎坷不平，涉渡时，为了保持身体平衡，应当用一根竿子支撑在水的上游方向，或者手执重达15～20千克的石头。集体涉渡时可3～4人一排，彼此环抱肩部，身体最强壮的位于上游方向。

三、寻找食物的方法

野外生存获取食物的途径主要有两种：一种是猎捕野生动物，另一种是采集野生植物。

猎捕野生动物首先要知道动物的栖息地，掌握动物的生活规律，然后再采取捕获以及射杀等方法进行猎捕。这需要在专家指导下经过较长时间的训练和实践后才能真正掌握。在野外求生时，捕捉一切能够食用的小动物，如蛙、蛇、鱼、蜥蜴、虾、龟、鳖、蜗牛、蚯蚓等。另外，昆虫也是野外生存能获取的动物性食物的资源。

目前，世界上人们在食用的昆虫有蚂蚁、蝉、蟑螂、蟋蟀、飞蛾、蝗虫、蚱蜢、蜘蛛、螳螂、蜜蜂等。特别是蜜蜂，不但蛹、幼虫和成年蜂都可以食用，而且在蜂房还可以找到蜂蜜。蜂蜜营养丰富，且易为人所吸收，是野外求生的理想食品。人们对吃昆虫虽然不太习惯，甚至感到厌恶，但在万不得已的情况下，为维持生命，保持战斗力，继而完成任务，不妨一试。但是应注意，一定要煮熟或烤透，以免昆虫体内的寄生虫进入人体，导致中毒或得病。

可食野生植物包括可食的野果、野菜、藻类、地衣、蘑菇等。对可食野生植物的识别是野外生存知识的主要内容。中国地域广大，适合各种植物生长，其中可食用的就有2000多种。中国通常可食用的野果有：山葡萄、黑瞎子果、沙棘、火粑果、桃金娘、胡颓子、蒲公英、蕺菜、马饭树、余甘子、苦菜、马齿苋、茅莓等。特别是野栗子、椰子、木瓜更容易识别，是应急求生的上好食物。常见的野菜有苦菜、蒲公英、鱼腥草、刺儿草、芥菜、野苋、帚菜、莲、芦苇、青苔等。野菜可生食、炒食、煮食或通过煮浸食用。

采食蘑菇（菌）类植物时，要注意这类植物内含脂肪、碳水化合物以及蛋白质，营养价值很高，味道也比较好，但有些蘑菇有毒，误食时轻者出现中毒症状，重者致人丧命。因此要善于识别有毒蘑菇。有毒蘑菇：一是长有白色菌褶，茎干部有菌托以及带菌环茎干的菌类；二是腐败的菌类。

但是，一般人需要在专家指导下经过一定时间的训练才能掌握这些知识，这里介绍一种最简单的鉴别野生植物有毒或无毒的方法，供紧急情况下使用。通常将采集到的植物割开一个小口子，放进一小撮盐，然后仔细观察是否改变原来的颜色，通常变色的植物不能食用。检验植物能否食用时，还可做个小试验，稍稍挤榨一些汁液涂在体表（如前上臂、肘部）等敏感部位，如起疹或肿胀不适时，就不能食用。也可少量试尝不能确定的植物的果、球根、块茎、叶、幼枝等，如食后感觉喉咙痛痒，有很强的烧灼感或刺激性疼痛等，应弃之；反之，即可认为这种植物能够食用。

四、获取饮用水的方法

获取饮用水的途径通常有两条：一是从地表获取饮用水；二是净化地表水。

通常雨水可以直接饮用。下雨时，可用雨布，塑料布大量收集雨水，也可用空罐头盒、杯子、钢盔等容器收接雨水。冬季可以化冰、雪为水，沉淀后即可饮用。有些植物如椰子树、枫树、仙人掌等，在早晨时节可从这类富含水分的树上汲取汁液。竹子的竹节也经常储水，摇动它们就可听到有水的声音。

当没有可靠的饮用水又无检验设备时，可以根据水的色味、温度、水迹概略鉴别水质的好坏。纯净水在水层浅时，无色、透明，深时呈浅蓝色，可以用玻璃杯或白瓷碗来观察。通常水越清水质越好，水越浑说明杂质多。一般清洁的水是无味的，而被污染的水则时常带有异味。地面水的水温，因气温变化而变化，浅层地下水受气温的影响小，深层地下水水温低而恒定。如果取样的水不符合这些规律，则水质一般都有问题。此外还可用一张白纸，将水滴在上面晾干后观察水迹。清洁的水无斑迹，如有斑迹则说明水中有杂质，水质差。

在野外最好不要饮用从杂草中流出的水，而以从断崖或岩石中流出的清水为佳。饮用河流或湖泊中的水时，可在离水边 1~2 米的砂地上挖个小坑，坑里渗出的水较之直接从河湖中提取的水清洁。

在野外，可以用饮水清毒片、漂白精片以及明矾等药品净化水。在专家指导下，还可以用一些含有黏液质的野生植物净化水。切记：无论多么口渴都不要饮用不洁净的水。万不得已时，也要把水煮开再喝。

五、野外常见伤病的防治

毒蛇咬伤的防治：在山野丛林中活动时，一旦被毒蛇咬伤应立即采取紧急救护措施。首先，马上用布条或布绳等缚住伤口处靠近心脏一端，以减少毒血上流。随后，用刀子在毒蛇咬伤处划一个十字口，挤出毒液，也可用口吸出毒液（口内有溃疡、生疮、出血等不能用口吸，以免中毒），随吸随吐，有条件还可进行冲洗，然后尽快就医，不可延误。一般情况下，在毒蛇较多的地区活动时，应备有蛇药。

昆虫叮咬的防治：在野外为了防止昆虫的叮咬，人员应着长袖衣和长裤，扎紧袖口、领口。皮肤暴露部位涂擦防蚊药。不要在潮湿的树阴和草地上坐卧。宿营时，燃点艾叶、香蒿、柏树叶、野菊花等驱赶昆虫。被昆虫叮咬后，可用氨水、肥皂水、盐水，小苏打水，氧化锌软膏涂抹患处止痒消毒。

蚂蟥是危害很大的虫类。遇到蚂蟥叮咬时，不要硬拔，可用手拍打，或用肥皂液、盐水、烟油、酒精滴在其前吸盘处，或用烧着的香烟烫，让其自行脱落，然后压迫伤口止血，并用碘酒洗涤伤口，以防感染。部队行进中，应经常查看有无蚂蟥爬到脚上，在鞋面上涂些肥皂、防蚊油，可以防止蚂蟥上爬。涂一次的有效时间为4~8小时。此外，将大蒜汁涂抹于鞋袜和裤脚，也能起到驱避蚂蟥的作用。

昏厥：野外昏厥多是由于摔伤、疲劳过度、饥饿过度等原因造成的。主要表现是脸色突然苍白，脉搏微弱而缓慢，失去知觉。遇到这种情况时，不必惊慌，一般过一会儿便会苏醒。醒来后，应喝些热水并注意休息。

中毒：其症状是恶心、呕吐、腹泻、胃痛、心脏衰弱等。遇到这种情况时，首先要洗胃，快速喝大量的水。用手指触咽部引起呕吐，然后吃蓖麻油等泻药清肠，再吃药用炭等解毒药及其他镇静药，多喝水，以加速排泄。为保证心脏正常跳动，应喝些糖水、浓茶，暖暖脚，立即送医院救治。

中暑：在炎热暑季，人体的体温调节和其他生理机能发生障碍或活动量过大，休息不足，水盐补充不及时，衣服不通气等都会引起中暑。其症状是突然头晕、恶心、昏迷，无汗或湿冷，瞳孔放大，发高烧。发病前，常感口渴头晕，浑身无力，眼前阵阵发黑，此时，应立即在阴凉通风处平躺，解开衣裤带，使全身放松，再服十滴水、人丹等药。发烧时，可用凉水洗头，或冷敷散热；如昏迷不醒，可掐人中穴、合谷穴使其苏醒。

冻伤：当气温在0摄氏度以下，人长时间在户外活动，耳、鼻、手、脚、脸都容易冻伤，当发现皮肤有发红、发白、发凉、发硬等现象，应用手或干燥的线布摩擦伤处，促进血液循环，减轻冻伤。轻度冻伤用辣椒泡酒，涂擦便可见效。如发生身体冻僵的情况，不要立即将伤者抬到温暖的室内，应先摩擦肢体，做人工呼吸，待伤者恢复知觉后，再到较温暖的地方抢救。也可将冻伤部位放在28摄氏度左右的温水中缓缓解冻。

蜇伤：被蝎子、蜈蚣、黄蜂等毒虫蜇伤后，伤口红肿、疼痒，并伴有恶心、呕吐、头晕等症状。要先挤出毒液，然后用肥皂水、氨水、烟油、醋等涂擦伤口，或用马齿苋捣碎，汁冲服，渣外敷，也可用蜗牛洗净后捣碎涂在伤口处。此外，蒜汁对蜈蚣咬伤有疗效。

出血：如发生出血，应立即采取果断措施进行止血。由于野外缺医少药，主要是利用指压止血法和包扎止血法进行止血。准确判断出血种类是进行有效止血的第一步。动脉出血颜色鲜红，呈喷射状，有搏动，出血速度快、量多。静脉出血颜色暗红，呈滴出状或徐徐外流，出血量也多，但速度不及动脉出血快。毛细血管出血颜色鲜红，从伤口向外渗出，出血点不易判明。利用指压止血法时应注意，较大的动脉出血，临时用手指或手掌压迫伤口近心端的动脉，将动脉压向深部的骨头上阻断血液的流通，可达到临时止血目的。

六、取火的方法

火在野外生存中具有重要的作用，它可以用来热熟食物、烧水、烘烤衣物、取暖御寒、驱除猛兽和有害昆虫，必要时还可以作为信号使用。在没有火柴或打火机的情况下，可采取以下几种方法取火：

（一）摩擦起火

这种原始取火方法，在野战求生条件下仍然适用。但在取火前要准备好引火煤，引火煤可选用干燥的棉絮、纱线、草屑，或撕成薄片的干树皮、干木屑等。

1. 弓钻取火

用强韧的树枝或竹片绑上绳子或鞋带做成一个弓，将弓弦放在一根20厘米长的干燥木棍上缠绕2圈，将木棍抵在一小块硬木上，来回拉动弓使木棍迅速转动。这样会钻出一些黑粉末，最后这些黑粉末冒烟而生出火花，点燃引火煤。

2. 藤条取火

找一段干燥的树干，将一头劈开，并用东西将裂缝撑开，塞上引火煤，用一根约两尺的藤条塞在引火煤后面，双藤夹树干，迅速地左右抽动藤条，使之摩擦发热而将引火煤点燃。

（二）击石取火

找两块质地坚硬的石头，互相击打将其迸发出的火花落到引火煤上，当引火煤开始冒烟时，缓缓地吹或扇，使其燃起明火。如果两块石头击不出火，可以另找两块石头再试。用小刀的背或小片钢铁，在石头上敲打，也能很容易地产生火花，引燃引火煤。

（三）凸透镜利用太阳能取火

用凸透镜将太阳光聚焦成一点，光点上的温度可以将棉絮、纸张、树叶、受潮的火柴等物引燃，夏季雾气较大或者冬季阳光较弱时，可以等到正午阳光强烈时取火，然后保存火种以备使用。

七、求救的方法

（一）利用声音求救

有时陷入低洼的地方、密林中、塌陷物内，或遇大雾、暗夜等情况时，间断性地呼救是十分必要的。不少类似遇险者，意志坚强，不断地呼救，最后终于获救。也可就地取材，利用哨声，击打声呼救。

（二）利用烟火、光求救

在大漠、荒岛、丛林等处遇险时，可点燃树枝、树皮、树叶、干草等，白天加湿，用烟作为求救信号；夜间用火，向可能获救的方向点三堆火，用火光传送求救信号；白天还可用镜子、眼镜、玻璃片等借阳光反射，向空中救援飞机发出求救信号，通常光信号可达20多千米的距离。

（三）利用求救信号求救

利用求救信号求救，就是利用当今高科技的一些产品发出求救信号。现代科学的发展，各种现代化的工具如手机、电脑、卫星电话等都可以十分方便快捷地发出求救信号。最广为人知的是"SOS"国际通用的求救信号。"SOS"是"Save Our Soul"（救救我们）的缩写，在荒原、草地、丛林的空地上以各种形式写上"SOS"大字求救，往往能够取得良好的效果。

野外军事训练，是对部（分）队人员进行的行、食、住、藏、打，以及对战斗保障、应急情况、卫生救护等各个方面的训练，既是对前段所学军事知识的检验，也是对参训人员的军事素质、心理素质锻炼和提高的过程。

●思考题

1. 选择宿营地时应注意哪些问题？
2. 你了解哪些小动物、植物、昆虫可以食用？食用时应注意些什么？
3. 野外常见伤病有哪些？应如何防治？

附录一

普通高等学校军事课教学大纲

（2006 年修订）

依据《中华人民共和国国防法》、《中华人民共和国兵役法》、《中华人民共和国国防教育法》以及国务院、中央军委有关文件精神，结合我国高等教育和普通高等学校的实际，制定本《大纲》。

一、课程性质

第一条 军事课程是普通高等学校本、专科学生的必修课。军事课程以马列主义、毛泽东思想、邓小平理论和“三个代表”重要思想为指导，贯彻和落实科学发展观，按照教育要面向现代化、面向世界、面向未来的要求，适应我国人才培养战略目标和加强国防后备力量建设的需要，为培养高素质的社会主义事业的建设者和保卫者服务。

二、课程目标

第二条 军事课程以国防教育为主线，以军事理论教学为重点，通过军事教学，使学生掌握基本军事理论与军事技能，增强国防观念和国家安全意识，强化爱国主义、集体主义观念，加强组织纪律性，促进综合素质的提高，为中国人民解放军训练储备合格后备兵员和培养预备役军官打下坚实基础。

三、课程要求

第三条 军事课（含军事理论教学和军事技能训练）列入普通高等学校的教学计划，考试成绩记入学生档案，学校应当按照本《大纲》组织实施军事教学，严格考勤考核制度。

第四条　军事理论教学时数为36学时。学校在完成规定的学时外，应积极开设与军事课相关的选修课和举办讲座。在军事课教学中，要注重理论联系实际，掌握好深度和广度，不断改进教学方法和手段，确保教学质量。

第五条　军事技能训练时间为2–3周，实际训练时间不得少于14天。在组织军事技能训练时，要以中国人民解放军的条令条例为依据，严格训练，严格要求，培养学生良好的军事素质。

四、课程内容

第六条　军事理论教学内容和教学目标

军事理论课教学内容		教学目标
中国国防	一、国防概述 国防要素；国防历史；主要启示 二、国防法规 国防法规体系；公民国防权利和义务 三、国防建设 国防领导体制；国防建设成就；国防建设目标和国防政策；武装力量建设 四、国防动员 人民武装动员；国民经济动员；人民防空动员；交通战备动员；国防教育	了解我国国防历史和国防建设的现状及其发展趋势，熟悉国防法规和国防政策的基本内容，明确我军的性质、任务和军队建设指导思想，掌握国防建设和国防动员的主要内容，增强依法建设国防的观念。
军事思想	一、军事思想概述 形成与发展；体系与内容 二、毛泽东军事思想 科学含义；主要内容；历史地位和现实意义 三、邓小平新时期军队建设思想 主要内容；地位作用 四、江泽民论国防和军队建设思想 主要内容；地位作用 五、胡锦涛关于国防和军队建设重要论述 主要内容；地位作用	了解军事思想的形成与发展过程，熟悉我国现代军事思想的主要内容、地位作用及科学含义，树立科学的战争观和方法论。

	军事理论课教学内容	教学目标
国际战略环境	一、战略环境概述 基本要素；战略与战略环境 二、国际战略格局 现状和特点；发展趋势 三、我国周边安全环境 演变与现状；发展趋势；国家安全政策	了解国际战略格局的现状、特点和发展趋势，正确认识我国的周边安全环境现状和安全策略，增强国家安全意识。
军事高技术	一、军事高技术概述 概念与分类；发展趋势；对现代作战的影响 二、高技术在军事上的应用 精确制导技术；隐身伪装技术；侦察监视技术；电子对抗技术；航天技术；指挥控制技术；新概念武器 三、高技术与新军事变革	了解军事高技术的内涵、分类、发展趋势及对现代战争的影响，熟悉高技术在军事上的应用范围，掌握高技术与新军事变革的关系，激发学习科学技术的热情。
信息化战争	一、信息化战争概述 二、信息化战争的特征与发展趋势 三、信息化战争与国防建设	了解信息化战争的形成、发展趋势和与国防建设的关系，熟悉信息化战争的特征，树立打赢信息化战争的信心。

第七条 军事技能训练内容和教学目标

	军事理论课教学内容	教学目标
条令条例教育与训练	一、《内务条令》教育 二、《纪律条令》教育 三、《队列条令》教育 1. 单个军人队列动作训练 2. 分队队列动作训练	了解中国人民解放军三大条令的主要内容,掌握队列动作的基本要领,养成良好的军人作风,增强组织纪律观念、培养集体主义的精神。
轻武器射击	一、武器常识 二、简易射击学理 三、射击动作和方法 四、实弹射击	了解轻武器的战斗性能和基本射击理论,掌握半自动步枪射击的动作要领,完成第一练习实弹射击。

军事理论课教学内容		教学目标
战术	一、战斗类型和战斗样式 二、战术基本原则 三、单兵战术动作	了解战斗的基本类型和基本样式，掌握战术基本原则的主要内容，学会单兵战术的基本动作要领。
军事地形学	一、地形对军队战斗行动的影响 二、地形图基本知识 三、现地使用地形图	了解地形对作战行动的影响，掌握地形图的基本知识，学会现地使用地形图的方法。
综合训练	一、行军 二、宿营 三、野外生存	了解行军、宿营的基本程序、方法，培养野外生存能力。

五、课程建设

第八条　军事教师是完成军事课程目标的具体执行者和组织者。学校应当在教育行政部门核定的教师总编制内，按照军事课程教学任务配备相应数量的合格军事教师。

第九条　军事教师要努力提高自身思想素质和业务能力，积极参加教学改革和学术研究，不断提高教学质量，开创教学科研工作新局面。

第十条　各级教育行政部门、军事部门和普通高等学校，应当有计划地安排军事教师接受继续教育和培训，不断改善知识结构，提高军事理论水平和学历、学位层次，以适应教学科研工作需要。

第十一条　普通高等学校应当建立健全军事课教学规章制度和教师聘任制度，建立军事课教学档案并实行规范化管理。

第十二条　军事课程教材建设与管理，由国家教育部会同总参谋部统一规划，并建立和完善教材编写、评审制度。军事课教材具有特殊性，普通高等学校军事教学指导委员会将通过定期评审的形式推出优秀教材。各高等学校要严格把关，选用优秀军事课教材开展教学。

六、课程评价

第十三条　军事课程评价包括课程建设和课程定位、教师教学状况、学生学习效果等方面。课程建设评价应包含课程结构体系、课程内容、教材建设、教学管理、师资配备与培训、经费保障以及课程目标的完成情况等。课程定位应包含课程指导思想、课程管理、机构建制、保障措施等。军事教师教学状况应包含教师专业素质、教学能力、科研能力、教学工作量和课堂教学效果等，通过教师自评、学生评价和专家评议进行。学生学习效果应包含学生的学习态度、学习过程和学习效果评价，通过学生自评、互评和教师评定进行。

第十四条　军事课程建设的评价由教育部会同总参谋部、总政治部组织实施。各省级教育行政部门和军事部门应制订本地区的评价方案，定期组织军事课建设评价检查，充分发挥教育评价的导向和激励作用。

七、附　则

第十五条　本《大纲》是普通高等学校组织实施军事课程教学的基本依据，也是军事课教材建设和开展课程评价的重要依据。

第十六条　各普通高等学校可根据实际情况和专业特点，对教学内容作适应调整。

第十七条　本《大纲》自 2007 年 9 月起在全国普通高等学校施行。

附录二

军训掠影（留住军训幸福时光）

附录三

留言板（官兵志）